权威·前沿·原创

皮书系列为
"十二五""十三五""十四五"时期国家重点出版物出版专项规划项目

BLUE BOOK

智库成果出版与传播平台

广州蓝皮书
BLUE BOOK OF GUANGZHOU

广州文化产业发展报告
（2024）

ANNUAL REPORT ON CULTURAL INDUSTRY OF
GUANGZHOU (2024)

组织编写 / 广州市社会科学院

主　　编 / 尹　涛
执行主编 / 杨代友

社会科学文献出版社
SOCIAL SCIENCES ACADEMIC PRESS (CHINA)

图书在版编目（CIP）数据

广州文化产业发展报告.2024／尹涛主编；杨代友执行主编.--北京：社会科学文献出版社，2024.7.
（广州蓝皮书）.--ISBN 978-7-5228-3829-8

Ⅰ.G127.651

中国国家版本馆 CIP 数据核字第202424NC57号

广州蓝皮书
广州文化产业发展报告（2024）

主　　编／尹　涛
执行主编／杨代友

出 版 人／冀祥德
组稿编辑／任文武
责任编辑／李　淼
文稿编辑／王雅琪
责任印制／王京美

出　　版／社会科学文献出版社·生态文明分社（010）59367143
　　　　　地址：北京市北三环中路甲29号院华龙大厦　邮编：100029
　　　　　网址：www.ssap.com.cn
发　　行／社会科学文献出版社（010）59367028
印　　装／天津千鹤文化传播有限公司

规　　格／开 本：787mm×1092mm　1/16
　　　　　印 张：17.25　字 数：254千字
版　　次／2024年7月第1版　2024年7月第1次印刷
书　　号／ISBN 978-7-5228-3829-8
定　　价／128.00元

读者服务电话：4008918866

▲ 版权所有 翻印必究

《广州文化产业发展报告（2024）》编辑委员会

主　　　编　尹　涛

执 行 主 编　杨代友

执 行 编 委　（按姓氏笔画排序）

　　　　　　于小涵　王　丰　王　靖　王溪林　文远竹
　　　　　　何　江　陈　刚　陈柏福　欧江波　罗　松
　　　　　　罗谷松　胡晓群　柳立子　姚　阳　覃　剑
　　　　　　蒋正峰　蔡进兵

编辑部成员　郭贵民　李明充　雷　锐　胡梦非　尚　进

主要编撰者简介

尹 涛 管理学博士、研究员,中山大学管理学院企业管理专业毕业。现任广州市社会科学院党组成员、副院长。美国印第安那大学环境事务与公共政策学院访问学者(2004年1月~2005年3月),主要研究方向:城市与产业经济、企业战略管理研究。先后主持和完成国家、省市社科课题和软科学课题10余项,主持决策咨询课题50余项,在各类刊物发表论文30余篇,出版专著10余部,科研成果获省部级奖近10项。获评广州高层次人才优秀专家、广东省和广州市宣传思想文化优秀人才培养对象广州市优秀中青年哲学社会科学工作者。获聘广东省第十四届人大常委会财经咨询专家。广州市人民政府第三、四、五届决策咨询专家;广州市人大经济咨询专家等。广州市人文社会科学重点研究基地——超大城市现代产业体系与广州实践基地主任,广州市宣传思想文化优秀团队(广州产业创新研究团队)负责人。广东省第十二、十三届人大代表、财经委委员。兼任中国区域经济学会副理事长、广州欧美同学会副会长。

杨代友 经济学博士、研究员,现任广州市社会科学院现代产业研究所所长,广州市人民政府决策咨询专家,广州市全面依法治市咨询专家,广州市财政专家咨询委员会委员,世界技能大赛中国(广州)研究中心学术指导委员会委员,广州市党外知识分子联谊会参政议政委员会副主任、建言献策专家组组长,广州市创意经济促进会副会长。研究领域包括产业经济、文化创意经济、环境经济等。近年来主持省市各类课题80多项,出版专著8部,发表论文30多篇。

摘 要

《广州文化产业发展报告（2024）》由总报告、综合篇、高质量发展篇、文化消费篇、融合发展篇、案例篇六个部分组成。总报告研究指出，2023年，广州文化产业实现快速增长，产业结构持续优化，数字文化创意产业影响力扩大，演出市场火爆"出圈"，广州电竞为我国夺取亚运会电竞历史首金贡献力量，文化与科技融合发展步伐加快，文化精品力作不断，文旅消费复苏成效显著，文化重大项目相继投产，对外文化贸易创新高。2023年全市规模以上文化产业实现营业收入5582.34亿元，同比增长15.92%。2023年全市接待游客2.34亿人次，同比增长51.8%，实现文旅消费总额约3309.5亿元，同比增长47.4%。经课题组估算，2023年广州市文化产业增加值为2070.85亿元，同比增长15.05%，占全市GDP的比重为6.8%。同时，通过对比北京、上海、深圳、杭州等国内主要城市的文化产业发展情况，总报告分析了广州文化产业发展的短板和不足，包括产业规模相对较小，引擎功能有待提升；市场主体实力不强，规模效应难以发挥；产业转型整体不快，数字技术优势不足；支持力度有待加大，体制机制有待完善；新业态竞争优势不明显，产业活力不足。总报告还分析了2024年广州文化产业发展面临的新要求新机遇新挑战，对2024年广州文化产业总体规模、规模以上文化产业营业收入等进行了预测。在此基础上，总报告从协调并进、创新引领、融合发展、要素支撑、健全机制等方面提出了对策建议。

"综合篇"从中心城区文化产业布局、文化产业技术创新、文化创意设计服务产业高质量发展、夜间经济等方面分析了广州文化产业的发展情况。

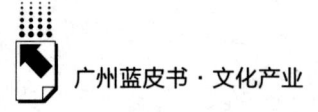

"高质量发展篇"分别从粤港澳大湾区、广州市、天河区层面讨论了文化产业高质量发展的路径和对策。"文化消费篇"对广州市居民文化消费、城市商业综合体文化消费空间、文旅消费新业态进行了研究。"融合发展篇"从元宇宙技术与文旅融合、电竞与文旅融合两个方面研究了广州文化产业融合发展问题。"案例篇"介绍了钛动科技和萤火虫动漫文化两家代表性企业在文化产业创新和高质量发展方面的探索实践。

关键词： 文化产业　文化消费　高质量发展　广州

Abstract

Annual Report on Culture Industry of Guangzhou (2024) is composed of six parts, including General Report, Comprehensive Chapter, High-quality Development Chapter, Cultural Consumption Chapter, Integrated Development Chapter, and Cases Chapter. General Report points out that in 2023, the cultural industry in Guangzhou has experienced rapid growth, with the continued optimization of industry structure; the influence of the digital cultural and creative industry has expanded; the performance market has witnessed vigorous growth, and Guangzhou e-sports team has contributed to China's historic first gold medal in the Asian Games e-sports event; cultural and technological integration has accelerated, high-quality cultural works have emerged continuously, and cultural and tourism consumption has rebounded effectively; major cultural projects have been successively launched, and foreign cultural trade has reached new heights. In 2023, scale-above cultural and related industries of Guangzhou have achieved operating income of 558.234 billion yuan, a year-on-year increase of 15.92%. The number of tourists received has been 234 million in 2023, a year-on-year increase of 51.8%, achieving a total cultural and tourism consumption of approximately 330.95 billion yuan, a year-on-year increase of 47.4%. According to estimates by the research team, the added value of Guangzhou's cultural industry in 2023 has been 207.085 billion yuan, a year-on-year increase of 15.05%, accounting for 6.8% of Guangzhou's GDP. Meanwhile, the report highlights various shortcomings and issues in Guangzhou's cultural industry, including weak main entities, insufficient technological advantages, imbalanced supply and demand structure, insufficient investment intensity and single financing mechanism, by comparing Guangzhou's cultural industry with those of major domestic cities such as Beijing, Shanghai, Shenzhen, and Hangzhou, analyzes new opportunities, challenges, and requirements for Guangzhou's cultural industry development in 2024, and predicts the overall scale of Guangzhou's cultural industry and the operating income of scale-above cultural industries in 2024. Based on this analysis, General Report proposes countermeasures and suggestions concerning linkage development, innovation guidance, integrated development, factor support, and mechanism improvment.

Comprehensive Chapter analyzes the development of Guangzhou's cultural industry from various aspects, including cultural industry layout in the central urban area, cultural industry technological innovation, high-quality development of cultural and creative industry and nighttime economy. High-quality Development Chapter discusses the pathways and countermeasures of high-quality development of the cultural industry from three regional levels: the Guangdong-Hong Kong-Macao Greater Bay Area, Guangzhou City, and Tianhe District. Cultural Consumption Chapter conducts research on the cultural and tourism consumption of Guangzhou residents, cultural consumption space of urban commercial complexes, and new forms of cultural and tourism consumption. Integrated Development Chapter studies the integration and development of Guangzhou's cultural industry from two aspects: the integration of metaverse technology and cultural tourism, and the integration of E-Sports and cultural tourism. Cases Chapter introduces the exploration and practice of two representative companies, "Tec-Do2.0" and "Firefly Animation and Culture", in the innovation and high-quality development of the cultural industry.

Keywords: Cultural Industry; Cultural Consumption; High-quality Development; Guangzhou

目 录

Ⅰ 总报告

B.1 迈向高质量发展的广州文化产业
——2023年广州文化产业发展状况及2024年展望
………………………… 广州市社会科学院课题组 / 001
   一 2023年广州文化产业高质量发展的成效 …………… / 002
   二 广州文化产业发展的短板和不足 …………………… / 017
   三 广州文化产业发展面临的形势及展望 ……………… / 026
   四 广州推进文化产业高质量发展的对策措施 ………… / 034

Ⅱ 综合篇

B.2 广州市中心城区文化产业空间集聚特征及优化策略
………………… 余炜楷 魏少峰 杨石琳 陈 露 顾恬玮 / 039
B.3 基于动态能力理论的广州文化产业技术创新研究……… 于小涵 / 058
B.4 关于广州文化创意设计服务产业高质量发展策略的思考
………………………… 广州市创意设计产业专项研究课题组 / 075

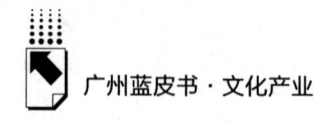

B.5 花都区夜间经济发展现状和对策措施……………… 王小明　黄旻歆 / 087

Ⅲ　高质量发展篇

B.6 粤港澳大湾区文化产业高质量发展的对策研究
　　………………………………………… 韦晓慧　艾希繁 / 102
B.7 广州推动文化产业高质量发展的路径选择…… 胡梦非　杨代友 / 113
B.8 天河推进文化产业高质量发展的路径选择
　　………………………………… 严　帅　谭小瑜　贺艳林 / 124

Ⅳ　文化消费篇

B.9 2023年广州市居民文化消费统计调查
　　………………………………… 广州市文化广电旅游局课题组 / 134
B.10 城市商业综合体文化消费空间场景营造及提升路径
　　……………………………………………… 毕斗斗　贺巧丽 / 158
B.11 广州培育新业态拓展文旅新消费研究
　　…………………………………… 李明充　梁　卉　郭贵民 / 169

Ⅴ　融合发展篇

B.12 元宇宙技术推动广州文旅新质生产力发展的对策建议
　　……………………………… 广州城市旅游问询救援服务中心
　　　　　　　　　　　　（广州文化旅游产业促进中心）课题组 / 189
B.13 广州"文旅+电竞"融合发展对策研究
　　……………………………… 广州城市旅游问询救援服务中心
　　　　　　　　　　　　（广州文化旅游产业促进中心）课题组 / 205

Ⅵ 案例篇

B.14 钛动科技：数字化赋能中国文化和品牌高质量"出海"
　　……………………… 程晓娜　蔡淑慧　宿慧娴　王　欢 / 224

B.15 萤火虫动漫文化：中国动漫文化产业开拓者
　　……………………………………… 李洪波　何昊华 / 234

后　记 ……………………………………………………… / 248

CONTENTS

I General Report

B.1 Guangzhou's Cultural Industry towards High-quality Development
—Development Status of Guangzhou's Cultural Industry in 2023 and Prospects
in 2024　　　　　Research Group of Guangzhou Academy of Social Sciences / 001

　　1. Significant Achievements in the High-quality Development of
　　　 Guangzhou's Cultural Industry have been Achieved in 2023　　/ 002

　　2. Shortcomings and Inadequacies of the Development of Guangzhou's
　　　 Cultural Industry　　/ 017

　　3. Current Situation and Future Prospects of the Development of
　　　 Guangzhou's Cultural Industry　　/ 026

　　4. Countermeasures to Promote the High-quality Development of
　　　 Guangzhou's Cultural Industry　　/ 034

CONTENTS

II Comprehensive Chapter

B.2 Spatial Agglomeration Characteristics and Optimization Strategies of Cultural Industries in the Central Urban Area of Guangzhou
Yu Weikai, Wei Shaofeng, Yang Shilin, Chen Lu and Gu Tianwei / 039

B.3 Research on Technological Innovation of Guangzhou Cultural Industry based on Dynamic Capability Theory　　*Yu Xiaohan* / 058

B.4 Reflection on the High-quality Development Strategy of Guangzhou's Cultural and Creative Design Service Industry
Guangzhou Creative Design Industry Specific Research Group / 075

B.5 Current Situation and Countermeasures of Nighttime Economic Development in Huadu District　　*Wang Xiaoming, Huang Minxin* / 087

III High-quality Development Chapter

B.6 Research on Strategies for High-quality Development of Cultural Industry in Guangdong-Hong Kong-Macao Greater Bay Area
Wei Xiaohui, Ai Xifan / 102

B.7 Path Selection for Promoting High-quality Development of Cultural Industry in Guangzhou　　*Hu Mengfei, Yang Daiyou* / 113

B.8 Path Selection for Promoting High-quality Development of Cultural Industry in Tianhe District
Yan Shuai, Tan Xiaoyu and He Yanlin / 124

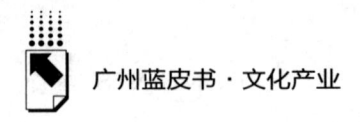

Ⅳ Cultural Consumption Chapter

B.9 Statistical Survey of Cultural Consumption of Guangzhou Residents in 2023 　　　　*Research Group of Guangzhou Municipal Culture, Radio, Television and Tourism Bureau* / 134

B.10 Scene Creation and Improvement Path of Cultural Consumption Space in Urban Commercial Complexes　　*Bi Doudou, He Qiaoli* / 158

B.11 Research on Cultivating New Business Forms and Expanding Cultural and Tourism Consumption in Guangzhou
Li Mingchong, Liang Hui and Guo Guimin / 169

Ⅴ Integrated Development Chapter

B.12 Countermeasures and Suggestions for Promoting the Development of New Qualitative Productivity in Guangzhou's Cultural and Tourism Industry through Metaverse Technology
Research Group of Guangzhou Urban Tourism Inquiry and Rescue Service Center
(Guangzhou Cultural Tourism Industry Promotion Center) / 189

B.13 Research on the Integrated Development Strategies of "Culture, Tourism, and E-Sports" in Guangzhou
Research Group of Guangzhou Urban Tourism Inquiry and Rescue Service Center
(Guangzhou Cultural Tourism Industry Promotion Center) / 205

VI Cases Chapter

B.14   Tec-Do2.0 Company: Empowering Chinese Culture through

Digitization and Promoting High-quality Exports of the Brand

Cheng Xiaona , Cai Shuhui , Su Huixian and Wang Huan / 224

B.15   Firefly Animation and Culture Company: Pioneer of China's

Animation and Cultural Industry   *Li Hongbo, He Haohua* / 234

Postscript   / 248

总报告

B.1 迈向高质量发展的广州文化产业

——2023年广州文化产业发展状况及2024年展望

广州市社会科学院课题组*

摘　要： 2023年，广州加快健全现代文化产业体系和市场体系，积极推进文化企业发展持续向好，文化产业市场主体数量扩大、结构持续优化、核心领域支撑作用增强，文化服务业增速迅猛，文化新业态行业带动效应明显，数字文化创意产业影响力持续扩大，演艺产业"出圈出彩"，广州电竞为我国夺取亚运会电竞历史首金贡献力量，文化与科技加快融合发展，文化精品力作不断，文旅消费复苏成效显著，文化重大项目加快投产，对外文化贸易再创新高。2023年全市规模以上文化产业实现营业收入5582.34亿元，同比增长15.92%，全年

---

* 课题组成员：尹涛，博士，广州市社会科学院副院长、研究员，研究方向为区域经济、产业经济；杨代友，博士，广州市社会科学院现代产业研究所所长、研究员，研究方向为产业经济、城市经济；陈刚，博士，广州市社会科学院现代产业研究所副所长、副研究员，研究方向为产业经济；李明充，广州市社会科学院广州市文化产业研究中心执行主任，广州文化上市公司产业联盟秘书长，研究方向为文化产业经济；雷锐，博士，广州市社会科学院现代产业研究所助理研究员，研究方向为产业经济；尚进，广州市社会科学院现代产业研究所研究助理，研究方向为文化产业。

接待游客2.34亿人次，同比增长51.8%，实现文旅消费总额约3309.5亿元，同比增长47.4%。经课题组估算，2023年广州市文化产业增加值为2070.85亿元，同比增长15.05%，占全市GDP的比重为6.8%。同时，广州市文化产业还存在一些短板和不足，包括产业规模相对较小，引擎功能有待提升；市场主体实力不强，规模效应难以发挥；产业转型整体不快，数字技术优势不足；支持力度有待加大，体制机制有待完善；新业态竞争优势不明显，产业活力不足。2024年，外部形势复杂多变，文化产业发展机遇与挑战并存，广州要从推动大中小企业联动发展、推动技术革新、拓展应用场景、提升消费质量、促进跨行业融合发展、强化要素支撑、推进机制创新等方面着手，推动文化产业高质量发展。

关键词： 文化产业　数字文化创意产业　广州

2023年，广州对照省委十三届四次全会精神和"1310"具体部署、市委十二届七次全会精神和"1312"思路举措，培育发展新质生产力，掀起"二次创业"的热潮，按照"宜融则融、能融尽融、以文促旅、以旅彰文"的原则，抢抓数字经济发展机遇，积极培育文化新业态，推动落实《关于推进数字文化创意产业高质量发展的实施意见》，编制《广州市数字文化创意产业发展行动计划（2023—2028年）》，制定《广州市加快培育建设国际演艺中心实施方案》《广州市促进演出市场繁荣发展的实施办法》，大力发展演艺产业，深入推进文化和旅游融合发展，不断培育提升文化产业核心竞争力，努力推动城市文化综合实力不断增强。

一　2023年广州文化产业高质量发展的成效

（一）文化产业实现快速增长

1.文化产业规模进一步扩大

近年来，广州文化经济高质量发展驶入快车道。2023年，广州文化产业和旅游产业工作获国务院督查激励，黄埔区、从化区、荔湾区分别获批国家对外文化贸易基地、国家文化产业赋能乡村振兴试点、国家文化产业和旅游产业融合发展示范区，文化产业呈现显著复苏和蓬勃发展态势，主要指标持续向好，重大节假日游客接待量和文旅消费已超过2019年水平。

从总体看，广州文化产业规模不断扩大，2023年，全市规模以上文化产业实现营业收入5582.34亿元，同比增长15.92%（见图1）[①]。全市接待游客2.34亿人次，同比增长51.8%，实现文旅消费总额约3309.5亿元，同比增长47.4%。经课题组估算，2023年，广州市文化产业增加值为2070.85亿元，同比增长15.05%，占全市GDP的比重为6.8%。

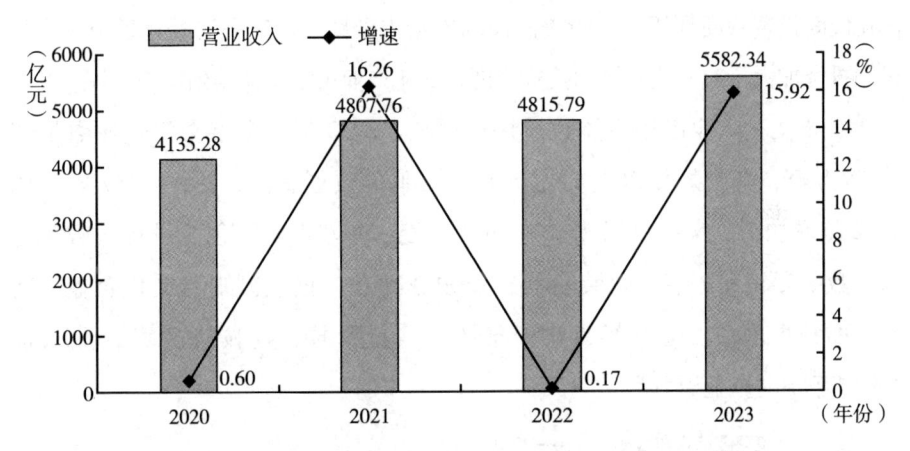

图1　2020~2023年广州规模以上文化产业营业收入及增速

资料来源：广州市统计局。

广州2023年新增8家国家4A级旅游景区、7家国家3A级旅游景区，全市国家A级旅游景区数量已达到95家，其中5A级旅游景区2家、4A级旅游景区36家、3A级旅游景区57家。2023年，全市星级旅游饭店增至123家，广州卓美亚酒店和广州黄埔君澜酒店被评为五星级旅游饭店，五星级旅游饭店总数达26家，数量位居全省第一。

---

① 《文化娱乐休闲、创意设计、新闻信息服务领跑2023年广州文化产业》，广州市统计局网站，2024年2月8日，http：//tjj.gz.gov.cn/stats_newtjyw/sjfb/content/post_9495824.html。

2024年春节期间,广州以"年味最广州"为主题,推出2500多场文旅活动,重拾"看烟花、行花街、过大年"广府年俗。据统计,春节假期广州市共接待市民游客超过1555万人次,同比增长超58%,其中外地游客近625万人次,同比成倍增长,文旅消费总额超112亿元,同比增长近65%。

2. 文化产业市场主体数量扩大

为加大民营经济政策支持力度,2023年,广州印发《广州市促进民营经济发展壮大的若干措施》(即广州"民营经济20条")等文件,深入落实《广州市关于支持社会力量参与重点领域建设的指导意见》,聚焦破解民营经济发展中的痛点难点堵点问题,从降成本、促融资、拓渠道、优服务等方面持续优化民间投资营商环境,不断提高民间投资积极性。在这一政策背景下,广州民间投资加大了对文化领域的投资力度,文化产业市场主体得到快速发展。

广州文化产业市场主体数量快速增长,2023年,全市文化企业数量超过15万家,其中规模以上文化产业法人单位数创新高,达到3347家,比2022年增加127家(见图2)。广州在动漫、游戏电竞、创意设计、数字音乐、数字影视和数字文化装备等行业领域拥有一批全国知名文化企业,网易、酷狗音乐、三七互娱、欢聚集团、汇量科技、荔枝等多家企业入选"中国互联网企业百强"。

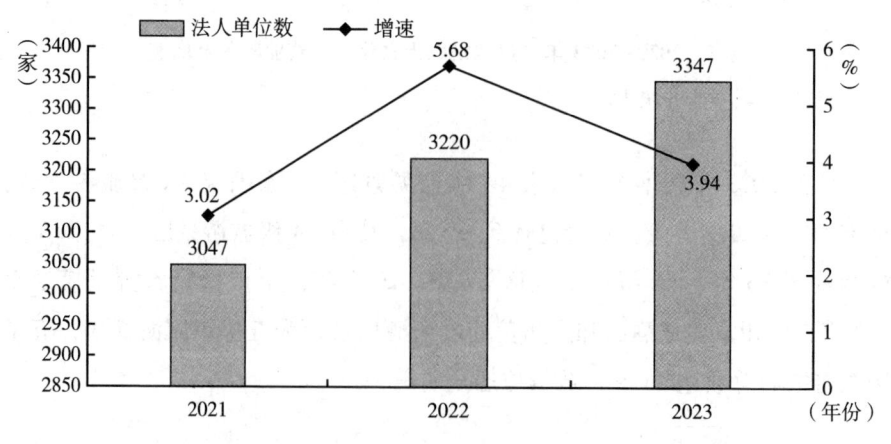

图2 2021~2023年广州市规模以上文化产业法人单位数及增速

资料来源:广州市统计局。

3. 新业态成为文化产业增长新引擎

以新一代信息技术、数字技术、人工智能等为代表的新技术革新及在文化产业领域的创新应用促进广州文化产业新业态蓬勃发展。2023年，广州文化产业中以短视频、电商直播、网络游戏等为代表的文化新业态规模日益扩大。文化新业态特征较为明显的16个行业小类[①]实现营业收入2541.29亿元，同比增长16.1%；以占全市27.7%的法人单位贡献了45.5%的营业收入，成为带动全市文化产业增长的新引擎。从规模看，多媒体、游戏动漫和数字出版软件开发，互联网游戏服务，互联网搜索服务，互联网广告服务，互联网其他信息服务5个行业的年营业收入规模均超300亿元。

（二）产业结构持续优化

广州文化产业快速发展，行业结构不断调整和优化。从文化制造、文化服务、文化批发和零售三大行业看，2023年，作为主引擎的规模以上文化服务业实现营业收入3795.94亿元，同比增长22.1%，占全市规模以上文化产业营业收入的68.0%，同比提高3.46个百分点。文化服务业主体地位进一步强化，拉动全市文化产业营业收入增长14.3%。

文化产业核心领域行业主导地位进一步提高。2023年，广州文化产业核心领域规模以上法人单位实现营业收入4216.82亿元[②]，同比增长19.5%，高于全市文化产业总体增速3.6个百分点，占全市规模以上文化产业营业收入的75.5%，同比提高2.2个百分点。

[①] 文化新业态特征较为明显的16个行业小类分别是广播电视集成播控，互联网搜索服务，互联网其他信息服务，数字出版，其他文化艺术业，动漫、游戏数字内容服务，互联网游戏服务，多媒体、游戏动漫和数字出版软件开发，增值电信文化服务，其他文化数字内容服务，互联网广告服务，互联网文化娱乐平台，版权和文化软件服务，娱乐用智能无人飞行器制造，可穿戴智能文化设备制造，其他智能文化消费设备制造。

[②] 文化核心领域包括新闻信息服务、内容创作生产、创意设计服务、文化传播渠道、文化投资运营、文化娱乐休闲服务6个行业，文化相关领域包括文化辅助生产和中介服务、文化装备生产、文化消费终端生产3个行业。

创意设计服务市场主体数量最多。随着市场对专业设计、互联网广告等服务需求的增长，广州创意设计服务业活力进一步增强。从文化产业九大领域看，2023年广州创意设计服务法人单位最多（1052家），占全部规模以上文化产业法人单位的31.4%，这一比例近年来呈现稳定增长趋势，2020~2023年分别为30.1%、30.5%、30.9%、31.4%，随着文化产业企业总数的增长而稳步上升。创意设计服务市场主体的快速增长推动创意设计能力不断提高。到2023年底，全市已成功培育11家国家级、90家省级、135家市级工业设计中心，广州以工业设计的独特优势获得联合国工业发展组织授予的"全球定制之都"案例城市殊荣。

文化娱乐休闲服务增长势头强劲。2023年，在文化核心领域各行业中，文化娱乐休闲服务领域增长最快。从细分结构看，随着市民文化消费需求不断释放，接触型文化服务业和文化消费领域持续恢复，文化娱乐休闲服务中的游乐园、休闲观光活动、其他游览景区管理、名胜风景区管理、城市公园管理、电子游艺厅娱乐活动、歌舞厅娱乐活动营业收入同比分别增长230.0%、130.0%、99.6%、55.7%、53.3%、46.2%、34.2%；文艺创作与表演、艺术表演场馆、会展服务、电影和广播电视节目发行、电影放映、文化活动服务、博物馆营业收入同比分别增长180.0%、130.0%、110.0%、83.8%、63.2%、40.3%、23.3%。

（三）数字文化创意产业影响力扩大

广州大力推动数字文化创意产业发展，一方面加快推进落实《关于推进数字文化创意产业高质量发展的实施意见》，另一方面在2023年制定《广州市数字文化创意产业发展行动计划（2023—2028年）》，安排2700万元文化旅游产业发展专项资金扶持数字文化产业项目，重点发展动漫、游戏电竞、数字音乐、创意设计、数字文化装备等支柱产业，优化提升数字影视、网络直播、数字文博、虚拟现实（VR）等特色优势产业，积极培育云上数字体验、沉浸式业态、数字媒体等潜力新兴产业，前瞻布局数字文创等若干未来产业。

迈向高质量发展的广州文化产业

2023年，广州游戏产业显示出强劲的增长势头，拥有游戏企业约3000家，游戏市场实际销售收入为1058亿元，营业收入同比增长约8.6%①，上市游戏企业有15家，拥有网易、三七互娱、四三九九等一批龙头企业，游戏产业营业收入约占全国的35%。2023年广东游戏企业金钻榜20强中，广州占14席②。游戏企业积极探索传统文化与现代数字技术的融合，致力于通过"游戏+文化"的模式传承和创新中国传统文化。网易公司在其多款游戏产品中融入传统文化元素，《逆水寒》手游以《清明上河图》为蓝本，精细还原了北宋时期的城市面貌和当时社会各阶层人民的生活状况。三七互娱等公司通过将传统文化与互联网产品相结合，让传统文化在年轻群体中焕发新生机，通过游戏产品联动京剧脸谱、广府文化，将优秀传统文化以可视、可感、可玩的形式呈现给用户。同时，推出以中医药文化、龙舟文化为主题的游戏，进一步扩大了优秀传统文化的传播范围和影响力③。

在数字音乐领域，截至2023年2月，广州市音乐及相关企业共有2900多家，数字音乐总产值约占全国的1/4，数字音乐行业规模继续保持全国第一④。在VR领域，截至2023年8月，广州VR游艺设备产品已占全球市场20%的份额⑤。山水比德设计股份有限公司积极探索元宇宙领域，开发三维元宇宙电商平台和虚拟长安城等平台样板，从技术层面推动了元宇宙的应用。在动漫领域，奥飞娱乐通过"IP+AI"的产业化落地应用，利用人工智能缩短制作周期，提高生产效率。咏声动漫在2023中国创新创业成果交易会上展示的元宇宙科技馆，以及应用数字动画技术的《寻找超级棒棒

---

① 《收入1058亿元！2023年广州游戏产业发布成绩单》，南方网，2024年1月26日，https：//culture. southcn. com/node_ b02a77b893/6b713be984. shtml。
② 《2023金钻榜广东游戏企业20强》，企查查网，2024年1月23日，https：//www. qcc. com/bd/1deaa20a99dc6666ab3261e18702df50. html。
③ 根据Choice金融终端数字文化创意龙头企业2023年信息整理。
④ 杜新山主编《广州文化产业发展报告（2023）》，社会科学文献出版社，2023。
⑤ 《广州以文创推动制造业立市 VR设备已占全球市场20%》，"中国新闻网"百家号，2023年8月23日，https：//baijiahao. baidu. com/s? id=1775028769517440057&wfr=spider&for=pc。

糖》混合现实（MR）动漫游戏，为观众提供了沉浸式的虚实融合体验。举办首届"湾创力"动漫授权大会，推动动漫跨界融合、创新发展，通过影响力动漫IP展示、动漫产业主题演讲、动漫授权圆桌论坛等多种形式，聚焦行业前沿，加强合作交流，助力产业发展。

（四）演出市场火爆"出圈"

2023年，广州市贯彻落实"提升文艺精品原创能力，打造国际演艺中心"的工作要求，有效落实市政府常务会议关于经济工作的有关部署，加快推进国际演艺中心建设顶层规划设计，密集出台扶持演艺产业发展的政策措施，如《广州市加快培育建设国际演艺中心实施方案》《广州市促进演出市场繁荣发展的实施办法》等，打造国际文艺精品智创中心、国际演出中心、国际演艺消费中心和国际演艺会展中心，在推出优质作品、打造人才方阵、盘活演艺资源、培育新型演出空间等方面积极作为，提升城市演艺服务发展能级，让更多的文艺人才有场地排练、有舞台表演、有机会出彩，让世界级的名家、名团、名作、名剧汇聚广州。制定《广州市"文旅体一证通"行政审批改革工作方案》，简化营业性演出审批流程，根据不同的服务对象，分别提供"穗园通""穗演通"服务。其中，"穗演通"面向演艺场馆和体育场馆，以"简材料、缩时间、优流程"为主：基础材料有效期内不用再重复提交；文化行政部门审批时限缩减至5个工作日内，公安机关受理大型群众性活动安全许可审批时限缩减至3个工作日内（国家规定营业性演出审批时限为20个工作日），达到为审批流程"瘦身"、为政务服务"强身"的目标。

演出活动方面，广州市在2023年举办"湾区音乐汇"，以"律动青春、点燃梦想、汇聚能量"为主题，着力打造"国际视角、湾区特色、多元融合"的专业音乐会演品牌；策划举办了粤港澳大湾区青少年交响乐团联盟成立音乐会、超级草莓音乐节、星巢秘境音乐节、风暴电音节、广州南沙（先锋）音乐节、英国爱乐乐团新年音乐会等系列活动近50场次，现场参与观众超30万人次，全网曝光量超10亿次，票房收入约8000万元，带动全城联动、全民共享。与此同时，市内众多演出场馆和LiveHouse提供小型音乐会、脱口秀等活动，为市民游客带来多样化文化与艺术体验。

在政策加持和市民积极参与下，2023年广州演出市场火爆"出圈"，广州跃居演唱"第一城"。据广州市文化广电旅游局统计，2023年广州大中型演出数量位居全国第一，来穗举办演唱会的艺人数量位居全国第一[①]。黄埔区尤其突出，2023年区文化广电旅游局审批备案营业性演出58场，演出场次达203场，分别比上年增长1350%、1745%，其中单场观众人数达5000人以上的大型营业性演出有35场，观众总人数近50万名。

（五）广州电竞为我国夺取亚运会电竞历史首金贡献力量

电子竞技是以电子设备作为运动器械、人与人之间的智力和体力结合的比拼活动，是一种数字体育运动项目，对运动员的思维能力、反应能力、心眼及四肢协调能力、意志力要求都很高。2020年12月16日，电子竞技作为正式项目首次入选2022年杭州亚运会。

近年来，广州大力支持电竞产业发展，构建集游戏研发、生产制造、内容制作、赛事举办、场馆建设、直播转播等于一体的电竞产业生态圈，加速打造"世界电竞名城"。尤其是天河区率先出台了《广州市天河区电竞产业发展规划（2020—2030年）》，明确了将天河区建成粤港澳大湾区世界级电竞中心的发展目标。该规划成为粤港澳大湾区首个电竞产业规划，指引天河区电竞产业发展进入快车道，从"跟跑者"变为"领跑者"。

在多方的有力支持下，广州电竞产业快速发展，电竞队员实力明显提高。在2023年王者荣耀职业联赛（KPL）夏季赛总决赛上，"广州TTG"力压强敌、勇夺桂冠，夺得队史首个KPL冠军。2023年9月，"广州TTG"两名强将奔赴杭州，代表中国队为国出征，在2022年杭州亚运会电竞项目王者荣耀（亚运版本）决赛中，中国队以2比0击败马来西亚队，获得亚

[①] 《2023广州盘点·回归：久违了！演唱会、广马人气爆棚》，腾讯网，2023年12月27日，https://new.qq.com/rain/a/20231227A01WN100。

运会历史上首枚电竞项目金牌。代表广州电竞水平的"广州TTG"为我国获得亚运会电竞历史首金贡献了力量。

（六）文化与科技融合发展步伐加快

近年来，广州大力强化文化产业科技创新，加快推动文化与科技融合发展，支持琶洲实验室（黄埔）、长隆、联通沃音乐、凡拓数创、趣丸等研发机构和市场主体加快技术创新步伐，推动AI、VR/AR、大模型、大数据等先进技术应用，加强产学研合作，在若干领域取得了较大的突破，推动了传统文化产业的创新发展和文化产业新业态竞争力的提升。2023年5月，趣丸与港科大（广州）以校企合作为契机强化产学研创新协同，围绕多模态AIGC与AI三维生成等前沿技术进行多层级研究，旨在培养具有国际视野的创新产研人才，解决AI三维生成技术领域的关键难题，并推动研究成果产业化和市场化，打通科研成果落地的"最后一公里"。这一举措将进一步深化对新技术、新场景的探索研究，提升人才培养质效，着力推动科研成果服务生产，实现人工智能与实体经济的深度融合，为经济高质量发展提供有力的技术支撑，助力打造粤港澳大湾区科技创新高地。2023年9月，长隆集团以其"世界珍稀野生动物活体资源库创建关键技术与应用"项目荣获省科技进步奖特等奖。

2024年1月，琶洲实验室（黄埔）的"黄埔星"大模型发布，标志着广州在人工智能领域的自主创新和应用推广取得重要进展。2024年2月，广州新起典文旅科技有限公司运用自研沉浸式数字技术打造的项目"Z-BOX智慧旅游沉浸式体验新空间"入选全国首批智慧旅游沉浸式体验新空间培育试点名单。该项目融合"文化+科技"手段，运用多角度实时裸眼3D、三维立体显示、增强现实、虚拟现实、混合现实、嵌入式底层开发、空间定位、互动影像机械联动、智能中控系统、多点触控、无线控制等数字技术构建沉浸式体验消费新场景，以模式创新、多业态跨界融合打造创新型沉浸式体验空间。2024年3月，联通沃音乐与凡拓数创开展战略合作，探索元宇宙新场景，展现了数字化转型的趋势。

（七）文化精品力作不断

文化精品力作代表一个时代的精神高度，体现一个民族的思想深度，展示一个社会的文明程度，是文化繁荣发展的重要标志。2023年，广州实施文化艺术攀峰行动，召开文艺精品创作会议，将文化供给与文艺精品相结合，推动文化精品创作高质量发展，满足人民群众日益增长的精神文化需求。2023年，一大批广州文化精品力作喜获国家及省级奖项，木偶剧《一天零一夜》获第六届木偶优秀剧目展演7项大奖，芭蕾舞剧《旗帜》获中国舞蹈荷花奖，舞蹈《龙·舟》《平湖秋月》获第十四届全国舞蹈展演优秀剧目，杂技剧《天鹅》等10个申报项目入选国家艺术基金（一般项目）2023年度资助项目[①]，6个文学类、25个艺术类作品获第十一届广东省鲁迅文学艺术奖，广州出版社《消失的名菜》获评2023"最美的书"称号。

2023年4月，广州漫友文化科技发展有限公司荣获中国文化艺术政府奖第四届动漫奖之最佳动漫创作者或团队奖项，动漫奖是中国文化艺术政府奖三大奖项之一，与文华奖、群星奖并列，是由我国政府颁发的动漫产业的最高奖，由文化和旅游部组织评选，每三年举办一届。

2023年10月15日，第36届中国电影金鸡奖评委会提名名单公布，广州广播电视台、中国电影股份有限公司、广州粤剧院有限公司共同出品的粤剧电影《睿王与庄妃》入围最佳戏曲片提名，由广州市广播电视台制作出品的纪录电影《无音之乐》入围最佳纪录/科教片提名。

（八）文旅消费复苏成效显著

2023年，广州市政府采取多项措施刺激文旅消费，包括发放消费券、

---

① 《以文艺文联高质量发展 描绘中国式现代化广州实践的灿烂图景——2023年广州市文联文艺工作十件实事》，"南国文艺"微信公众号，2024年2月21日，https://mp.weixin.qq.com/s?__biz=MzA3NzcyMDgzOA==&mid=2648923622&idx=1&sn=33a470f718fc0ef4898fcee094e7c6af&chksm=875a418fb02dc899d3102e71ee4b8beee56ce51d777454ebc18fc83417b3ed7df20dc21b8b94&scene=27。

发展夜间经济、策划1000多场文旅活动等①，满足市民多样化的文旅消费需求。此外，通过举办广州文化产业交易会等文旅活动，广州为市民提供了丰富的高品质文化产品和服务，有效促进了文旅消费的扩容提质。广州继续打造夜间经济新地标，广州塔、长隆旅游度假区、正佳广场入选国家级夜间文化和旅游消费集聚区。

荔湾区联合佛山市禅城区、南海区制定《佛山市禅城区、佛山市南海区、广州市荔湾区联合创建国家文化产业和旅游产业融合发展示范区建设方案》，重磅推出一条特色路线，串联广佛岭南文化地标性景点，打造体验广府文化的最佳旅游路线，朝着"融"出新空间、"融"出新业态的方向发展。荔湾区构建岭南传统文化核心体验区——西关风情体验区，打造"西关漫道"历史文化游径系统及"广州外滩"，建设荔枝湾—白鹅潭文商旅经济带。

广州塔联合珠江钢琴集团推出"登广州塔、游珠江，赢珠江钢琴"活动，自2024年除夕至大年初五，每天随机抽取一位幸运游客，赠送一台珠江钢琴。广州博物馆与中国大酒店餐饮团队合力打造文化新品牌"消失的名菜"，通过"文化+美食"的方式打造"我在博物馆里吃文物"等丰富多彩的文化体验活动，先后获全国十大文旅融合创新项目、广东省2023年度文旅促消费优秀案例等称号。此外，广州市森林海旅游度假区被评为省级旅游度假区，广州市天人山水入选首批"粤式新潮流"广东文旅消费新业态热门场景，广州亲子研学田园之旅入选2023年"乡村四时好风光"全国乡村旅游精品线路第二期（夏季主题），"乐游羊城—文旅消费券为文旅消费赋能"入选2023年度文旅促消费优秀案例。

2023年中秋、国庆假期，广州接待市民游客1758.9万人次，同比增长105.4%；实现文旅消费总额131.1亿元，同比增长112.0%。2023年春节期间，以广州为目的地的旅游产品预订消费金额同比增长133.0%，人均消费

---

① 《广州假期1000多场文旅活动引领欢乐体验》，广州市人民政府网，2023年9月28日，https://www.gz.gov.cn/zlgz/wlzx/content/post_9235936.html。

金额同比增长22.0%，广州的平台搜索热度同比增长160.0%。通过携程预订的以广州为目的地的机票订单量同比增长近两成，跨省游订单量同比增长33.0%。此外，门票、酒店、民宿、包团定制等旅游产品较2022年春节期间实现倍增①。

（九）文化重大项目相继投产

文化重大项目是文化产业高质量发展的强大支撑。2023年，广州文化产业重点投资项目建设持续推进。广州美术馆新馆、文化馆新馆、粤剧院新址建成并开放运营，黄埔大悦汇、长洲岛游艇码头正式投入运营，南方文体综合体项目在黄埔区中新广州知识城启动，该项目以"媒体+文体产业+商业资本"模式集成品牌赛事、精品课程及特色教育，总投资1.6亿元②。羊城晚报岭南数字创意中心项目在羊城创意产业园开工，该项目定位为"数字文化引领地、创意产业新高地、媒体融合示范地"，总建筑面积为12万平方米左右，拟建建筑层数地上32层、地下2层，建筑高度为149.95米，预计2025年底完工交付、2026年正式投入运营。2023年7月，广州时尚之都石井启动区正式启动建设，聚焦打造时尚产业供给创新高地，加快推进广州时尚之都建设。2023年10月，由广东省珠宝玉石交易中心投资建设的国家级珠宝首饰产业创新研发中心正式封顶，该中心立足粤港澳大湾区和广州番禺区珠宝产业优势，建设时尚产业公共服务平台，打造以珠宝首饰高新技术为核心、"政产学研用"联动融合的珠宝产业先进制造和供应链服务综合体，为广州乃至粤港澳大湾区的设计师建设一个更加有利于他们发展和创业的平台。

广州市政府与华南理工大学联合建设广州科技图书馆，预计2025年建成，该图书馆总建筑面积为52066平方米，定位为科技与经济发展前沿的核

---

① 《花开广州，向阳绽放："广州旅游超级目的地"展独特魅力》，广州市人民政府网，2023年3月3日，https://www.gz.gov.cn/xw/zwlb/bmdt/swhgdlyj/content/mpost_8831991.html。
② 《南方文体综合体项目在中新广州知识城正式启动》，南方网，2024年3月26日，https://news.southcn.com/node_d16fadb650/5550448d06.shtml。

心资源库，旨在打造国际一流的科技图书馆，标志着广州在文化与科技融合方面的进一步创新。

近年来，广州市文化产业固定资产投资逐步增长，尤其是2020～2021年。广州市统计局发布的数据显示，2019年广州文化产业固定资产年度完成投资额为149.33亿元，2021年增至299.12亿元，由于新冠疫情等因素影响，2022年文化产业固定资产年度完成投资额比上年下降56.44亿元，但比2019年增长93.35亿元（见图3）。

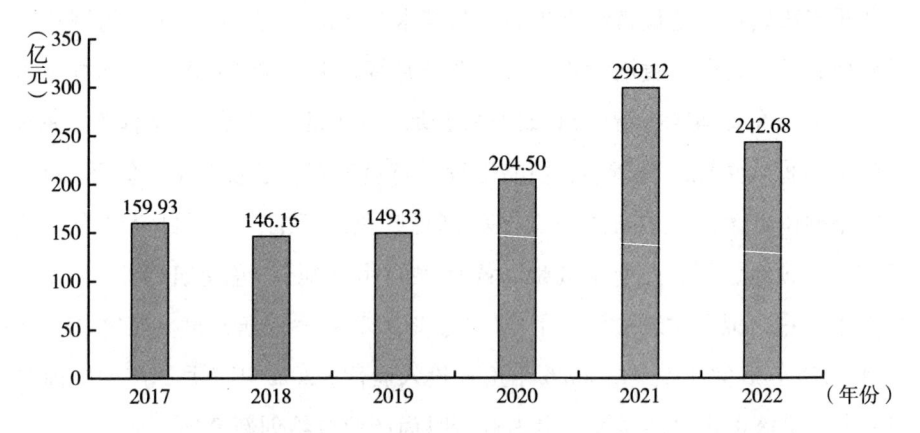

图3　2017～2022年广州文化产业固定资产年度完成投资额

资料来源：《2023年广州市文化及相关产业统计概览》。

从不同行业的角度来看，2022年，广州文化产业固定资产投资最多的行业为文化投资运营，其年度完成投资额为105.71亿元，新增固定资产为13.77亿元，占比分别为43.6%和34.3%（见图4）。这部分投资资金来源主要为自筹资金，数据显示，文化投资运营行业的自筹资金为76.27亿元，占总资金来源的72.2%，可见政府对文化投资运营行业的重视程度。另外，内容创作生产行业及文化传播渠道行业的固定资产投资力度也相对较大，2022年内容创作生产行业的固定资产年度完成投资额为46.16亿元，文化传播渠道行业的新增固定资产为11.01亿元，分别位居各自统计范畴内的第二。

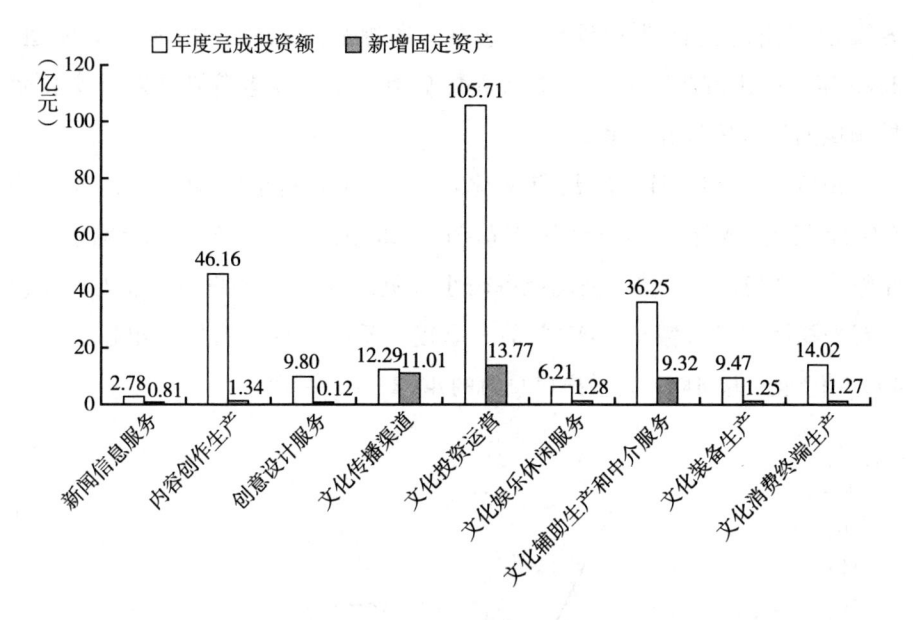

图4 2022年广州文化产业不同行业固定资产年度完成投资额及新增固定资产

资料来源：《2023年广州市文化及相关产业统计概览》。

（十）对外文化贸易创新高

2023年，广州把文化服务出口作为实施文化强市战略、推动城市文化综合实力不断增强的重要举措，充分发挥国家文化出口基地在产业集聚、创新发展、示范引领等方面的重要作用，大力培育文化出口重点企业、重点项目，激发文化产业发展活力，推动对外文化贸易提质增效。加快推进外贸综合服务企业与跨境电商、市场采购融合发展，提升天河、番禺国家文化出口基地能级和软实力，创新举办第八届中国广州国际投资年会暨首届全球独角兽CEO大会、数字经济试验区招商会、城市更新政企对接会等重点活动。"中国·广州时尚名品展"亮相米兰和巴黎，来自广州的时尚企业和设计师向来宾展示了极具中国特色的原创设计与产品，如中国刺绣、马面裙、原创艺术皮具、科技香云纱面料、非遗文化香云纱成衣等，展现了岭南独有的国家级非遗技艺，积极推动广州时尚品牌"走出去"，向世界展示广州时尚制造和设计的魅力，带领品牌探索"出海"新航道。2023年，广州市获国家对外文化贸易基地认定，标志着其在对外文化贸易领域的显著地位和成就。

2023年1~12月，广州市文化产品出口金额呈波动态势，合计为510.58亿元。4月，出口金额达到峰值78.20亿元，下半年出口金额较上半年整体呈现稳定的趋势，波动范围较小（见图5）。广州珠宝产业外贸规模实现恢复性增长，截至2023年前三季度，番禺区珠宝首饰进出口总值为400.9亿元，占同期外贸进出口总值的46.1%[1]。

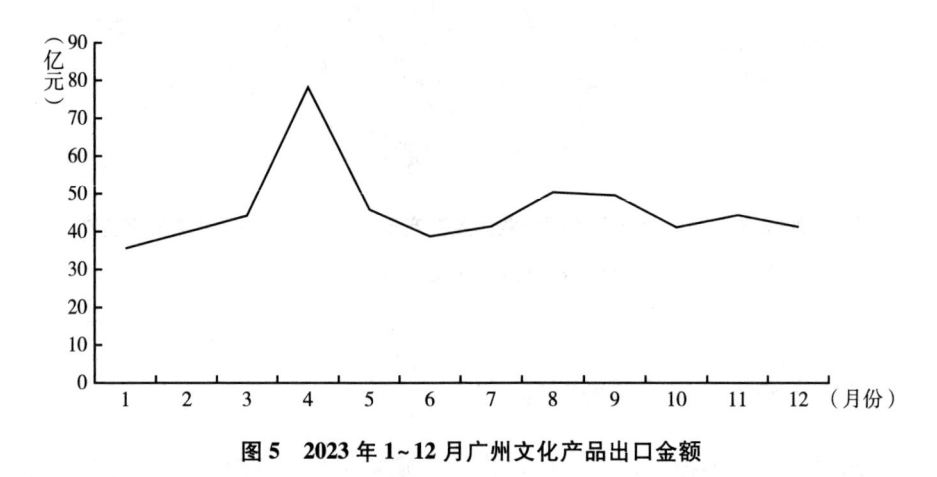

图5 2023年1~12月广州文化产品出口金额

资料来源：广州海关、choice金融终端。

2023年，广州文化产业在国际舞台上表现突出，众多广州文化企业和项目被评为国家文化出口重点企业和重点项目，其中广州漫友文化的出版物在港澳台地区享有高销量[2]。咏声动漫的原创动漫作品《猪猪侠》、《百变校巴》和《超学先锋》等，已成功发行至超过50个国家和地区，并在全球超

---

[1]《番禺区前三季度珠宝首饰进出口400.9亿元，占同期外贸进出口总值46.1%》，广州市番禺区人民政府网，2023年11月24日，https://www.panyu.gov.cn/zwgk/zfxxgkml/xxgkml/zwdt/fzxw/content/post_9340365.html。

[2]《2022广州文化企业30强系列榜单解读》，南方网，2023年3月5日，https：//epaper.southcn.com/nfdaily/html/202303/25/content_10055368.html。

过150个电视及新媒体平台播出①，2023年其《反斗联盟》和《喵能战士》等作品在戛纳春季电视节上亮相，通过动漫讲述中国故事，提升了国漫IP的全球竞争力。同时，网易和三七互娱等企业通过强化自研实力和重视海外IP合作，拓展了全球IP能力的边界。网易在海外市场成功推出基于《西游记》等国风IP的游戏，如《阴阳师》和《大话西游》，还与国际知名品牌如漫威、华纳兄弟以及暴雪娱乐合作开发新游戏，加速传统文化的创新传播。三七互娱则根据不同市场的特点，发行符合当地用户需求的游戏，有效促进了中国文化在海外的传播。2023~2024年广州国家文化出口重点企业见表1。

表1 2023~2024年广州国家文化出口重点企业

序号	企业	序号	企业
1	广州光娱信息科技有限公司	8	广州珠江钢琴集团股份有限公司
2	广州游莱信息科技有限公司	9	广州华立科技股份有限公司
3	广州市珠江灯光科技有限公司	10	广州君趣网络科技有限公司
4	广州蓝深科技有限公司	11	中国图书进出口广州有限公司
5	广州久邦世纪科技有限公司	12	广州酷狗计算机科技有限公司
6	广州元游信息技术有限公司	13	广州乐牛软件科技有限公司
7	广州凡拓动漫科技有限公司		

资料来源：商务部服贸司。

二 广州文化产业发展的短板和不足

2023年，广州文化产业各项政策显效发力，文化产业恢复发展，文化产业对社会经济发展的推动作用越来越明显，文化产业规模保持连续增长

---

① 《咏声动漫亮相香港国际影视展，粤企多元IP领跑国漫出海》，"中国日报网"百家号，2024年3月21日，https://baijiahao.baidu.com/s?id=1793314468056547982&wfr=spider&for=pc。

态势，且取得一批亮眼成就。与此同时，广州文化产业高质量发展仍有较大提升空间，从城市地位、文化产业影响力等方面综合考量，与北京、上海、深圳、杭州、苏州、南京等国内主要城市相比，广州文化产业在产业规模、市场主体、数字化转型、政策扶持、新业态发展等方面存在一些短板和不足。

（一）产业规模相对较小，引擎功能有待提升

从文化产业增加值来看，广州文化产业总体规模与其社会经济综合实力不匹配，也与国家中心城市的地位不相符。近年来，广州文化产业对社会经济发展的引领功能不断强化，文化产业规模保持连续增长态势，2017～2022年，广州文化产业增加值年均增速达10.35%，增长态势明显。2022年，广州文化产业增加值约为1800.00亿元，占GDP的比重为6.20%。但是广州文化产业规模与国内主要城市相比仍存在一些差距。从2022年文化产业增加值来看，北京、上海、深圳、杭州分别为4700.30亿元、2807.00亿元、2600.00亿元和2420.00亿元，与广州拉开较大差距（见图6）。

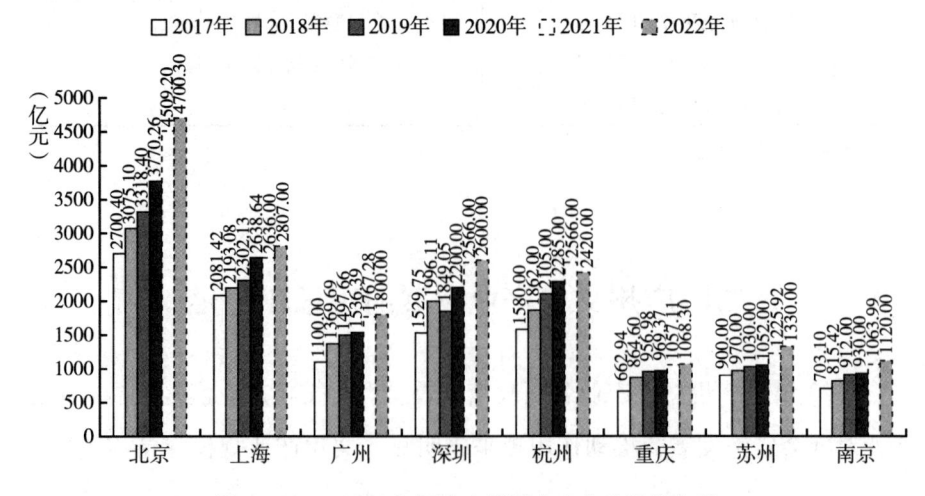

图6 2017～2022年国内主要城市文化产业增加值

说明：2022年广州市相关数据为预测值。
资料来源：各城市统计局。

从文化产业增加值占GDP的比重来看，广州文化产业在国民经济中的地位有待提升，引擎功能亟须进一步释放。2022年，北京、上海、广州、深圳、杭州、南京6座城市的文化产业增加值占GDP的比重达到6%以上，文化产业成为推动以上城市社会经济发展的支柱产业。从相关城市统计数据来看，2022年杭州文化产业增加值达2420.00亿元，占全市GDP的比重为12.90%，杭州文化产业对社会经济发展的推动作用显著强于其他城市；2022年北京文化产业增加值占GDP的比重也超过10.00%，深圳为8.00%，而广州为6.20%，广州文化产业对社会经济发展的推动作用仍有较大提升空间（见图7）。

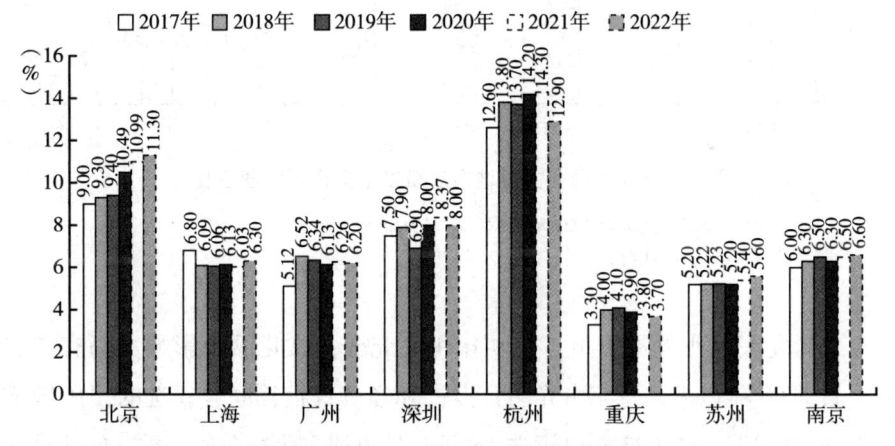

图7　2017~2022年国内主要城市文化产业增加值占GDP比重

资料来源：各城市统计局。

（二）市场主体实力不强，规模效应难以发挥

一是市场主体营收不足，规模化程度较低。2023年，广州市规模以上文化产业法人单位有3347家，合计实现营业收入5582.34亿元，同比增长15.92%，营业收入仅为北京（20638.30亿元）的27.0%、上海（10789.00亿元）的51.7%、深圳（8267.00亿元）的67.5%、杭州（8064.00亿元）的69.2%（见图8）。从户均营收规模来看，2022年广州市规模以上文化企

业户均营业收入为1.54亿元，低于杭州（5.60亿元）、北京（3.18亿元）和上海（3.13亿元）。从文化产业规模化程度来看，2022年，广州规模以上文化企业中，小微型文化企业占比达84.8%，大型文化企业占比仅为2.9%，文化企业规模偏小，小微型文化主体占主要地位。

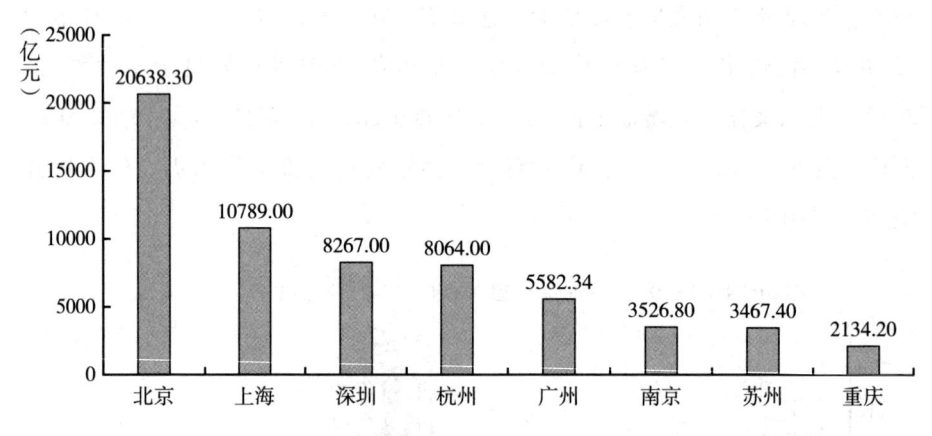

图8 2023年国内主要城市规模以上文化产业营业收入

说明：上海、南京、重庆为2021年数据，深圳为2020年数据。
资料来源：各城市统计局。

二是龙头企业数量不足，带动作用不充分，文化品牌影响力仍有待提升。自2008年以来，每年由光明日报社和经济日报社联合评选的"中国文化企业30强"，至2023年已评选15届，是中国文化行业最为重要的活动之一。从历届名单来看，广州共有13家次（含重复入选）企业入选，与北京（126家次）、杭州（47家次）、南京（41家次）、上海（39家次）等城市相比差距较大，数量位居南昌之后，与西安、济南并列第九（见图9），且在2023年新一批"中国文化企业30强"名单中，广州仅上榜1家企业。

2024年3月，文化和旅游部发布新一批国家文化产业示范基地认定名单、拟保留命名国家文化产业示范基地名单，其中广州市珠江钢琴、奥飞娱乐、漫游文化科技、长隆集团等11家企业上榜，对比来看，广州上榜企业数量虽在各主要城市中排名第三，但与北京（27家）、上海（20家）差距较大。并且，在2023年认定的一批国家文化产业示范基地中，广州仅有酷

迈向高质量发展的广州文化产业

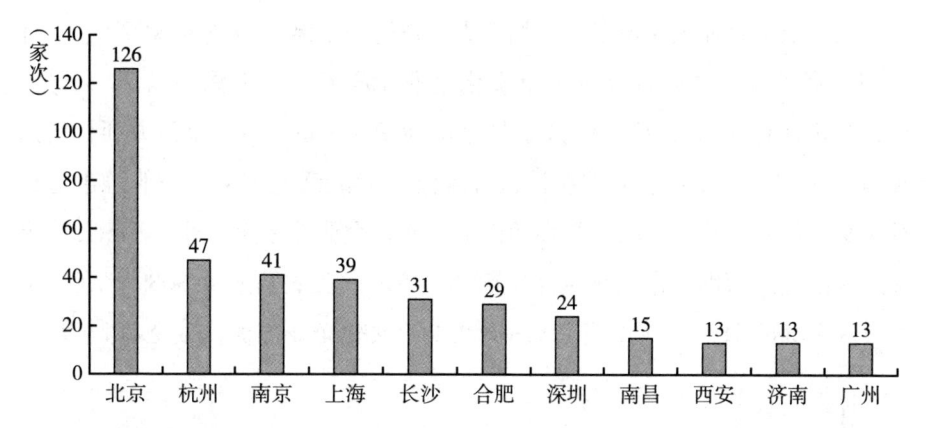

图9　2008~2023年国内主要城市累计入选"中国文化企业30强"的企业数量

说明：含重复入选数据。
资料来源：根据网络公开资料整理。

狗计算机科技、黄埔文化、锐丰音响、华立科技4家企业上榜，北京、上海则分别有22家、9家企业上榜（见图10）。近年来，上海的Bilibili、喜马拉雅、米哈游、盛大网络，北京的完美世界、开心麻花等文化品牌在各自领域的知名度持续提升，市场影响力越来越大，广州文化品牌的领先地位则有下降趋势，本土文化品牌打造任重道远。

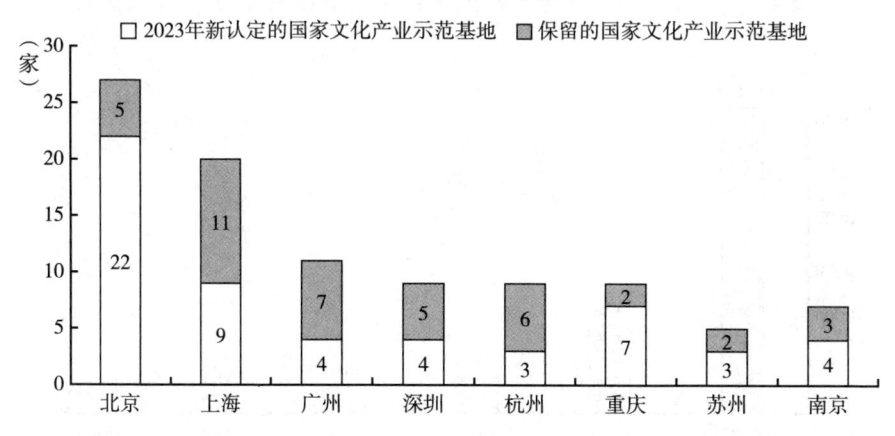

图10　2023年国内主要城市新认定及保留的国家文化产业示范基地数量

资料来源：文化和旅游部公开资料。

三是上市企业数量不足，市场活力有待进一步激发。截至2023年11月17日，粤港澳大湾区合计有上市文化企业163家，其中深圳以73家居首位，广州拥有48家，数量仅为深圳的65.8%（见图11）。市值方面，根据2023年11月17日收盘数据统计，粤港澳大湾区已上市文化企业总市值超过4.9万亿元，其中广州、深圳两市上市文化企业总市值超过4万亿元，集聚效应凸显。深圳上市文化企业市值达31559亿元，广州为9089亿元，市值仅为深圳的28.8%（见图12）。潜在上市文化企业方面，截至2023年10

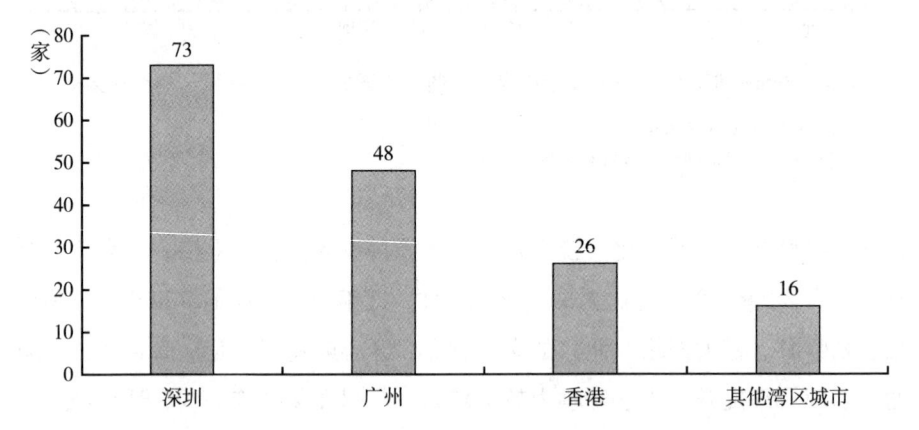

图11　截至2023年11月17日粤港澳大湾区上市文化企业城市分布

资料来源：艾瑞咨询《2023年粤港澳大湾区文化产业投资趋势研究》，Wind数据库。

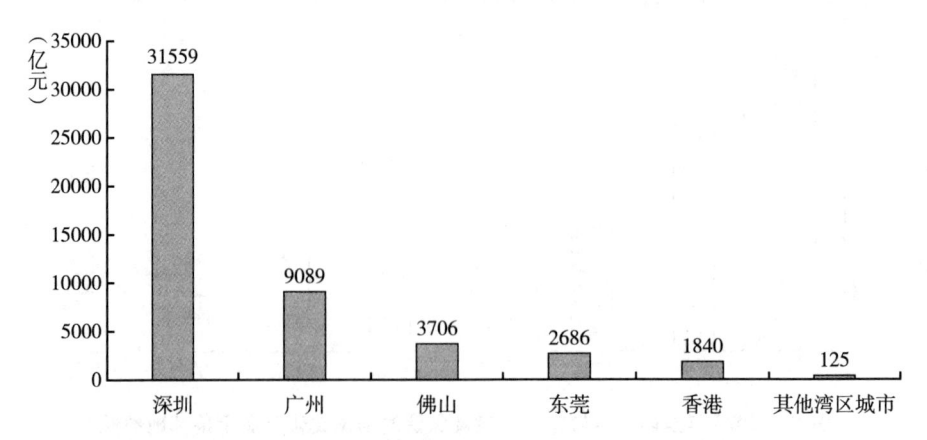

图12　截至2023年11月17日粤港澳大湾区各市上市文化企业市值

资料来源：艾瑞咨询《2023年粤港澳大湾区文化产业投资趋势研究》，Wind数据库。

月，粤港澳大湾区进入Pre-IPO、Pre-B和Pre-A轮融资阶段的文化类企业数量分别为1家、5家和46家，其中Pre-IPO、Pre-B两阶段的6家企业（全部分布在广州、深圳两市）已经十分接近IPO。在这6家企业之后，还有46家企业进入Pre-A轮融资阶段，其中广州仅有7家，远远落后于深圳的36家（见图13）。

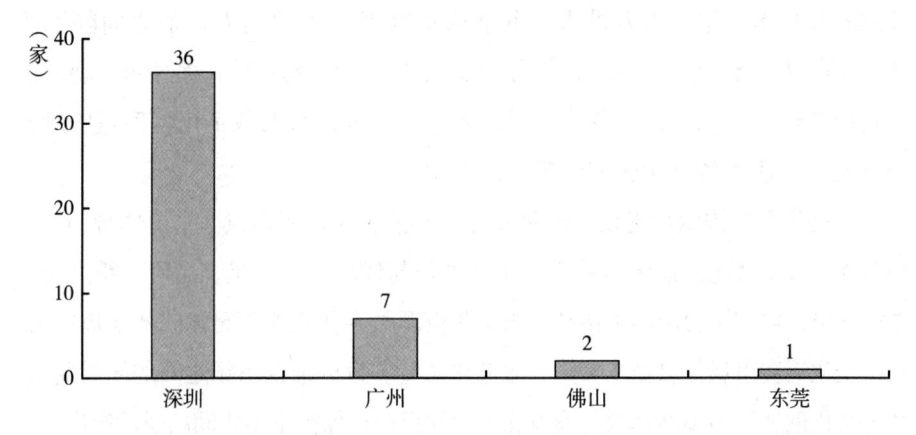

图13　截至2023年10月粤港澳大湾区各市潜在上市文化企业数量（Pre-A轮融资阶段）

资料来源：艾瑞咨询《2023年粤港澳大湾区文化产业投资趋势研究》，Wind数据库。

（三）产业转型整体不快，数字技术优势不足

一是数字核心技术较为薄弱，文化产业数字化基础不牢固。在数字技术全链融入文化产业的背景下，广州文化创作、生产、传播和消费等环节的数字核心技术依然较为薄弱，与文化产业数字化的需求不匹配。如广州自主研发的游戏引擎在渲染、物理、检测、脚本和场景管理方面的应用还不成熟，与北京、上海、深圳等顶尖的游戏引擎研发技术相比，还存在较大差距，限制了网络游戏在不同终端和场景下的运行。广州大模型开发所依赖的数据训练师人才不足，深度学习算法及算力效率同样差距明显。同时，广州人机交互、MR等文化产业领域的数字核心技术以及类人视觉、听觉、语言、思维等人工智能技术相比先进城市仍然落后。

二是文化企业数字化转型困难。一方面，文化与数字科技融合造就了广

州一批新型文化企业，但数字化并不充分。此类企业多依托互联网提供线上产品和服务，运营模式、产品类型、消费场景相对固定，产业链和价值链较短。如何营造多元体验场景、拓展数字化内容和价值空间是该类企业推进数字化转型面临的挑战。另一方面，传统文化企业在广州文化产业的结构体系中仍然占据较高比重，数字化转型任重道远。受到传统业务布局、产品与服务内容和技术应用、人力投入、资金成本等现实条件约束，企业面临不敢转、不愿转、不会转等难题，部分企业虽然有数字化转型的意愿和行动，但多是浅尝辄止。总之，经营管理系统和产品服务体系的数字化转型是广州大部分文化企业在数字化转型时遭遇的困境。

三是供需结构亟待优化，数字文化内容消费存在矛盾点。主要体现为：市场对优质数字文化产品的消费需求不断增长与优质内容不足、品质不精之间的矛盾突出；数字平台内容亟待整合与文化资源数字化程度不足之间的矛盾突出；数字文化消费市场体量稳步扩大与服务质量差、投诉维权不畅之间的矛盾突出；数字文化创新活力不断释放与商业化平台知识产权保护不足之间的矛盾突出。

（四）支持力度有待加大，体制机制有待完善

一是政府财政投入与社会投融资力度均不足。政府财政投入方面，2023年广州一般公共预算支出中文化旅游体育与传媒支出51.9亿元，占一般公共预算支出的比重仅为1.7%。社会投资方面，2022年全市文化产业完成投资242.68亿元，同比下降18.9%，占全社会固定资产投资的比重仅为2.9%，比重同比下降0.4个百分点。9个行业大类中只有4个行业的投资实现正增长。全市共有文化产业施工项目327个，比上年减少60个，项目建成投产率同比下降7.8个百分点。融资事件方面，根据艾瑞咨询数据，2019年至2023年10月，粤港澳大湾区文化产业合计产生融资事件527起，深圳以366次融资成为粤港澳大湾区文化产业投融资最主要城市，广州虽以128次融资位列第二，但数量仅约为深圳的1/3。政府财政投入不足，社会投融资难以引领粤港澳大湾区城市文化产业持续发展。

二是融资机制单一，"中小微企业文化+金融"发展略显不足。虽然广

州已经针对各层级企业建立了相对完善的融资机制，但中小微文化企业融资渠道相对依赖商业银行，资产估值难、交易定价难、市场尚未完全成熟，在融资上仍有一定困难。广州中小微文化企业融资机制存在的不足之处主要体现在以下几个方面。第一，中小微文化企业融资风险高，融资渠道仍相对单一。文化企业中活力最强、数量最多的中小微企业，由于文化产品生产周期较长、不确定性大，融资风险相对较高。中小微文化企业融资渠道主要为个人投资与商业银行融资，商业银行兼具了部分风险投资的功能。第二，文化企业资产估值难、融资担保难。文化资产多为无形资产，其评估和定价难度大，文化资产预期收益估算等方面缺乏历史案例和数据参考，难以形成有效的融资担保物。文化企业尝试采用联保方式解决担保难问题，但容易引发道德风险。第三，文化资产交易定价难，市场未完全成熟。目前文化产品等无形资产交易市场已经初步搭建，但尚不成熟，相关交易中介团队仍较少，定价机制仍在摸索中。

三是政策支持不够有针对性，政策体系有待完善。例如，在专项扶持资金方面，目前国内主要城市均设立了文化产业发展资金，且规模较大，其中，上海制定《促进文化创意产业发展财政扶持资金管理办法》，明确支持领域与重点行业，分别对在建扶持类、成果资助类、产业研究类项目进行资助，单个项目扶持资金最高可达300万元，2022年共资助项目647个，2023年达777个，扶持重点向数字化转型等新兴领域、中小微文创企业倾斜，同时加大对数字文创项目的扶持力度；深圳制定《关于加快文化产业创新发展的实施意见》《深圳市文化产业专项资金资助办法》等，2022年扶持资金总额为4.15亿元；2023年，杭州制定《杭州市加快国际文化创意中心建设行动计划（2023—2025年）》，市级层面兑现文创专项资金近2亿元；北京早在2006年便已设立5亿元文化创意产业专项资金，2012年增设100亿元文化创新发展专项资金。广州文化产业专项资金设立的时间相对滞后，广州于2021年制定《广州市文化和旅游产业发展专项资金管理办法》，正式设立广州市文化和旅游产业发展专项资金，资金规模为每年3亿元。相比以上城市，广州文化产业资金扶持政策力度有待加大。

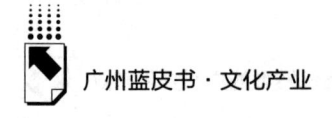

（五）新业态竞争优势不明显，产业活力不足

广州文化产业新业态增速整体不快，产业规模相对不足。2022年广州市动漫、游戏数字内容服务等文化新业态特征较为明显的16个行业小类的规模以上企业有804家，同比增加81家；实现营业收入2189.21亿元，同比增长5.3%，拉动全市文化产业增长2.3个百分点，为文化产业稳步增长提供了有力支撑。但对比而言，2023年北京文化新业态企业实现营业收入13787.70亿元，同比增长16.2%，拉动全市文化企业营业收入增长10.9个百分点，占全市文化企业营业收入的比重为68.5%；2022年苏州文化新业态企业实现营业收入1051.35亿元，规模与广州有较大差距但增速达到30.4%，文化新业态企业营业收入占规模以上文化产业企业营业收入的比重达到31.2%，且营业利润增长9.0%；2023年，杭州规模以上数字文化企业实现营业收入8064.00亿元，同比增长18.0%。其中，动漫游戏产业全年营业收入突破500亿元；而深圳仅2020年的游戏行业营业收入便已达到1445.56亿元。广州文化新业态与先进城市相比仍有不小差距，数字文化产业活力有待进一步释放，以文化新业态引领的文化产业创新能力有待进一步提升。

三 广州文化产业发展面临的形势及展望

（一）新要求

坚持以"以人民为中心"为价值导向。党的二十大报告提出，要坚持人民至上，坚持自信自立，坚持守正创新，坚持问题导向，坚持系统观念，坚持胸怀天下。以人民为中心是习近平新时代中国特色社会主义思想的重要内容。广州文化产业高质量发展必须坚持以人民为中心，立足人民日益增长的美好生活需要和不平衡不充分的发展之间的矛盾，充分满足人民精神生活需要、保障人民文化权益。这就要求文化产业市场主体必须意识到文化产业发展的最根本目标与价值是服务人民生产生活的需要。要基于广大人民群众精神文化需求开发文化产品,将具有丰富内涵与创意的文化产品转化为多元化、精品化以及特色化的文化商品,在文化产业的供给端即经营管理、内容生产、产品营销传播等过程中,始终不断满足人民群众的精神文化需求、保障人民群众的文化权益①。

满足高品质文化产品消费需求。文化娱乐消费、审美体验消费、象征符号消费已日益成为人们生活中不可或缺的有机组成部分,物质产品、服务产品必须具有美学及符号价值。随着数字经济不断发展,网络文化消费已经成为文化产品消费的热点领域。当前,广州文化产业发展态势良好,得到政策、经济、社会、科技等条件的支持,随着消费升级及人们文化自觉意识的增强,广州文化产业总体营收规模将不断扩大,更多的文创产品会进一步丰富人们的精神世界和娱乐生活。

符合新质生产力的发展需要。从产业属性上看,文化产业自身具备很强的融合特性,文化产业的内涵是文化,外在形态是产业,产业融合是其本质特征之一。不仅文化产业内部存在较强的融合发展趋势,而且文化产业与其他产业融合的特征也日益明显。可以说,文化产业已经成为广州发展新质生产力的重要领域。随着新一轮产业革命的发展,技术、模式、数字化创新和应用加速了传统文化业态改造升级的步伐,文化产业新业态不断涌现,文化产业链不断延伸,生产效率和产出效益快速提升,这些都是新质生产力发展的具体表现。当前,广州文化产业正处于与数字经济深度融合发展的阶段,文化产业正向数字化和场景智慧化阶段迈进,在这一发展过程中,必须满足以发展新质生产力为核心的转型升级需要。

(二)发展机遇

1. 新技术及其应用催生文化产业融合发展新模式

当前,随着新一代信息技术革命的不断推进,数字技术与传统产业融合

---

① 史学慧、张振鹏:《新时代文化产业高质量发展的新亮点、新要求和着力点》,《出版广角》2019年第9期。

发展程度不断加深，文化产业与数字技术的融合发展过程催生了一系列新业态、新模式，加速了文化产业领域应用场景的变革，将文化产业发展推进到以新技术为基础、以新业态为引领、以新理念为指导、以新政策为动力的高质量发展阶段。从技术层面看，大模型、大数据以及沉浸式感知交互等新兴科学技术的不断迭代和发展应用，为传统文化带来数字化发展新模式，加快了文化产品消费场景、交易方式和传播途径的创新步伐，以5G、人工智能、区块链等为主的前沿技术对当前传统文化产业的渗透，对文化产品的生产、分发和消费模式均产生了深远的影响，同时大大影响了文化产业发展模式。

从文化产业自身层面发展看，当前文化产业已经不再是一个孤立的产业，新技术的渗透和融合已经重新定义了文化产业，数字化、人工智能和VR等新技术的应用为文化产业高质量发展提供了新的动能和机遇，同时改变了传统文化产业发展模式。随着传统文化产业与数字技术的融合发展加速，网络文化产业、数字内容产业、数字创意产业等文化产业新模式快速成熟，文化产业数字集群和虚拟集群等新业态不断涌现。此外，VR技术的应用丰富了文化产品的体验形式，加强了文化产品与消费者之间的沟通和互动，推进了文化产业的高效发展。

从文化产业发展顶层设计层面看，国家"十四五"规划，中共中央办公厅、国务院办公厅印发的《关于推进实施国家文化数字化战略的意见》，以及广东省人民政府办公厅印发的《广东省文化和旅游发展"十四五"规划》，均为文化产业高质量发展指明了方向和道路，即加快实施文化产业数字化战略，通过构建数字文化产业新生态，实现文化产业高质量发展。广州市文化广电旅游局印发的《广州市关于推进数字文化创意产业高质量发展的实施意见》提出，到2025年，广州要打造具有国际影响力的数字文化创意产业集聚区，创建3个以上社会经济效益好、创新能力强的数字文化创意产业集群和10个以上具有较强示范带动作用的数字文化创意产业园区，培育6家以上产值超百亿元的数字文化创意企业和20家以上数字文化创意产业领军企业，推动数字文化创意产业发展处于全国领先地位，为广州文化产业高质量发展指明了方向。

2.国际市场发展拓展了文化产业市场范围

近年来,随着我国对外开放程度的不断提升、经济全球化的不断推进和国际交流的持续加强,文化产业作为一种具备多重属性的特殊产业,已经成为国际竞争的重要领域,国际市场的发展逐渐成为文化产业高质量发展的重要机遇,广州作为我国对外开放的"南大门",受国际市场发展的影响更加显著。在经济全球化的大背景下,国际市场的拓展和跨文化交流是广州文化产业区域协同发展的重要组成部分。在这一过程中,跨国公司和国际合作项目是推动广州文化产业国际化以及促进不同属性文化产品互动交融的关键渠道和载体。随着我国市场开放力度的不断加大,文化产品"走出去"载体日益丰富,为推动广州文化产业"走出去"提供了新的机遇。国际市场的发展进一步拓展了广州文化产业的发展空间,为文化企业提供了更广阔的市场,进一步提升了企业的资源配置效率。此外,随着全球各国经济的快速增长、人们消费观念的不断升级以及人们对精神生活的不断追求,文化产品和服务在全球范围的市场需求持续提升,为广州文化产业拓展国际市场提供了新的发展契机。文化产业国际化发展也在一定程度上成为广州文化产业技术创新与升级的重要动力。不论是引入新的生产经营理念和模式,还是与国外先进企业合作,都能有效推动广州文化产业引进最新的技术、设备和工艺,提升产品和服务的质量和竞争力。同时,国际市场为广州文化产业提供了更多的创新思路和概念,促进了广州文化产业的创新和发展,提高了广州文化产业的核心竞争力。

3.国家战略和国家中心城市建设赋予文化产业发展新使命

文化强国战略赋予文化产业发展重要使命。党的十八大以来,以习近平同志为核心的党中央高度重视社会主义文化强国建设。党的十八大报告提出扎实推进社会主义文化强国建设,正式确立了文化强国战略。党的十九大强调坚持中国特色社会主义文化发展道路,激发全民族文化创新创造活力,建设社会主义文化强国,第一次将文化自信作为检验文化强国和民族复兴的重要标尺。党的十九届五中全会首次明确建成文化强国的具体时间表,并提出到2035年建成文化强国的战略目标。党的二十大报告提出推进文化自信自强，铸就社会主义文化新辉煌，着眼于全面建设社会主义现代化国家、全面推进中华民族伟大复兴的重要任务，明确了建设社会主义文化强国的任务要求。文化产业具有高附加值、低能耗、低污染的特点以及创新性强、融合性强、可塑性强的优势，是典型的绿色经济、低碳经济。文化强国战略的实施，为各地尤其是广州这种有丰富文化资源的城市推动文化产业高质量发展提供了重要方向和指引。

此外，粤港澳大湾区建设也为广州文化产业高质量发展提供了更多机遇。《粤港澳大湾区发展规划纲要》明确提出共创人文湾区。广州是粤港澳大湾区中唯一同时拥有国家历史文化名城、岭南文化中心、国家重要中心城市和湾区核心城市定位的超大型城市，国际商贸中心、全国先进制造业基地、全国综合性门户、国际科技创新中心重要承载地等城市功能使广州成为政策叠加、机遇突出、优势明显的国际性大都市，这些因素共同赋予了广州文化产业在人文湾区建设中的重要地位。同时，科技不断进步、城市加速发展也为广州文化产业转型提供了机遇和条件，共同推动广州文化产业成为支柱型产业。

4. 广州高质量发展现实要求为文化产业发展指明了方向

2024年广州市政府工作报告强调，要锚定"排头兵、领头羊、火车头"标高追求，坚持稳中求进工作总基调，着力推动高质量发展。推动和实现广州高质量发展，文化产业起到了重要的战略支点作用，不仅体现在文化产业自身高质量发展的要求上，还应进一步扩展到文化产业对其他产业的赋能效应上，通过文化产业与其他产业的融合发展，增强其他产业产品的文化要素属性，提升其他产业产品差异化竞争能力。文化IP的生产和价值实现，推动文化要素与其他产业深度融合，文化创意产业则能够通过有效供给创造新的市场需求，这是解决当前实体经济结构性供需失衡问题的重要手段之一。此外，推动广州文化产业与实体经济融合发展，有助于加快构建"需求牵引供给、供给创造需求"的新的市场平衡机制。随着人们收入水平不断提升、消费群体结构持续更迭以及信息技术变革不断推进，文化产品市场消费者的需求和行为正在发生巨大的变化，以数字化、融合化、体验式为特征的新型文化消费引导了高质量市场需求，进而带动文化产业的高质量供给和高质量发展。

（三）面临的挑战

数字经济对广州文化产业的渗透力度不足。当前以大模型技术创新为代表的新一轮数字经济将重塑文化产品的生产和消费。作为"千年商都"，广州拥有丰富的历史文化资源，但数字经济与文化产业融合程度不深，造成数字资源价值未实现充分转化，未能推动广州文化产业形成明显的市场竞争优势，文化数字资源利用面临诸多挑战。例如，广府文化的活态化传播、数字化衍生和生态化应用等依旧成为广州文化产业实现规模经济效应面临的主要挑战。

文化产品面临全球价值链低端锁定困局，迟迟不能突破。尽管近年来广州文化产业规模持续扩大，但在产品创意设计、生产工艺研发创新、文化要素高端化转化等价值链高附加值环节上的投入和产出相对较低，大部分文化产业活动仍集中在生产、制造和加工等低附加值环节，缺乏对核心技术和知识产权的掌控，导致广州文化产业利润相对较低。

文化产业市场环境不完善。当前，文化产业领域原创性文化产品投入较大、复制较为容易、成本相对较低、易被侵权成为文化产业发展普遍面临的困境。广州知识产权保护体系仍须进一步完善，原创性文化产品保护仍须加强，保持文化创意从业人员的创作积极性仍面临较大挑战。此外，互联网直播、网络短视频等新兴文化产业快速发展，这些领域出现的违法违规行为类型众多、原因复杂，涉及网络侵权、网络信息安全、网络财产安全等，目前这方面的法律法规亟待完善、市场监管亟待加强。

（四）发展趋势预测

1. 营业收入规模预测

2014~2023年，广州规模以上文化产业营业收入整体呈现上升态势。2023年，广州规模以上文化产业营业收入达5582.34亿元。在对2024年广

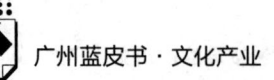

州市规模以上文化产业营业收入规模进行测算时，应充分认识到单一产业在发展过程中受外部环境因素影响往往较大，仅采用文化产业营业收入和增长速度等历史数据进行简单测算，不能有效避免外部环境因素对文化产业发展的影响，进而导致测算数据存在偏差。因此，在对文化产业规模进行预测时，应从国民经济发展层面尽量排除外部环境因素对产业规模预测的影响。作为国民经济发展的重要组成部分，文化产业发展与国民经济发展之间具有较强的相关性，可考虑用国民经济发展规模预测广州市规模以上文化产业营业收入，有效去除外部环境因素对测算结果的干扰，提高预测结果的准确性。

鉴于此，课题组采用如下步骤对2024年广州市规模以上文化产业营业收入进行预测。

测算方式一：考虑到短期内若没有较大外部环境因素冲击，文化产业和国民经济发展应处于相对稳定状态，即广州文化产业营业收入占国内生产总值的比重短期内不会发生较大变化，为避免新冠疫情因素影响预测准确度，以2021~2023年广州规模以上文化产业营业收入占当年国内生产总值比重的均值为标准，计算公式为：

$$CIOI_{2024} = CIOI_{2023} \times \sum_{i=2021}^{2023} \frac{CIOI_i}{GDP_i} \times \frac{1}{3}$$

式中，$CIOI_i$ 和 GDP_i 分别表示第 i 年文化产业营业收入和国内生产总值，$CIOI_{2023}$ 和 $CIOI_{2024}$ 分别表示2023年和2024年广州文化产业营业收入，进而测算出2024年广州市规模以上文化产业营业收入为5587.63亿元。

测算方式二：首先，测算2024年广州市地区生产总值和增速。根据2024年广州市民政工作会议暨高质量发展大会中提出的"大干十二年、再造新广州，到2035年经济总量翻一番，率先实现社会主义现代化"的发展目标，可以预测出2024年广州市地区生产总值将达到32160.78亿元，计算公式如下：

$$V = [(GDP_{2035}/GDP_{2023})\hat{}(1/12) - 1] \times 100\%$$

式中，V表示这一时期广州市地区生产总值平均增速，GDP_{2035}为2035年广州市地区生产总值，在此处为GDP_{2023}的2倍。根据上式，可进一步测算出这一时期广州市地区生产总值的年均增速为5.95%。

然后，根据2024年广州市地区生产总值和增速对2024年广州规模以上文化产业营业收入进行预测，假设广州规模以上文化产业营业收入增速与地区生产总值增速一致，则计算公式如下：

$$CIOI_{2024} = CIOI_{2023} \times (1 + V/100)$$

进而，可测算出2024年广州市规模以上文化产业营业收入为5914.28亿元。鉴于以上分析，课题组认为2024年广州市规模以上文化产业营业收入应为5587.63亿~5914.28亿元（见表2）。

表2 2014~2024年广州规模以上文化产业营业收入规模及预测

单位：亿元，%

年份	规模以上文化产业营业收入	地区生产总值	规模以上文化产业营业收入占地区生产总值的比重
2014	3034.06	16135.95	18.80
2015	2958.39	17347.37	17.05
2016	3221.44	18559.73	17.36
2017	3446.56	19871.67	17.34
2018	4054.92	21002.44	19.31
2019	4110.21	23844.69	17.24
2020	4135.28	25068.75	16.50
2021	4807.76	28225.21	17.03
2022	4815.79	28839	16.70
2023	5582.34	30355.73	18.39
2024E1	5587.63	32160.78	—
2024E2	5914.28	—	—

注：2024E1相关数据是根据上文测算方式一得出的预测值，2024E2相关数据是根据上文测算方式二得出的预测值。

资料来源：2014~2023年数据来源于各年份广州市文化及相关产业统计概览。

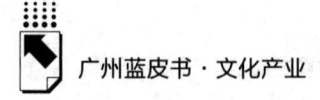

2.增加值预测

参照2024年广州市规模以上文化产业营业收入测算原理及测算方法,有效降低外部环境因素对预测结果产生的影响,结合相关数据,对2023年和2024年广州市文化产业增加值进行预测。从已有数据看,广州文化产业增加值相对稳定,为有效降低新冠疫情因素影响,以2020~2022年广州市文化产业增加值平均值为标准,计算公式如下:

$$VAOCI_t = CIOI_t \times \sum_{i=k}^{t-1} \frac{VAOCI_i}{CIOI_i} \times \frac{1}{t-k}$$

其中,$VAOCI_t$和$CIOI_t$分别表示第t年广州市文化产业增加值和文化产业营业收入,k为测算广州市文化产业增加值选择的基准年份。根据以上公式,结合上文测算出的广州市文化产业营业收入,可进一步预测出2023年广州市文化产业增加值为2070.85亿元,2024年广州市文化产业增加值为2072.81亿~2193.99亿元。

四 广州推进文化产业高质量发展的对策措施

2024年是新中国成立75周年,也是"大干十二年、再造新广州"的开局之年,推进文化产业高质量发展至关重要。2024年广州市政府工作报告指出,加快培育建设国际演艺中心,促进演出市场繁荣发展;开展"向美而行"公共文化产品配送服务,打造一批公共文化共同体标杆项目;实施文化产业园区提质增效工程,建设国家数字影视产业试验区、智慧视听云产业园;办好湾区音乐汇、电影博览会、文交会,做优做强文化发展集团;深化文商旅体服融合发展,推进建设国家文化产业和旅游产业融合发展示范区。2024年,广州要抓住全社会高质量发展的新机遇,充分激发文化创新创造活力,促进经济高质量发展,推进文化强市建设。

(一)协调并进:推动大中小企业联动发展

一是推动大中小企业协调发展。鼓励大型文化企业通过资源整合、重组并购形成具有更强竞争力的文化产业集团。发挥大型文化企业的主力军作用，充分利用大型文化企业在平台、资源、资金上的优势，实现文化产品与数字技术的深度融合，快速占领市场、引领行业，从而使大型文化企业成为数字文化产业的中坚力量。支持小微企业做大做强。针对小微企业发展的痛点难点，用好用足财政税费政策，深入落实小规模纳税人免征增值税、小型微利企业减征所得税、研发费用加计扣除以及延缓制造业中小微企业缴纳税费等政策，切实降低企业经营成本，充分释放文化企业发展活力。支持文化企业向"专精特新"方面发展，打造中小企业集群。提高全市文化产业的规模化、集约化、专业化水平。培育一批具有较强实力、活力和竞争力的市场主体，增强文化创造活力，提升产业规模质量。引进国外文化企业。深化对外开放，减少外商投资限制，大力引进国外优质文化企业，同时鼓励本土文化企业"走出去"，培育一批具有国际竞争力的本土数字文化企业。二是充分发挥文化产业园区优势。利用好现有文化产业园区，发挥园区资源集聚、产业互补、链条互通的优势，促进园区文化企业的协同发展，积极搭建平台以促进融合发展，通过共享资源、平台等方式，鼓励头部文化企业带动小微和民营文化企业创新发展。三是加大资源要素投入力度。持续优化文化政策环境、法治环境和服务环境，拓宽文化产业"一企一策"精准服务范围，加快打造文化营商环境"升级版"，为文化市场主体做大做强提供稳定预期。

（二）创新引领：技术革新、应用拓展、场景重塑与消费升级

在技术、应用、场景、消费等领域进行多元创新，打造创新引领的文化新纪元。基于文化创新技术，广州可以落地文化新应用，结合文化新场景，形成文化新消费形态。一是强化对新技术的研发与运用。加大在AIGC、超高清视频、VR/AR、体感交互、数字人、实时音视频、数字孪生、3D高精度数字建模、区块链等领域的研发投入力度，并强化新技术成果在文化产业中的运用。二是不断拓展文化新应用。在数字博物馆等数字实景体验、数字讲解员、数字主持人、裸眼3D全息互动体验、VR实时直播等应用领域进

行拓展，让新应用持续涌现。三是重塑文化新场景。在现有文化场景之外，构建车载文化娱乐场景、AR互动娱乐场景、实景体验街区等体验场景。四是引领文化新消费。在超高清视频内容消费、文化衍生品消费、文化街区体验式消费、文旅融合消费领域引领消费升级，促进新型文化消费形态的落地。

（三）融合发展：旅游、科技、金融共绘发展蓝图

广州可以利用自身独特的广府文化资源，以"文化+旅游""文化+科技""文化+金融"推动文化产业高质量发展。一是推进文化旅游融合。深化文化旅游新概念，深挖广州丰富的文物古迹、时尚街区背后的文化概念，打造文化旅游体验项目。宣传广州非物质文化遗产，弘扬以粤剧、龙舟、武术、醒狮等为代表的岭南文化，举办文化遗产展览、展演活动，升级非遗旅游体验，吸引游客体验广州的深厚文化底蕴，提升旅游吸引力。二是推进文化科技融合。把握AIGC浪潮，借力AIGC提升广州文化企业创意生产效率。结合5G、VR/AR、全息影像等新型显示技术，提升高清沉浸式互动文化体验。依托广州在高端文化制造领域的优势，着力打造高清视频设备产业、线下实景娱乐设备产业、VR/AR设备产业、无人机设备产业等高端文化制造产业集群，延伸文化制造产业链。三是推进文化金融融合。根据文化企业特点，创新文化企业融资机制，优化文化资产估值策略，扶持文化产业融资交易平台和中介机构发展，提升融资效率和风险控制能力。

（四）要素支撑：核心要素和基本要素共筑文化产业数字化转型支撑体系

数据、技术等是文化产业数字化转型的核心要素，政策、人才、资金等是文化产业数字化转型的基本要素，要强化核心要素与基本要素保障，共筑文化产业数字化转型支撑体系。一是加强数据要素的利用和管理。首先，保障数据流动的畅通，发挥数据在文化产品生产、流通、监管、消费全流程中

的衔接和赋能作用。打通数据生成、采集、存储、服务、安全等环节,实现文化产业价值链和产业链的数据化。其次,加强文化产业数字化重点环节的数据安全管理,增强数据安全意识,提升安全处置响应速度,解决数据安全保护不足的问题。最后,可以探索建立全市统一的文化产业大数据交易平台,规范文化产业数字化转型过程中数据要素的流通共享。二是强化数字技术支撑。以 AIGC 等技术推动文化产业内容生产数字化转型,以数字化版权存证推动内容确权,以"5G+超高清"、数字超高清扫描、数字孪生等技术推动内容传播数字化,以在线影音平台、数字版权交易平台、电商平台助推内容交易变现数字化。三是加强政策支持。鼓励各类社会资本通过设立基金会等形式扶持文化产业发展,落实税收优惠政策,健全文化创新出口支持政策。实施扩大文化创新消费工程,制作文化消费优惠手册,搭建连接文娱商家及消费者的网络平台。支持打造一批有国际影响力的本土文化企业、品牌、产品,提升广州文化产业的国际影响力。四是培养文化产业复合型人才。完善人才引、育、留、用体系,培养既具备产业经济思维又拥有数字技术和文化创意能力的复合型人才。健全现行人才政策,完善文化产业人才评价体系和激励政策。创新人才教育培养模式,优化高等教育和职业教育模式,强化对文化产业人才数字化能力的培养。加大高层次数字文化人才引进力度,重点吸引海外数字文化产业起步早、发展快的地区的领军人才和创新团队。

(五)健全机制:创新机制、优化策略与扶持平台

当前,广州文化企业可通过资本市场、文化产业基金、风险投资基金、商业银行、民营/个人资本等多层次融资市场满足自身融资需求。下一步,要健全融资机制,满足领军企业、高潜力企业、中小企业的多维度融资需求。一是创新融资机制。借鉴其他新经济领域中小微企业融资经验,创新融资机制,整合风险投资机构、商业银行、产业基金资源,促进投贷联动,完善收益共享机制和风险控制机制。二是引入新型估值数据,优化文化资产估值策略。强化与文化内容传播平台、文化产品交易平台的深度合作,引进平

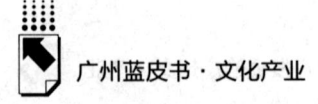

台数据和经验，对文化内容资产进行更为科学的评估和预测，解决融资中的难点问题。三是扶持文化产业融资交易平台和中介机构发展。鼓励文化产业融资交易平台做大做强，支持优秀的文化产业融资中介机构快速发展。通过以上措施，形成满足各层次文化企业经常性和初创性融资需求的文化产业投融资体系。

综合篇

B.2
广州市中心城区文化产业空间集聚特征及优化策略

余炜楷 魏少峰 杨石琳 陈露 顾恬玮*

摘　要： 大力发展文化产业，不断优化文化产业空间布局，是推进广州文化强市建设的重要途径。广州超60%的文化企业分布在中心城区，形成了明显的空间集聚特征，中心城区成为广州文化产业的重要集成地。本报告基于2022年广州文化企业地理数据，运用平均最近邻指数、核密度估计等方法，探究中心城区文化产业空间总体集聚特征和分类型集聚特征，并基于道路交通、文化设施等多源数据，采用地理探测器，从总体和分类两个层面揭示文化产业空间分布的影响因素。在现象发现和规律解析的基础上，进一步提出中心城区文化产业空间布局优化策略，以支撑广州文化产业高质量发展。

---

* 余炜楷，广州市城市规划勘测设计研究院有限公司正高级工程师，研究方向为产业与创新空间；魏少峰，广州市城市规划勘测设计研究院有限公司工程师，研究方向为产业空间；杨石琳，广州市城市规划勘测设计研究院有限公司助理工程师，研究方向为产业空间；陈露，广州市城市规划勘测设计研究院有限公司高级工程师，研究方向为产业与创新空间；顾恬玮，广州市城市规划勘测设计研究院有限公司助理工程师，研究方向为创新网络与空间。

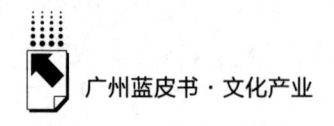

关键词： 文化产业　文化产业空间　地理探测器

一　引言

党的二十大报告提出，推进文化自信自强，铸就社会主义文化新辉煌，强调繁荣发展文化事业和文化产业。文化产业作为"绿色产业"和"朝阳产业"，以其高附加值、高融合性和低消耗、低污染的特性成为促进城市经济发展的重要产业，并且在提升就业率，促进城市更新创新、可持续发展，提高城市竞争力等方面发挥着重要的作用[1]。文化产业既是经济发展的新增长点，也是推动城市文化发展的重要动力源，是各个城市实现高质量发展的关键因素之一。产业空间布局则是影响文化产业发展的重要因素，合理的产业布局能够促进文化企业间的创新协作，提高经济效率。因此，探究城市文化产业的空间布局及其影响因素，有助于指导文化产业空间结构的调整和优化，促进文化产业的协调发展。

目前，在针对城市文化产业空间的研究上，相关学者重点探讨了文化产业空间的集聚与扩散特征、时空演变规律和影响机制等内容。其中，在文化产业空间集聚与扩散方面，周尚意等通过数据和量化分析，从市场和行业特性两个角度解释了北京城区文化产业空间集聚与分散并存的原因[2]；栾峰等采用经济普查数据，从整体、分规模和分行业等不同维度，归纳分析了上海中心城区文化创意产业的空间集聚特征，发现文化产业空间呈集聚度圈层式递减分布[3]。在城市文化产业时空演变规律和影响机制方面，杨槿等分析了苏州老城区文化产业空间演变过程，发现文化产业向古城外扩散的趋势明显[4]；李

---

[1] 邱宁、李泽、韩欣宇：《北京市主城区文化创意产业空间集聚分异成因及类型》，《西部人居环境学刊》2020年第3期。
[2] 周尚意、姜苗苗、吴莉萍：《北京城区文化产业空间分布特征分析》，《北京师范大学学报》（社会科学版）2006年第6期。
[3] 栾峰、何瑛、张引：《文化创意产业空间集聚特征与园区布局规划导引策略——基于上海中心城区的企业选址解析》，《城市规划学刊》2019年第1期。
[4] 杨槿、陈雯、袁丰：《苏州老城区文化产业空间格局演化及其机理分析》，《地理科学》2015年第12期。

留通等以西安市为例，探讨了文化产业空间集聚特征和影响因素，发现交通、公共中心和历史文化资源等对文化企业的选址具有显著影响[①]；胡俊修等研究认为汉口文化娱乐业在城市化过程中经历了"由聚而散、散而再聚"的空间演化过程[②]；薛东前等研究发现西安市文化娱乐业呈现商贸旅游型、文教游憩型、科技商务型和城市新区型4种空间集聚模式[③]；宋永永等研究发现中国文化产业的影响因素既与文化产业类型和属性有关，又与城市物质和非物质空间要素有关[④]。

可以看到，目前针对城市文化产业空间的研究多从全市尺度对相关城市的总体特征进行描述，缺乏从更小尺度对不同类型的文化产业空间的深入分析，且研究对象主要聚焦北京、上海和西安等城市，针对广州的相关研究较少。作为国家中心城市，广州文化产业经过多年发展，规模持续扩大，2022年文化产业增加值达1800亿元左右，位居全国前列。广州已成为我国重要的文化产业集聚中心。其中，中心城区凭借密集的人流、丰富的文化设施、完善的道路交通、较强的市场邻近性，催生与吸引了大量的文化企业，集聚了全市超60%的文化企业，是广州文化产业发展的空间主阵地。因此，在广州市文化产业步入提质转型、创新发展的关键时期，对广州市中心城区文化产业空间集聚特征及影响因素进行研究，并提出相应的空间布局优化策略显得尤为必要。

二 数据来源与研究方法

（一）研究区域

本报告研究范围为广州市中心城区。依据《广州市国土空间总体规划

[①] 李留通等：《西安市核心区文化产业空间集聚特征与影响因素》，《资源开发与市场》2020年第7期。

[②] 胡俊修、钟爱平：《近代汉口大众文化娱乐空间的聚散与城市发展》，《武汉大学学报》（人文科学版）2012年第4期。

[③] 薛东前：《西安市文化娱乐业的空间格局及热点区模式研究》，《地理学报》2014年第4期。

[④] 宋永永等：《地理学视角下中国文化产业研究进展与展望》，《经济地理》2021年第11期。

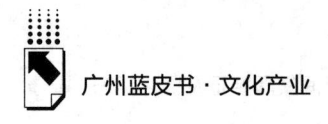

（2018—2035年）》（草案公示稿），广州市中心城区范围具体包括荔湾、越秀、天河、海珠四区，白云区北二环高速公路以南地区，黄埔区新龙镇以南地区，总面积约为933km²。

（二）研究对象与数据来源

本报告选择广州中心城区的文化产业作为实证研究对象。主要应用的数据及来源分为以下两个方面。

1. 文化企业数据

根据国家统计局发布的《文化产业及相关分类（2018）》标准中文化产业与国民经济行业分类的对应关系，从企查查（https：//www.qcc.com/）爬取截至2022年9月底的相应类别的全市文化企业数据，共获取有效数据156853条，其中中心城区数据101447条，通过高德地图API接口（https：//lbs.amap.com/）获取每一个企业地址所对应的经纬度坐标，并进行空间矢量化处理。

2. 影响因素分析数据

相关数据及来源主要包括：人口规模数据来源于南安普顿大学地理与环境科学学院制作的2020年WorldPop世界人口格网数据集（https：//hub.worldpop.org），分辨率为100m×100m；城市交通数据中的城市道路数据来源于网络平台OpenStreetMap（OSM），地铁站及公交站点数据来源于高德地图的兴趣点（POI）；文化产业园区数据来源于广州市文化广电旅游局；GDP数据来源于国家科技资源共享服务平台（http：//geodata.nnu.edu.cn）；广州公共文化设施数据共计462条，包括图书馆、博物馆、文化站等，来源于广州市政府数据统一开放平台（https：//data.gz.gov.cn/home.html）；广州科研院所和高校数据共计264条，来源于广州市政府数据统一开放平台；公园绿地和自然水系相关数据来源于广州现状用地数据。

（三）研究思路与研究方法

本报告首先运用平均最近邻指数、核密度估计等方法对广州市中心城区文化企业的空间分布、集聚特征进行分析，总结广州市中心城区文化产业空间总体集聚特征，以及不同类型的文化产业空间集聚差异；其次运用地理探测器探析广州中心城区文化产业空间分布的影响因素及影响力大小，并比较不同类型文化产业影响因子的差异性；最后基于文化产业空间集聚特征和影响因素，提出广州市中心城区文化产业空间布局优化策略。

1. 平均最近邻指数

平均最近邻指数（Average Nearest Neighbor，ANN）表示点要素在研究区域内的相互邻近程度[①]，可以用于判断该组点要素属于集聚分布、离散分布还是随机分布，并且能比较不同点要素之间的集聚程度[②]。其计算公式为：

$$\overline{D}_O = \frac{\sum_{i=1}^{n} d_i}{n}$$

$$\overline{D}_E = \frac{0.5}{\sqrt{n/A}}$$

$$ANN = \frac{\overline{D}_O}{\overline{D}_E}$$

式中，$\overline{D}_O$ 表示每个要素与其最邻近要素之间的观测平均距离，$\overline{D}_E$ 表示随机模式下指定要素间的期望平均距离，n 表示要素的数量，A 表示研究区域面积。若 $ANN>1$，说明要素趋向离散分布，ANN 越大，说明要素分布越离散；若 $ANN<1$，说明要素趋向集聚分布，ANN 越小，说明要素分布越集聚；若 $ANN=1$，说明要素趋向随机分布。

2. 核密度估计

核密度估计（Kernel Density Estimation，KDE）能根据单位区域内的点密度来估计点周围的密度，能直观地反映点要素的集聚地和集聚格局[③]。其

---

① 刘瑞宽等：《西安市文化设施空间分布研究——基于聚类和地理探测器的分析》，《地域研究与开发》2023年第2期。
② 刘昌雪、汪德根：《城市创意旅游资源空间效应及发展模式——以苏州市中心城区为例》，《地理研究》2016年第5期。
③ 肖晔等：《京津冀文化艺术产业空间格局演变及其影响因素》，《地理研究》2021年第6期。

043

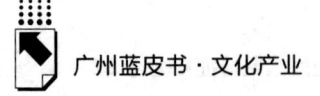

计算公式为：

$$F(d) = \frac{1}{nh}\sum_{i=1}^{n}k(\frac{d-d_i}{h})$$

式中，n 表示该领域内包含的点的个数；h 表示带宽；$k(\frac{d-d_i}{h})$ 表示核函数。

3. 地理探测器

地理探测器（GeoDetector）是一种探测地理要素空间分异性并揭示引起空间分异的影响因素的分析模型。其核心思想是，如果某个自变量对因变量具有重要影响，那么自变量和因变量的空间分布应该具有相似性[1]。目前，该模型已被广泛应用于自然地理、社会经济等领域的影响因素研究[2]。这种影响关系的解释力可用 q 值来衡量，其计算公式为：

$$q = 1 - \frac{\sum_{h=1}^{L}N_h\sigma_h^2}{N\sigma^2}$$

式中，N_h 为探测要素所包含的单元数量；N 为分析单元数量；σ_h^2 和 σ^2 分别为探测层和分析单元 y 值的方差。假设 $\sigma^2 \neq 0$，则模型成立，q 取值范围为 [0，1]，q 值越大，表明影响因子对空间分异的影响越大，$q=0$ 时，表明不受影响因子驱动。

三 广州市中心城区文化产业空间集聚特征

（一）总体特征

1. 依托主要商圈集聚，初步形成"两轴一带多点"的产业空间格局

经计算，广州市中心城区文化企业的平均最近邻指数为 0.14，p 值为

---

[1] 王劲峰、徐成东：《地理探测器：原理与展望》，《地理学报》2017 年第 1 期。
[2] 丁嘉铖、郝丽莎：《中国新茶饮品牌连锁门店的空间分布特征及影响因素分析》，《世界地理研究》2023 年 10 月 27 日；闫晓露等：《生态系统服务簇空间演变轨迹及其社会—生态驱动的地理探测——以大连市为例》，《生态学报》2022 年第 14 期。

0.00，z 值为 -535.36，表明中心城区文化产业空间总体呈高度集聚分布状态。进一步运用核密度估计法分析广州市中心城区文化企业的集聚分布格局，可以看到文化企业在空间上以北京路、珠江新城、环市东、东山口等主要商圈为中心呈高度面状集聚，并初步形成"两轴一带多点"的产业空间格局。

"两轴"为两条南北向产业发展轴线。其中，西部文化产业发展轴以广州传统城市中轴线为基础，自北向南串联了白云新城、北京路、市二宫、江南西商圈等多个文化产业集聚区；中部文化产业发展轴以广州城市新中轴线为基础，自北向南串联广州大道北商圈、广州东站、珠江新城、广州TIT创意园等文化产业集聚区。

"一带"为珠江北岸东西向文化发展带。沿地铁1号线、东风路和黄埔大道等自西向东串联大西关、北京路、环市东、东山口、珠江新城、天河软件园、奥体商圈等商圈和文化旅游核心区，是广州市文化产业高度集中的带状区域。

"多点"是以重点商圈、文化旅游景点和产业园区为基础的文化产业集聚点，如北京路、东山口、珠江新城、天河创意园等。这些区域均为中心城区文化产业核心要素高度集聚区域，拥有数量众多的金融商务中心、高校与科研院所、产业园区、公共中心等文化产业发展支撑要素，区域文化氛围浓厚，集聚了大量的文化企业。

2. 呈现沿交通干线带状扩散、依托高校与产业园区点状集聚的特征

广州市中心城区文化产业在空间上还呈现出沿轨道交通和交通主干道带状扩散、围绕高校与产业园区点状集聚的空间特征。一方面，相关文化企业高度集聚在地铁1号、2号、3号线以及东风路、黄埔大道、江南大道、科韵路等交通干线沿线，并沿地铁8号线向北扩散、沿地铁6号线和科创大道等交通干线向东扩散。另一方面，围绕高校和产业园区形成了部分点状文化产业集聚区。以华南理工大学与中山大学为中心，以古隆创意园、中大创新谷、康乐创意园等创意产业园区为载体，点状集聚了部分文化企业，形成环五山、环中大文化产业集聚区。此外，在白云区和黄埔区等外围区域则以民

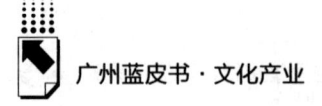

营科技园、广州科学城、广州经济技术开发区等产业园区为依托,形成了一定数量的文化产业集聚区。

(二)分类特征

1. 各类文化产业空间集聚特征明显,但集聚水平存在差异

根据国家统计局发布的《文化及相关产业分类(2018)》,文化产业包括新闻信息服务、内容创作生产、创意设计服务、文化传播渠道、文化投资运营、文化娱乐休闲服务、文化辅助生产和中介服务、文化装备生产、文化消费终端生产9类,本报告以上述文件作为文化企业分类的依据。但由于文化投资运营类企业数量较少,难以满足分析需求,故重点分析其他8类文化企业的空间集聚特征。

广州市中心城区各类文化企业的平均最近邻指数统计结果显示(见表1),在0.01的显著性水平下,各类文化企业的平均最近邻指数均小于1,表明各类文化企业均呈集聚分布状态。分行业来看,不同行业集聚程度有所不同,集聚水平由高至低的行业类型依次为内容创作生产、创意设计服务、文化传播渠道、新闻信息服务、文化辅助生产和中介服务、文化娱乐休闲服务、文化消费终端生产及文化装备生产。

将上述分析结果与不同产业类型文化企业数量关联,可以看到文化企业数量与集聚程度呈现正向相关关系,具体可以划分为高规模强烈集聚、中规模较强集聚和低规模一般集聚3类。其中,内容创作生产、创意设计服务和文化传播渠道3类企业呈现高规模强烈集聚特征。一方面,3类企业数量依次占企业总量的23.26%、24.82%和34.57%,数量占比高。另一方面,3类企业的集聚水平也相对更高。而新闻信息服务、文化辅助生产和中介服务两类企业呈现中规模较强集聚特征。两类企业数量分别占企业总量的5.94%和9.50%,规模相对较小,对应的产业集聚度也有所降低。此外,文化娱乐休闲服务、文化装备生产和文化消费终端生产3类企业则呈现低规模一般集聚特征。以上结果表明,随着不同类型文化产业规模的扩大与企业数量的增加,它们的集聚水平也有所上升。

表1　广州市中心城区各类文化企业规模与平均最近邻指数分析

产业类型	企业数量（家）	占比（%）	平均观测距离（m）	预期平均距离（m）	平均最近邻指数	z值	p值	集聚类型
新闻信息服务	6029	5.94	61.46	209.66	0.29	-105.00	0	中规模较强集聚
内容创作生产	23594	23.26	21.46	111.07	0.19	-237.09	0	高规模强烈集聚
创意设计服务	25181	24.82	22.47	109.68	0.20	-241.39	0	高规模强烈集聚
文化传播渠道	35072	34.57	18.55	92.11	0.20	-286.10	0	高规模强烈集聚
文化娱乐休闲服务	1234	1.22	216.34	463.40	0.47	-35.83	0	低规模一般集聚
文化辅助生产和中介服务	9641	9.50	49.85	172.47	0.29	-133.55	0	中规模较强集聚
文化装备生产	304	0.30	582.42	949.13	0.61	-12.89	0	低规模一般集聚
文化消费终端生产	392	0.39	427.56	832.94	0.51	-18.43	0	低规模一般集聚
所有文化产业	101447	100.00	7.48	54.15	0.14	-535.36	0	—

注：若平均最近邻指数>1，说明要素趋向离散分布，数值越大，说明要素分布越离散；若平均最近邻指数<1，说明要素趋向集聚分布，数值越小，说明要素分布越集聚；若平均最近邻指数=1，说明要素趋向随机分布。

资料来源：作者根据广州统计局网站数据测算。

2. 呈现"核心—外围"与"外围—核心"两种不同的集聚形态

根据广州中心城区各类文化企业的核密度分析结果，可将其空间集聚形态分为以下两类。

一是服务型文化产业呈现由核心向外围扩散的"核心—外围"集聚形态。属于该类集聚形态的产业类型包括新闻信息服务、内容创作生产、文化传播渠道、文化娱乐休闲服务、创意设计服务、文化辅助生产和中介服务6类。这6类文化产业的空间集聚形态与文化产业总体空间格局较为一致，但由于不同产业类型的业务领域、服务方式与对象、空间需求有所差异，集聚形态也有所不同。具体而言，6类文化产业均高度集聚在北京路商圈、江南西商圈、珠江新城、天河软件园、奥体商圈等中心城区核心区域，并环白云山向北扩展，沿城市新旧中轴线和黄埔大道等交通干线向南、向东扩展，且在白云新城、广州科学城、广州高新技术开发区等中心城区外围区域的重点平台和园区形成初步集聚格局。其中，新闻信息服务类和文化传播渠道类产业相对于其他4类产业集聚中心更多，与广东电视中心、花果山超高清视频产业特色小镇、东山口新河浦文化街区等联系紧密；内容创作生产类和文化娱乐休闲服务类产业的集聚中心范围相对较小，但向外蔓延的趋势更强，除了重点集聚于珠江新城、北京路商圈等城市商圈，向东、向北在广州科学城和白云新城等区域也已形成明显的集聚态势。而创意设计服务类、文化辅助生产和中介服务类产业的集聚中心范围较大，自西向东沿东风路、黄埔大道等交通干线形成了带状的核心集聚区。

二是制造型文化产业呈现以外围为集聚中心的"外围—核心"集聚形态。属于该类集聚形态的产业类型主要为文化装备生产和文化消费终端生产。这两类产业重点集聚于中心城区外围区域的产业园区，如白云区民营科技园、白云工业园、黄埔区科学城、广州高新技术开发区等，并在中心城区的核心区域依托相关文化创意产业园区呈现散点式集聚分布。究其原因，制造型文化产业相对于服务型文化产业用地空间需求更大，而中心城区核心区域用地紧缺且地价高昂，因此制造型文化产业更倾向布局于能够提供足量低价用地空间的外围区域产业园区或者核心区域内有相关用地、税收等优惠政策支撑的文化创意产业园区。

四 广州市中心城区文化产业空间集聚影响因素

（一）探测指标体系构建

以1km×1km格网为分析单元，并剔除行政区边缘小于$1km^2$的格网，以格网内全类别文化企业数量和不同类别文化企业数量为因变量，分别探讨整体和不同类型文化产业空间集聚的影响因素。在自变量选择上，结合已有研究和上述分析，选取市场需求、交通条件、产业基础、资源禀赋和生态环境五大要素（见表2）。

表2　广州市中心城区文化产业空间集聚影响因素探测指标体系

因素	探测因子	指标含义及单位
市场需求	人口规模（X1）	格网内常住人口数量（人）
交通条件	城市道路（X2）	格网中心距最近主干道的距离（km）
	公共交通（X3）	格网内地铁站及公交车站数量（个）
产业基础	文创园区（X4）	格网内文创园区数量（个）
	经济规模（X5）	格网内GDP（百万元）
资源禀赋	文化设施（X6）	格网内公共文化设施数量（个）
	科研院所（X7）	格网内科研院所数量（个）
生态环境	公园广场（X8）	格网中心距最近公园广场的距离（km）
	自然水系（X9）	格网中心距最近自然水系的距离（km）

市场需求：良好的市场环境有利于文化企业的经营，是影响企业选址的重要因素。殷小菡等指出，人口的增多会带来消费需求的增长，刺激地区购买能力的提高[1]。因此，本报告用人口规模来代表市场需求，具体用格网内常住人口数量来衡量。

交通条件：良好的交通条件可以降低物流成本，并促进人流量的提高。广州市中心城区文化产业空间呈现一定的沿城市主干道分布特征，表明交通条件可能会影响文化产业空间的集聚分布。本报告从城市道路和公共交通两个方面来表征交通条件的优劣，分别用格网中心距最近主干道的距离、格网内地铁站及公交车站数量来衡量。

产业基础：研究表明，企业一般会倾向于往产业基础良好的地区集聚[2]。文创园区相关配套成熟，政府扶持力度较大，文化产业基础良好。此外，GDP越高，产业发展水平越高。因此，本报告从文创园区和经济规模两个方面来表征地区产业基础，分别用格网内文创园区数量、格网内GDP来衡量。

---

[1] 殷小菡、曹芳洁、孙希华：《基于POI数据的北京市文化创意产业空间集聚特征与影响机制研究》，《山东师范大学学报》（自然科学版）2019年第2期。

[2] 叶前林、刘海玉、朱文兴：《区域文化创意产业集聚水平测度及影响因素分析》，《统计与决策》2022年第4期。

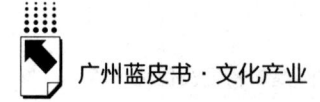

资源禀赋：广州市中心城区文化产业空间在公共中心、高校周边形成一定集聚，说明文化和创新资源可能会影响文化产业空间的集聚分布。本报告从文化设施和科研院所两个方面来表征地区文化和创新资源水平，分别用格网内公共文化设施数量、格网内科研院所数量来衡量。

生态环境：广州市中心城区文化产业空间呈现初步的沿珠江和环白云山分布特征，由此判断生态环境可能是影响中心城区文化产业空间集聚的重要因素。生态环境包括公园广场和自然水系，分别用格网中心距最近公园广场的距离、格网中心距最近自然水系的距离来衡量。

（二）影响因素探测

地理探测器要求自变量应为类型量，如果自变量为数值量，则需要进行离散化处理[①]。本报告采用自然断点法对各自变量进行离散化处理，分为5类，1~5类依次增强，再纳入模型进行分析，得到各影响因子对广州市中心城区整体和不同类型文化产业空间集聚的解释力及显著性水平（见表3、表4、图1）。

整体来看，在0.05的显著性水平下，市场需求、交通条件、产业基础、资源禀赋和生态环境均对中心城区文化产业空间集聚产生了显著影响。各因子解释力从大到小依次为经济规模（0.369）、人口规模（0.365）、文化设施（0.262）、公共交通（0.209）、文创园区（0.127）、城市道路（0.124）、科研院所（0.078）、公园广场（0.071）、自然水系（0.013）。其中，经济规模和人口规模对文化产业空间集聚的影响最大，说明文化企业更倾向于往经济基础较好、市场活力较强的地区集聚。文化设施和公共交通对文化产业空间集聚的影响较大，q值均大于0.2，说明中心城区的文化产业空间对公共文化空间具有一定的依赖性，同时，公共交通的便利性是影响文化企业集聚的重要因素。文创园区和城市道路对文化产业空间集聚的影响较小，

[①] 王劲峰、徐成东：《地理探测器：原理与展望》，《地理学报》2017年第1期。

表3 广州市中心城区文化产业空间集聚影响因素单因子探测结果

因素	探测因子	全类别	创意设计服务类	内容创作生产类	文化传播渠道类	文化辅助生产和中介服务类	文化消费终端生产类	文化娱乐休闲服务类	文化装备生产类	新闻信息服务类
市场需求	人口规模（X1）	0.365***	0.350***	0.325***	0.326***	0.328***	0.065***	0.295***	0.065***	0.350***
交通条件	城市道路（X2）	0.124***	0.123***	0.113***	0.103***	0.113***	0.013*	0.096***	0.019**	0.115***
	公共交通（X3）	0.209***	0.197***	0.185***	0.187***	0.190***	0.073***	0.186***	0.066***	0.203***
产业基础	文创园区（X4）	0.127***	0.120***	0.109**	0.112***	0.120***	0.053***	0.105***	0.049***	0.126***
	经济规模（X5）	0.369***	0.372***	0.336***	0.313***	0.328***	0.006	0.243***	0.025***	0.374***
资源禀赋	文化设施（X6）	0.262***	0.247***	0.235***	0.251***	0.213***	0.010	0.209***	0.017	0.262***
	科研院所（X7）	0.078***	0.070***	0.065***	0.085***	0.072***	0.008	0.036***	0.007	0.076***
	公园广场（X8）	0.071***	0.074***	0.072***	0.053***	0.063***	0.018**	0.053***	0.013*	0.073***
生态环境	自然水系（X9）	0.013*	0.012*	0.011*	0.013*	0.014*	0.013*	0.010	0.011	0.014*

注：***、**、*分别表示影响因子通过0.001、0.01、0.05的显著性检验。

资料来源：根据模型计算而得。

表4 广州市中心城区全类别文化产业空间集聚影响因素交互作用

探测因子	人口规模(X1)	城市道路(X2)	公共交通(X3)	文创园区(X4)	经济规模(X5)	文化设施(X6)	科研院所(X7)	公园广场(X8)	自然水系(X9)
人口规模(X1)	—								
城市道路(X2)	BE	—							
公共交通(X3)	BE	BE	—						
文创园区(X4)	BE	BE	BE	—					
经济规模(X5)	BE	BE	BE	BE	—				
文化设施(X6)	BE	BE	BE	BE	BE	—			
科研院所(X7)	BE	BE	NE	NE	BE	BE	—		
公园广场(X8)	BE	BE	BE	BE	BE	BE	NE	—	
自然水系(X9)	NE	NE	NE	NE	NE	NE	NE	NE	—

注：NE（Nonlinear Enhancement）表示非线性增强，BE（Bi-factor Enhancement）表示双因子增强。

资料来源：根据模型计算而得。

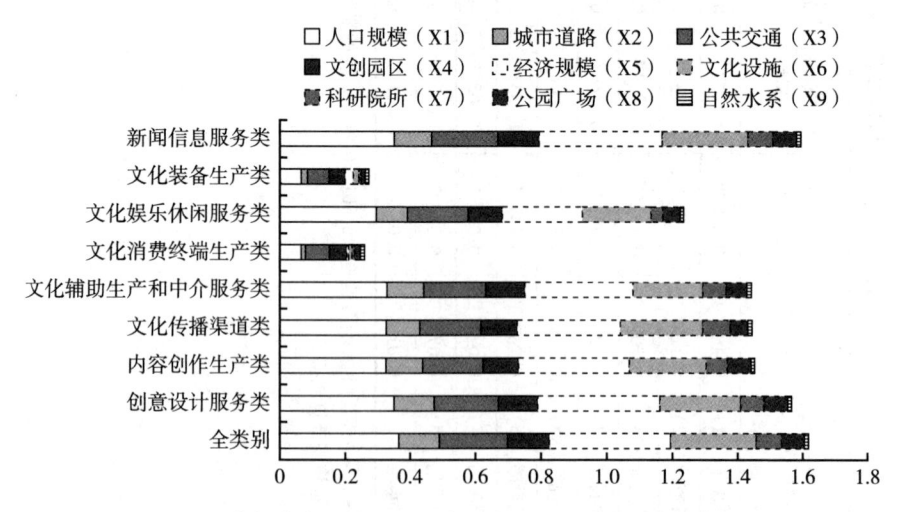

图1 广州市中心城区文化产业空间集聚影响因素解释力

资料来源：根据模型计算而得。

q 值均大于 0.1，说明文创园区对文化企业产生了一定的吸引力，同时文化企业具有沿城市主干道分布的趋势。科研院所、公园广场、自然水系对文化产业空间集聚的影响最小，q 值均小于 0.1，说明文化产业空间与科研院所、生态环境虽然存在一定的联系，但这种联系仍然较弱。此外，不同因子交互作用的影响力均大于单因子影响力。文化产业空间集聚影响因子的交互作用类型包括双因子增强和非线性增强两种。其中，双因子增强表示影响因子交互作用的解释力均大于各单一因子解释力，非线性增强表示影响因子交互作用的解释力大于各自单独作用时的解释力之和。在全类别文化产业中，除了自然水系∩其他 8 个因子、科研院所∩公共交通、科研院所∩文创园区、公园广场∩科研院所为非线性增强，其余均为双因子增强。

分类来看，创意设计服务类、内容创作生产类、文化传播渠道类、文化辅助生产和中介服务类、文化娱乐休闲服务类和新闻信息服务类企业具有相似性，其空间集聚均受市场需求、交通条件、产业基础、资源禀赋和生态环境的显著影响。解释力位居前三的因子均为经济规模、人口规模和文化设施，位居后三的因子均为科研院所、公园广场和自然水系，表明这 6 类文化企业均倾向于选址在市场需求较大、经济活力较强、文化氛围较好的地区，对创新资源和生态环境的依赖性均较弱。但相对而言，市场需求、交通条件、产业基础、生态环境对新闻信息服务类和创意设计服务类企业的空间集聚解释力更大，资源禀赋对新闻信息服务类和文化传播渠道类企业的空间集聚解释力更大，各因子对文化娱乐休闲服务类企业的空间集聚解释力均为最小。这表明新闻信息服务类和创意设计服务类企业占据了优势区位，但未来仍要提升对相关资源的利用效率。此外，文化装备生产类和文化消费终端生产类企业具有相似性，其空间集聚均受市场需求、交通条件、产业基础的显著影响。生态环境也对文化消费终端生产类企业的空间集聚产生了显著影响。而文化设施、科研院所因子均未通过显著性检验，表明以上两类文化企业的空间分布与资源禀赋关系不大。

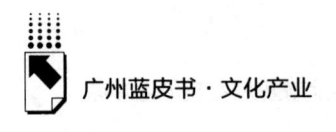

五 广州市中心城区文化产业空间布局优化策略

为促进广州市中心城区文化产业高质量发展,应充分遵循现有文化产业空间集聚的客观规律,并考虑不同文化产业类型的实际需求,加强对相关资源的协同利用,强化相关要素的支撑作用,从空间引导、资源统筹、差异布局、配套完善四个方面进一步优化完善。

(一)空间引导

1. 统筹中心城区与外围城区的文化产业联动发展

目前广州市中心城区以文化服务类产业为主,文化制造业企业数量较少、占地面积较大,与中心城区土地资源紧缺、地价高昂的特征不匹配。并且,从文化制造业企业空间需求来看,文化装备生产制造业和文化消费终端生产制造业相对其他几类文化产业而言,对市场需求、产业基础、资源禀赋等因子的依赖度较低,布局在市场环境和产业基础良好、相关资源丰富的中心城区必要性不高。而外围城区土地资源相对充裕、地价相对较低,更适宜布局文化制造业企业。未来应统筹中心城区与外围城区的联动发展,逐步推动中心城区的文化制造业企业向外围城区迁移,搭建"外围城区制造—中心城区销售"的文化产业协同发展链条。

2. 以城市更新推动中心城区文化企业进一步集聚

中心城区文化产业空间虽然已形成明显的集聚现象,但集聚度有待进一步提升。建议充分发挥企业集聚优势,引导文化企业进一步集聚。中心城区用地紧缺,可结合城市更新,为文化产业空间集聚腾挪用地。以楼宇、园区、街区为依托,重点培育北京路、环市东、珠江新城、环中大、环天河软件园五大文化产业空间集聚核心片区。例如,环市东片区可结合旧城改造,以植入创意工作坊的形式,推动创意设计服务业的进一步集聚;环中大片区可通过厂房腾挪或功能置换,推动文化企业与高校共建文创园区。

（二）资源统筹

目前广州市中心城区文化产业空间与文化资源、创新资源产生了一定的联系，但协同性及利用度仍有待提升，建议从以下两个方面进行优化。

1. 加强与文化资源的协同布局

中心城区历史文化资源丰富、文化设施配套完善。知名的历史文化街区有上下九、华林寺、新河浦等，各类博物馆、图书馆、美术馆、文化馆也层出不穷。建议在现有基础上，进一步构建复合型文化空间。以大型博物馆、美术馆、展览馆等文化设施，如广东省博物馆、珠江美术馆等为中心布局文化产业，形成"15分钟文化圈"；或在历史文化街区中植入特色文化产业，如手工艺品制作与销售、艺术表演等，形成文化体验、文化消费一体化空间，从而进一步营造城市文化氛围，促进文化产业与文化事业融合发展。

2. 加强与创新资源的协同布局

中心城区科研院所众多，形成五山—石牌、黄花岗、科学城等几大集聚区，跟文化产业相关的知名高校有广东工业大学、广州美术学院等，知名研究机构有广东省艺术研究所、广州文学艺术创作研究院等，具有显著的文化创意人才和技术优势，能为文化产业发展提供创新支撑。建议未来进一步引导文化产业在相关科研院所周边布局，并探索校企合作模式，加强产学研联动，以创新资源赋能文化产业发展。例如，支持高校与企业共建文创园区、人才培养基地、创业孵化基地等，构建环中大或环广美文化艺术产业圈，促进高校与文化企业的知识与人才流动。

（三）差异布局

不同类型的文化产业空间分布与影响因子存在差异，应充分考虑不同类型文化产业的空间需求，进行差异化布局。其中，创意设计服务类、内容创作生产类、文化传播渠道类、文化辅助生产和中介服务类、文化娱乐休闲服务类、新闻信息服务类企业均对经济规模、人口规模和文化设施有较强依赖性，空间分布也较为相似。但从产业发展需求来看，各类产业空间需求略有差异。创意设计服务类和内容创作生产类企业的创新需求较大，应注重与创新资源的联动发展，建议以楼宇或园区的形式，重点在环市东、天河软件园、环中大周边引导布局这两类产业；文化娱乐休闲服务类和文化传播渠道类企业对市场和文化资源需求较大，建议文化娱乐休闲服务类企业向北京路、珠江两岸等人流密集、文化资源较丰富的地区布局，文化传播渠道类企业继续沿东风东路—黄埔大道进行空间拓展，并向珠江新城、中华广场、江南西等大中型商圈附近布局；文化辅助生产和中介服务类企业与日常生活息息相关，但在黄埔、荔湾两区分布较少，建议这两个区加快培育相关产业，形成小集聚中心，以更好服务居民生活；新闻信息服务类企业已占据城市较优区位，建议引导新闻业、广播业等企业围绕已有产业中心，如广东电视中心、花果山超高清视频产业特色小镇等进行布局，并引导互联网信息企业往琶洲地区集聚；文化消费终端生产类和文化装备生产类企业不适宜布局在中心城区，建议逐渐往外围城区迁移。

（四）配套完善

中心城区文化产业空间对交通条件、创新资源、文创园区等表现出一定的依赖性，建议进一步完善相关要素配套，强化对文化产业空间的支撑作用。

1.完善交通设施配套

交通条件是支撑文化产业发展的重要因素，目前各类文化产业空间均依赖交通基础设施布局。但中心城区车流和人流量众多，交通压力日益增大。建议进一步优化道路网络和公共交通网络，为文化产业发展提供支撑。例如，发展快速公交，构建"一路一线"的快速公交网络；加强公交站点与公交站点、公交站点与地铁站点之间的接驳，打造一站式公共交通服务体系。

2.完善创新服务配套

各类创新服务设施可有效支撑文化产业创新发展。建议搭建信息共享平台，建立与文化企业的信息沟通机制，及时向文化企业提供国际及国内文化、科技、工业、金融等领域的前沿信息，分析趋势和动态，激发文化企业的创新活力；支持培育与文化产业相关的孵化器、众创空间、公共技术服务和成果转化运用平台等，构建满足入驻文化企业发展需要的多层次创新创业服务体系。

3.完善文创园区配套

文创园区是文化产业发展的重要载体，有利于推动文化产业空间集聚发展。建议完善相关园区政策指引，统筹配置文创园区资源。例如，加强文创园区用地保障，优先供给重点园区项目用地；加快推进重大文化产业项目招引落地，着力扩大主导文化产业规模，促进产业链、创新链、资本链、价值链和人才链等要素向文创园区集中；推进产业资源和配套服务设施向重点园区倾斜，构建有序竞争、协调发展的文化产业载体群。

六　结语

中心城区是广州文化产业空间的重要集成地。本报告以广州市中心城区101447家文化产业企业为研究对象，采用平均最近邻指数和核密度估计法，分析了整体和不同类型文化产业空间集聚特征，发现文化产业空间呈现明显的集聚分布特征，但各类文化产业空间呈现一定差异。故采用地理探测器，进一步探测了影响整体和不同类型文化产业空间集聚的因素，发现市场需求、交通条件、产业基础、资源禀赋和生态环境均对中心城区文化产业空间集聚产生了显著影响，但不同类型文化产业空间的影响因子略有差异，文化产业空间与各类因子的协同性及利用度均有待提升。因此，结合前述分析，充分考虑不同类型文化产业空间需求，本报告从空间引导、资源统筹、差异布局、配套完善四个方面提出广州市中心城区文化产业空间布局优化策略，以期促进文化产业空间联动和集聚发展，加强对相关资源的利用，完善相关要素配套，进而支撑广州文化产业高质量发展。

B.3 基于动态能力理论的广州文化产业技术创新研究[*]

于小涵[**]

摘　要： 当前，数字技术已经在文化产业的产品生产、感知计算、服务协同等层面由渗透向主导转变。本报告从动态能力理论出发，以生成式人工智能、3D建模、算力等技术为代表，分析了广州文化产业技术创新的结构、特征与动向，以期进一步通过有效使用政策工具、提升治理能力、推动文化科技双向赋能等路径打造广州文化产业技术创新生态系统。

关键词： 动态能力理论　文化产业　技术创新

当前生成式人工智能、大数据模型等飞速发展的技术群能否作为第四次工业革命的标志、在多大程度上推动时代本质变迁并形成生产力新范式的争议，尚未得到学术界的普遍认同。不可否认的是，当前的数字技术已渗透生产计算、城乡发展、社会交往和思维方式等层面，广州文化产业的技术融合、行业布局以及转型升级等也随着技术创新的介入而呈现全新的发展图景。

---

[*] 本报告来自以下基金项目：教育部哲学社会科学研究2021年度重大课题攻关项目（21JZD016），广东省哲学社会科学规划2024年度项目（GD24CTS07），广州市哲学社科规划2024年度课题（2024GZYB21）。

[**] 于小涵，博士，暨南大学马克思主义学院教授，暨南大学铸牢中华民族共同体意识研究基地研究员，研究方向为文化产业管理、文化认知。

一　文化产业与技术的融合

（一）文化产业技术创新概述

文化产业技术创新是指在文化产业领域中，通过引入新的技术创新推动业务发展、提升创意产出效率的过程。技术进步与技术融合涵盖文化产品创作、生产、分发、消费等方面。例如，虚拟现实（Virtual Reality，VR）和增强现实（Augmented Reality，AR）技术为文化产业带来了全新的创作和体验方式，既创造出沉浸式的艺术作品，也为受众营造了全新的互动体验。VR 和 AR 也被广泛用于文化遗产保护和文化旅游等领域，使受众在不同时空中体验和探索文化遗产。区块链（Blockchain）技术在文化产业中被用于数字版权保护和授权管理。通过区块链的去中心化和不可篡改性，艺术家和内容创作者得以保护作品版权，确保合理的收益分配。被 Gartner 公司称为 2022 年顶级战略技术的生成式人工智能（Artificial Intelligence Generated Content，AIGC），通过复杂的算法、模型和规则以及对大规模数据的集中学习，具备了直接创作和生成音乐、绘画和电影剧本等艺术作品的能力。在此基础上相继问世的 ChatGPT、Gemini、Sora 等软件所具备的全局模拟技能给文化产业升级带来的重大挑战与机遇成为业界和学界关注的焦点。

广州是全国重要的文化产业中心城市之一，也是全国最早出台文化科技融合政策的城市之一，通过建设文化科技融合示范基地、实施文化科技融合发展战略而形成了文化科技创新体系。2023 年，广州市规模以上文化及相关产业法人单位有 3347 家，合计实现营业收入 5582.34 亿元，同比增长 15.9%。其中，在 2023 年上半年，以数字技术为特征的 16 个新业态行业小类实现营业收入 1166.87 亿元，同比增长 13.2%，以占比 27.3% 的法人单位实现了 45.4% 的营业收入，成为带动全市文化产业增长的新引擎。

依托新一代信息技术产业优势，广州在游戏电竞、数字音乐、直播、超高清视频等文化产业领域表现突出。然而，核心技术的发展、与各类文化产业的融合以及企业动态能力的构建都将对文化产业的技术创新进程产生直接影响，有必要对广州文化产业技术创新进行更多管理学意义上的反思。

（二）动态能力理论

结合文化产业技术创新在技术变迁、产业融合等方面的特征，本报告认为，用动态能力理论（Dynamic Capabilities Theory）对文化产业技术创新进行分析是一种较具解释力的视角。动态能力理论由管理学家 David J. Teece 于1997年提出[1]，该理论考察企业如何通过整合、构建、重新配置内外部资源而生成一种有别于传统企业的新能力。不同于企业的组织能力，动态能力通过机会感知能力、机会把控能力、变革重构能力推动企业持续建立和更新资源与资产，以快速响应外界市场环境的变化[2]。通过激发数据驱动效应推动企业数字化转型[3]，使企业能够灵活地应对市场机遇和挑战，是企业在技术范式转变时期应对混沌、复杂环境的整合与重构能力[4]，也是企业能够创造、部署和保护长期业务绩效的无形资产。

动态能力的结构组件包括对象、目标、性质、代理和行动5个要素[5]。测量动态能力的方法与该概念的理论本质相对应，Laaksonen 提出通过四个层面衡量动态能力，包括管理者的评估，财务数据，公司的经验、行动和业

---

[1] D. J. Teece, G. Pisano, A. Shuen, "Dynamic Capabilities and Strategic Management," *Strategic Management Journal* 18 (1997): 509-533.
[2] D. J. Teece, "Explicating Dynamic Capabilities: The Nature and Microfoundations of (Sustainable) Enterprise Performance," *Strategic Management Journal* 13 (2007): 1319-1350.
[3] 焦豪等：《数据驱动的企业动态能力作用机制研究——基于数据全生命周期管理的数字化转型过程分析》，《中国工业经济》2021年第11期。
[4] 罗仲伟等：《动态能力、技术范式转变与创新战略——基于腾讯微信"整合"与"迭代"微创新的纵向案例分析》，《管理世界》2014年第8期。
[5] G. Di Stefano, M. Peteraf, G. Verona, "The Organizational Drivetrain: A Road to Integration of Dynamic Capabilities Research," *Academy of Management Perspectives* 4 (2014): 307-327.

绩以及管理者或员工的经验、行动和绩效。动态能力的累积性通过纵向能力体现[1]。尽管动态能力在细节上具有特殊性，在出现时具有路径依赖性，但它们在各个企业之间具有显著的共性（通常称为"最佳实践"）。这表明它们比通常假设的更同质、等同、可互换和可替代[2]。美国制造业 47915 家新工厂企业的数据表明，建立新企业之前的企业经验会影响企业在创业后从经验中学习的能力（这是一项关键能力）[3]。尽管动态能力和普通能力之间的区别"不可避免地被模糊"，但动态能力将促进经济上的重大变化（无论方向和速度如何）[4]。

技术创新的驱动使得文化产业企业的动态能力与其资源和能力的整合密切相关，根据动态能力理论的框架，文化产业企业的动态能力涵盖三个方面。一是感知能力（Sensing Capability），是指企业对市场环境的敏感度和洞察力，包括对市场趋势和技术变革的敏锐洞察，使企业能够识别和理解新的技术与商机，为未来的战略决策提供基础。二是学习能力（Learning Capability），是指企业获取、整合和应用新知识和技能的能力，不断改进和更新以适应环境的变化，包括内部的知识积累和组织学习，以及与外部合作伙伴的知识共享和合作。三是创新能力（Innovation Capability），是指企业开发和应用新的商业模式、产品、服务和流程的能力，使企业能够通过不断创造和推出具有竞争优势的创新解决方案来满足市场需求。

二 广州文化产业技术创新的具体实践

当前，文化产业的技术支撑正在加速构建，CAD、Photoshop、3D 扫描

---

[1] O. Laaksonen, M. Peltoniemi, "The Essence of Dynamic Capabilities and Their Measurement," *International Journal of Management Reviews* 2 (2018): 184-205.

[2] M. Eisenhardt, A. Martin, "Dynamic Capabilities: What are They," *Strategic Management Journal* 21 (2000).

[3] N. Balasubramanian, "New Plant Venture Performance Differences among Incumbent, Diversifying, and Entrepreneurial Firms: The Impact of Industry Learning Intensity," *Management Science* 3 (2011).

[4] C. E. Helfat, S. G. Winter, "Untangling Dynamic and Operational Capabilities: Strategy for the (N) ever-changing World," *Strategic Management Journal* 11 (2011): 1243-1250.

等不断更新的传统技术与生成式人工智能、区块链、算力等前沿技术为文化企业提供了在资源结构、动态创新甚至常规操作上的高阶内生力量。下文将选取与前沿技术创新相关度较高的游戏产业、音乐产业、博物馆等具有代表性的广州核心文化产业展开分析。

（一）人工智能的文化产业应用

1. 从人工智能到生成式人工智能

人工智能是指通过机器学习、深度学习、自然语言处理、计算机视觉、专家系统等多种方法来模拟和复制人类智能的能力和行为的科学技术综合体，其目标是构建具备感知环境、理解语言、学习知识、适应新情境、解决问题和执行任务等能力的智能系统，使计算机具备类似于人类智能的能力。以2022年11月问世的由OpenAI公司研发的ChatGPT为代表的生成式人工智能则是一类能够生成新的图像、音频或文本等创意作品的人工智能系统，其特征是在学习和模拟现有数据的基础上生产出类似但新颖的内容。在此之前，2022年开发的Midjourney是第一个快速生成图片且开放给大众使用的平台，于2023年入选《福布斯2023年AI 50榜单：最有前途的人工智能公司》；2023年底，由Google DeepMind发布的Gemini可同时识别文本、图像、音频、视频和代码5种类型的信息，甚至理解并生成应用主流编程语言的高质量代码。不难看出，无论是出于各大厂商抢夺新赛道的竞争，还是如法国技术哲学家雅克·埃吕尔所言的技术具有自我进化的能力从而不断地发展和演变，生成式人工智能不仅是人类选择和创造的结果，而且是对社会和文化产生深远影响的决定性因素。

2. 广州游戏产业的人工智能技术应用

广州游戏产业是全国游戏增长极之一。2023年，广州游戏市场销售收入为1058亿元，营收增幅约为8.6%，网络游戏出口营收预计为215亿元。从价值判断的层面看，广州游戏产业通过加入更多中华优秀传统文化要素体现文化价值和社会价值，同时力争确保自身的合法性。人工智能技术的自动化和智能化则进一步加速着广州游戏产业创意创作的改变，在学习和模仿现有游戏内容的基础上，生成多样化的游戏元素并创造更生动的情节和故事体验，分析玩家的面部表情、语音并识别情感状态，赋予非玩家角色自主决策的智能行为，增强游戏的可持续性及内容的丰富性。

作为广州游戏产业的领军企业，网易的人工智能技术已应用于游戏工业化全流程，结合网易伏羲的人工智能技术，自研了数十款提效工具，覆盖语音生成、原画生成、视频动捕、模型生成等诸多环节，关键环节的工作效率提升90%。2023年网易手游《逆水寒》首次融入多项人工智能驱动玩法，注册玩家数量超过5000万人，6元的游戏道具在活动期的销量突破1亿件。

广州另一家领军游戏企业是三七互娱。在2023年上半年超过半数的上市游戏公司出现负增长的情况下，三七互娱境外收入达30.27亿元，高居全国20家A股游戏厂商之首，2019年至今都是国家文化出口重点企业，其知名游戏如《斗罗大陆》《叫我大掌柜》等长期位于畅销榜前列。由此，本报告选取三七互娱作为重点分析对象，结合Laaksonen所提出的衡量动态能力的四个层面，对其技术创新进行了实地调研。

从组织结构看，三七互娱已经形成了有利于技术创新和原始创新的横向型组织平台结构，包括游戏研发中台"宙斯"、AI研发平台"丘比特"、数据分析系统"雅典娜"、用户画像系统"阿瑞斯"、监控预警系统"波塞冬"、游戏市场情报系统"易览"、美术设计中台"图灵"、智能化运营分析平台"天机"和智能化投放平台"量子"九大平台（见图1），全链路赋能立项研发、发行运营等关键工作，构建游戏工业化生态。

从技术来源看，从2023年开始，在经历了版号控制等不确定性因素的影响后，三七互娱迅速结合生成式人工智能开展技术转向。在绘图方面，通过购买和调整Midjourney、Stable Diffusion等软件，快速提升2D美术生成效率；在程序方面，主要采用由GitHub和OpenAI合作开发的人工智能编程助手GitHub Copilot，在GPT3.5模型的基础上提供智能的代码建议。

从技术人员看，三七互娱技术部总负责人在接受调研时谈到，在公司3700多人中，技术人员占比为40%~50%。作为业内一线技术人员，负责人并不认为当前生成式人工智能会对从业者造成冲击，反而表示他们会更积极

广州蓝皮书·文化产业

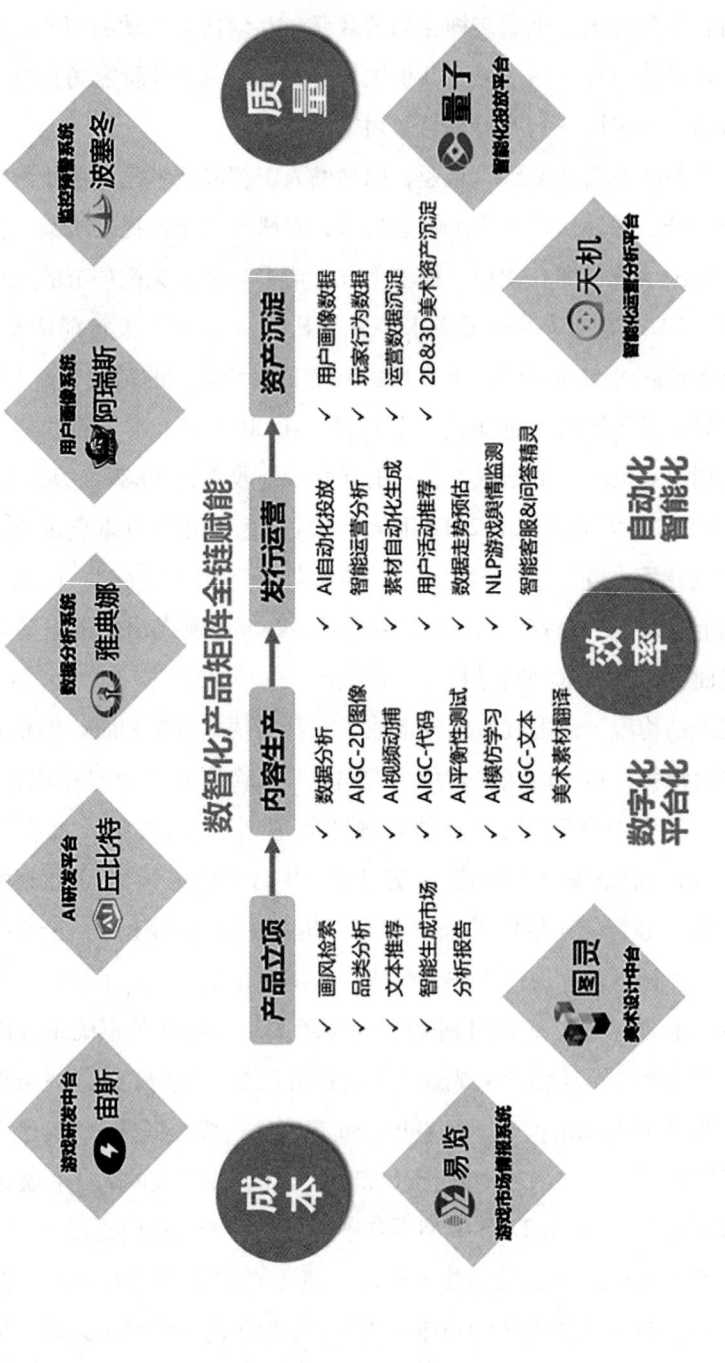

图1 三七互娱组织平台结构

资料来源：三七互娱公司提供。

地看待技术进步对从业者实现目标任务的辅助性。三七互娱游戏美术总监在另一次会谈中也表示，"在这个过程中，AI 所发挥的最大价值其实只是提升了我们的效率""现阶段的 AI 绘画更多只是一个升级版的 PS，它就像一个可以画出各种各样的风格、肌理的创作工具，而真正精于此道的美术师并不会因此被取代"。

3. 广州音乐产业的人工智能技术应用

广州的网络音乐总产值约占全国的 1/4，音乐及相关企业有上千家，拥有酷狗音乐、荔枝集团等一批数字音乐龙头企业。

作为国内第一个音乐网站，酷狗音乐 2023 年平均月度活跃用户规模超 2.4 亿人。酷狗音乐起初以巨量的歌曲数据库建立竞争优势，目前已形成听、唱、看、玩"四位一体"的功能模块，实现对音频、读物、直播、视频、K 歌、社交、电商等功能的一站式整合。数据机构 QuestMobile 发布的《中国互联网核心趋势年度报告（2023）》显示，酷狗音乐以其庞大的用户基数和市场影响力，获评 2023 中国互联网 TOP50 赛道中在线音乐赛道用户规模第一名。作为较早入局人工智能技术领域的互联网音乐平台，酷狗音乐的"凌音引擎"技术获得多项发明专利；首创了各类人工智能应用场景，如"AI 智能配图"可根据歌词自动生成图片，"AI 音乐魔法"可将一首歌变成多种不同演绎版本。

荔枝集团成立于 2013 年，拥有荔枝 App、荔枝播客等产品，2020 年上市成为"中国在线音频行业第一股"，2019~2023 年连续入选工信部和中国互联网协会评选的中国互联网企业综合实力指数 100 强。在技术创新方面，2023 年，荔枝声音云平台通过自研技术进一步完善整体架构，建立了以声音云为基础、众多核心服务为支撑的云信息系统平台雏形，正在向云原生架构迈进。自研的 RTC 实时音视频流技术平台在音视频通话、屏幕共享等领域保持领先地位；通过全球即时消息系统 VoderX 推进全球产品相关技术的研发；通过星斗大数据系统建立了全球大数据实时分析系统。在人工智能方面，2023 年初，荔枝集团上线 MY AI FRIEND 聊天机器人。2023 年 5 月，基于丰富的虚拟角色资源库，平台推出了 10 余款多元化的预设虚拟角色以满足用户多样化兴趣爱好，实现更智能的线上虚拟社交体验。希望通过聊天机器人等新的业务模式，新增订阅、增值服务等其他营收来源，使收入结构更加多元化。

（二）3D技术的文化事业应用

1. 3D扫描和建模技术

3D扫描和建模技术是指通过计算机软件或硬件工具创建3D模型的技术。博物馆利用3D扫描和建模技术创建虚拟的展览和数字化文物，以增强观众的参与感和展示效果。近年来，3D扫描和建模技术也在结合相关技术不断更新，如光学扫描技术在捕捉物体表面的几何形状和纹理方面进展迅速，高分辨率、高精度的光学扫描设备和算法的发展能够更准确地获取物体的3D几何信息。深度学习和机器学习等人工智能技术的应用为3D扫描和建模在自动化数据处理、噪声和失真修复、形状识别和分类等方面提供了更强大的分析和处理工具，提高了3D扫描和建模的效率和精度。扫描数据的多模态融合则将光学扫描、激光扫描、热成像等多种扫描技术和传感器结合，形成更全面、更精确的3D数据。

博物馆的技术创新包括文物扫描、虚拟展览和交互式体验等。文物扫描是指使用激光扫描仪或结构光扫描仪对文物进行扫描，捕捉文物的形状、纹理和细节，生成高精度的3D模型。扫描后的模型可以在虚拟展览中展示，使观众可以从不同角度细致观察文物。虚拟展览是指利用3D建模软件，将文物的扫描数据或基于文物的CAD设计转化为虚拟展览，模拟真实的博物馆环境，包括展厅、展柜和展品布局等。观众通过虚拟现实设备或在线浏览虚拟展览。交互式体验是指利用3D建模技术和交互式应用程序，让观众通过触摸屏、手势识别或控制器等交互设备与虚拟文物进行互动，如旋转、放大、拆解等，增强观众的参与感，以更好地理解文物的特征和历史背景。

2. 广州博物馆的技术应用

位于广州的广东省博物馆是全国首批智慧博物馆试点单位，开展了从底层基础数据和设备设施到顶层管理模式的数字化重构。以数字化手段打破了原有的藏品管理、资源管理、项目管理及审批管理的壁垒，形成数据互联共享、授权、管理、审批一体化的智慧博物馆平台，实现了藏品管理模式的本质飞跃，也为之后博物馆在文物活化利用、业务创新、展览活动开展方面提供了平台和数据支撑。

当前，广州各大博物馆都在积极拥抱数字时代，探索数字化技术的常态化运用。广东海上丝绸之路博物馆在积极推进 VR、AR 进馆的同时，加强文物数字化信息采集，推进智慧管理及展示利用平台建设，投入智能讲解机器人并依托"互联网+"将文物数字化资源广泛应用于社会教育、文创产品开发、动漫和游戏创作，利用新媒体技术和网络直播，增进博物馆与观众的互动，打造历代丝路航海图、遗珍探秘、丝路传奇、海底世界 VR 体验 4 个体验项目，提升"南海 I 号"相关历史文化的传播效果。广州南越王宫博物馆复原了消失已久的南越宫苑曲流石渠，配合声控特效，让观众一秒切换到古人视角，沉浸式欣赏 2000 多年前王宫御苑内的岭南园林美景。

2023 年 5 月，历经两年建设后，广东博物馆藏品数据库正式投入使用。依托强大的数字技术支撑，该数据库面向广东省内各级文物主管部门及全省备案博物馆开放使用，文物主管部门可利用数据库动态掌握区域内文物数量和管理现状。2023 年 6 月，广东省文物保护科技中心在广东省博物馆正式揭牌，标志着广东省文物保护科技事业进入全新发展阶段。广东省文物保护科技中心设有各类文物修复室、分析检测室、出水文物保护室和预防性保护室，配备众多的分析检测和文物保护专用设备，是华南地区规模最大的"文物医院"。

（三）算力中心对文化产业的潜在技术支撑

算力是人工智能的核心要素之一，指计算机系统或设备在特定时间内执行计算任务的能力，可以衡量计算机在单位时间内执行的计算操作数量或复杂度，对于各种计算密集型任务和应用程序至关重要，涉及科学计算、数据分析、人工智能和图形渲染等领域。算力取决于计算机的硬件配置、处理器性能、内存容量和算法优化等因素。随着技术的发展，计算机的算力不断提升。例如，超级计算机和图形处理器等专用硬件可以提供更高的算力，用于处理大规模的科学计算、数据分析和人工智能任务。在人工智能领域，算力对于训练深度神经网络和执行复杂的机器学习任务非常重要。大规模的神经网络模型和数据集需要更高的算力来进行训练和推理。因此，云计算平台和专门的加速器被广泛用于提供高性能的计算资源，以满足人工智能应用的需求。《2022年广东省数字经济工作要点》明确提出，支持建设广州人工智能公共算力中心等算力基础设施。广州人工智能公共算力中心于2022年9月建设完成。该算力中心围绕人工智能产业五大要素（场景、数据、算力、算法、应用）构建人工智能创新应用服务体系，打造五大平台（算力服务平台、应用创新孵化平台、产业融合赋能平台、科研合作平台、人才培养平台）。2022年，广州无线电集团广电研究院副院长梁添才指出，未来5年，该算力中心的目标是将算力建设到1000P（即运算速度每秒百亿亿次）。广州人工智能公共算力中心通过多维度赋能和服务人工智能企事业单位，集聚企业、人才、技术、政策、资本等产业生态资源，为整个产业构建扁平化的共生价值网，成为广州文化产业技术融合的本土化创新点。

三 存在的问题

以上是对广州以游戏产业、音乐产业和博物馆为代表的文化产业的技术创新的描述性研究。实际上，从技术哲学的价值论看，对技术的哲学反思与社会评价更应该超越描述层面，在预判阶段采取明确的规范性立场，提出批判性评估以及规范性措施。本报告认为需要从如下方面进行思考。

（一）是技术创新还是应用创新

创新这一概念始自知名经济学家熊彼特，他在1912年的《经济发展理论》中提出，创新是生产手段的新组合，是生产要素向产品的转变[①]，创新

[①] 〔美〕约瑟夫·熊彼特：《经济发展理论》，何畏等译，商务印书馆，2020。

的形式包括新商品、新生产手段、新市场、新原材料供给商、新组织形式5种。这一理论发展至今已经历百余年的演变，形成了由国内外多个分支理论构成的技术创新理论集合。本报告所调研的情况以及各类文献资讯表明，尽管以人工智能为代表的相关技术在基础研究、行业融合、产业生态等方面取得积极进展，如我国人工智能专利申请数量已于2017年超过美国，但当前我国文化产业企业的技术实践是在大量依靠国外软件和系统的基础上进行的，不能简单视为技术创新，更不能直接归于自主创新。我国文化产业企业技术实践突出的比较优势是在由世界上最大规模的中国互联网消费者群体提供的大规模应用场景中进行的应用创新，包括数据资源的积累。这种对国外核心技术与软件的依附性实际上也表明了我国应用创新与基础创新的一种分离。本报告仍然在较为宽泛的意义上使用技术创新一词。

（二）作为高阶动态能力的条件性问题

康德曾提出，自然科学作为确定性知识的典范，它的可能性不成问题，需要讨论的只是"何以可能"的辩护问题。也就是说，不能回避技术应用的条件性问题，即技术应用的对象、背景、方式与目标。技术创新对不同文化产业行业类型及其不同发展阶段的影响有明显差异。例如，尽管音乐产业与游戏产业、电竞产业、动漫产业相比，有相似的用户规模和趋同的提供休闲价值的目标，但是技术创新作为一种高阶动态能力，更适配对数字技术、人工智能、大语言模型的需求更加迫切的行业。如2020年起，网易公司的年研发投入超过百亿元，研发投入占收入的比例为15%，研发人员占比约为50%，被评为国内研发强度前三的企业。

此外，音乐产业对技术创新的依赖性弱于对行业场景的依赖性，更多的成本投入倾向于版权获取、销售推广等。艺术培训、创意设计等更需要人脑、灵感和情境的行业亦如此。尽管如前文所言，16个文化新业态行业小类实现了45.4%的营业收入，但传统文化产业的营收占比更高。也就是说，文化产业行业的技术创新需求并不具有普遍的规定性，在生成式人工智能浪

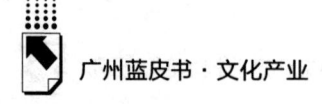

潮袭来之时，文化产业企业首先要考虑的是行业性质的约束，而非一拥而上（即使是出于宣传需要）。

（三）区块链技术应用的相对缺失

区块链的去中心化和不可篡改性可以提供版权记录和智能合约，改进文化产业的版权保护、内容分发和交易流程，提供更安全、透明和高效的版权管理和数字内容交易方式，是数字化技术中对文化产业起到保障功能的关键技术。广州加快推动区块链技术和产业创新发展，获得工信部、中央网信办认定的"区块链特色软件名城示范区""区块链发展先行示范区""国家区块链创新应用试点"等称号，初步形成"基础底链+BaaS平台+应用开发+行业应用"区块链全产业链集群发展格局，建立了国内集聚度最高的区块链产业集群，区块链企业超过400家。但是当前区块链的应用主要集中于税务、司法、教育、物流、电子政务等领域，与文化产业企业的关联尚不紧密。

在北京，2023年，首都版权协会与中国文物交流中心推进了"国家区块链可信数字版权生态创新应用"试点工作，共同打造"区块链+版权"试点模式，推广文化数字版权登记、确权、司法存证、维权监测、版权溯源管理综合服务，以加强版权保护，推动版权产业和文化产业繁荣发展；在杭州，高新区提出了支持元宇宙、区块链等新技术在动漫、电竞等数字文化领域的集成创新应用，鼓励研发原创精品佳作，最高给予15%研发投入资助的政策。

2022年，《广州市关于推进数字文化创意产业高质量发展的实施意见》提出鼓励企业通过区块链等技术，以数字艺术手段建设红色文化、岭南文化、海丝文化、创新文化大数据体系，推进数字化资产新建和扩容。在政策引导和产业升级的助力下，广州区块链技术对文化产业的赋能指日可待。

四 广州文化产业技术创新的思路和建议

在动态能力理论看来，动态能力的有效模式随市场动态的变化而变化。

当市场适度动态以至于在稳定的产业结构背景下发生变化时，动态能力类似传统的惯例概念，是广泛依赖现有知识和线性执行产生可预测结果的复杂的执行过程。但是，在文化产业这一行业结构相对模糊的市场中，动态能力呈现不同的特征，受到市场动态的影响并随时间演变，是简单、经验性、不稳定的过程，依赖快速创建的新知识和迭代执行产生不可充分预测的结果。因此，文化产业技术创新要考虑政策工具、技术引领、内容创作、产业生态与社会消费等环节。

（一）提升文化产业治理能力，开展重大战略规划

进一步健全广州文化科技治理体系，加速数字文化产业治理能力现代化。具体对策如下。

落实党的二十大报告提出的"实施重大文化产业项目带动战略"要求，开展重大战略规划，发挥政策供给作用，建议在全国率先出台《广州数字文化产业三年行动方案（2024—2026年）》，在全国树立政策标杆；出台《广州数字文化产业分类标准》《广州数字文化产业标准化建设工程》，收集数字文化产业、"文化+科技"企业的面板数据，从统计口径和标准化角度率先对行业进行精准界定，为推动全国数字文化产业治理工作的规范化做出表率。

发挥广州市文旅产业发展专项资金的竞争性引领作用，对弘扬广州文化的数字文化产业项目予以倾斜。规划天河区游戏电竞产业集群中心，做实国家音乐产业基地（广州园区）等特色产业集群，更新广州重点文化企业项目库。促进文化产业格局由一元主体管理向多元主体协同治理转换。

（二）推动文化科技双向赋能，引领前沿技术

文化与科技融合的本质是高新科技向文化领域的选择性切入，应进一步完善广州数字文化产业的技术创新体系，加速推进人工智能技术和文化场景结合。具体对策如下。

结合《广州市人工智能产业链高质量发展三年行动计划（2021—2023

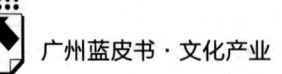

年）》，出台《广州市关于促进文化和科技深度融合的实施意见（2024—2026年）》（2017年曾出台相关文件），为人工智能与算力赋能文化产业提供"广州方案"，建设世界级文化科技融合示范城市，进一步推动以高新区、励丰文化、广州欧科为载体的国家级文化和科技融合示范基地建设，充分发挥文化科技创新的聚核功能。

以项目制或奖评制为抓手，鼓励有条件的企业建设和扩充研发中心，形成以文化企业为主体的技术协同创新体系，将数字技术创新内化于文化企业的转型升级中。评选广州数字文化产业示范基地，支持元宇宙发展三大主线（交互、引擎、区块链）等新技术在动漫、电竞游戏、文化装备制造、数字会展等数字文化领域的集成创新应用。

由中共广州市委宣传部、广州市文旅广电局牵头组织暨南大学、华南师范大学、广州市社会科学院等具备文化产业研究基础的科研机构，联合头部企业（如希音、分众传媒、广电运通、云从科技等）开展文化科技融合前沿的动态研究。

（三）推动原创、特色文化IP的全产业链运营

优质原创、特色文化IP是数字文化产业跨领域延伸、全产业链运营的核心。推动广州原创、特色文化IP全产业链运营的具体对策如下。

搭建优质原创IP的孵化平台，纳入相关领域的企业、投资机构、中介服务机构等，推动IP多元转化与跨界开发，深度开发喜羊羊、冰墩墩等顶级IP，帮助中腰部IP获得更多发展机会。

促进广州特色文化IP数字化开发与运营。挖掘和提炼广州特色文化IP（如珠江文化、龙舟赛、粤菜、黄埔军校旧址等），由市文旅广电局设立"广州城市文化符号数字化开发"等项目，鼓励企业积极参与广州文化符号的数字化转换与运营。

建立IP授权与交易公共服务平台。在成功举办2019中国广州国际版权授权大会的基础上，继续办好国际版权授权大会。采取企业运营、政府支持的方式，搭建中国IP授权B2B平台，创新IP交易、IP评估、IP金融等模

式，面向全国特色文化 IP 进行授权与交易，实现广州助推中华优秀传统文化"走出去"的战略目标；进一步做实广州版权产业服务中心，打造版权清晰的专业素材共享平台。

（四）打造共创共赢的数字文化产业生态体系

高度重视创新驱动发展战略和文化环境的关系，打造政府、企业、高校、研究机构、中介机构、金融机构、创作者、消费者等多元主体参与、共创共赢的数字文化产业生态体系。具体对策如下。

搭建产业生态参与主体间的合作平台。充分发挥行业协会、文化创意产业园区的作用，组织技能培训、项目孵化、作品推广、企业合作、行业联动等常态化活动，采取沙龙、论坛、工作坊、学术讲座、比赛等多样化形式，为政府、企业、研究人员、投资者、创作者的沟通交流提供有效平台。

促进产业链中不同地位参与主体的协调发展。支持对产业链具有较强主导力的"链主"企业与其他参与主体在内容、渠道、流量、管理等方面深度合作，促进产业链延伸和价值链上移。

推进一站式数字文化企业服务平台建设。在文宣部门的网站、公众号以及投资、培训、金融机构等自建平台的基础上，打造一站式数字文化企业服务平台，设置政策信息、投融资信息、供需对接、行业培训、行研动态等功能模块，不断拓展功能、升级服务。

（五）培育垂直细分领域的数字文化消费平台与文旅消费生态

虽然数字文化消费领域已有一些成熟平台，但是垂直细分领域仍有大量的市场机会。应把握消费升级背景下的文化需求特性，培育和推广新型数字文化消费平台，突出区域特色，深耕细分领域，打造新模式与新业态。具体对策如下。

支持新兴数字文化消费平台创新发展。加大对新兴数字文化消费平台创新发展的支持力度，包括宣传引导、政策支持等，扶持具有"专精特新"特征的数字文化消费平台，培育其成为垂直细分领域的头部平台。围绕平台

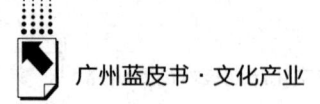

连接上下游企业、个体创作者，发挥带动效应，打造垂直细分领域的产业生态，提高竞争力和影响力。

推动企业参与数字公共文化服务平台建设。通过委托建设和运营、委托创作、补助、政府购买、建立完善的供需对接平台等方式，推动数字文化企业参与数字公共文化服务平台建设，加强数字文化企业与公共文化服务单位之间的互动合作，整合平台资源，扩展平台功能，提升使用体验，提供高质量的数字文化内容。

围绕拓展乡村、城市、数字、夜晚、国际五大消费空间，打造政府、商家、居民和消费者共建、共治、共享的文旅消费生态，鼓励各文旅企业深度应用5G、超高清、增强现实、虚拟现实、人工智能、元宇宙等前沿技术，以沉浸式演艺、沉浸式夜游、沉浸式街区等方式充分挖掘文化旅游资源，实施消费补贴、票价优惠等惠民措施，让具有广州特色的优秀传统文化呈现新风貌。

B.4
关于广州文化创意设计服务产业高质量发展策略的思考

广州市创意设计产业专项研究课题组*

摘　要： 广州具有深厚的文化底蕴、雄厚的经济实力，其创意设计服务产业有资源、有潜力，正蓬勃发展。为进一步提升"广州设计"在国际的知名度与影响力，本报告分析广州市创意设计服务产业总体情况，并借鉴北京、上海、深圳、米兰、伦敦等国内外城市的经验，提出广州市创意设计服务产业要提升设计首位度、设计辨识度、设计显示度的发展策略。

关键词： 创意设计服务产业　文化产业　高质量发展

党的二十大报告强调要推进文化自信自强，创意设计服务产业作为文化产业的重要组成部分，是加快推动提质升级、新旧动能转换的重要力量。近年来，广州市将文化创意产业链列入重点培育的万亿元级产业链，其中创意设计服务是一条重要的细分产业链。为进一步提升设计的创新驱动力，释放创新的泛在赋能效应，强化广州在粤港澳大湾区的核心文化引擎地位，提升

---

* 课题组成员：罗松，广州城市旅游问询救援服务中心（广州文化旅游产业促进中心）主任，研究方向为旅游经济；江浩，广州市现代城市更新产业发展中心执行院长，研究方向为城市更新、产业规划、城乡融合发展；蔡泽斌，广州城市旅游问询救援服务中心（广州文化旅游产业促进中心）产业研究部部长，研究方向为旅游经济；梁卉，广州城市旅游问询救援服务中心（广州文化旅游产业促进中心）产业研究部经济师，研究方向为文旅产业经济、文旅产业统计；魏慧丽，广州市现代城市更新产业发展中心常务副院长，研究方向为城市更新、国土空间规划及政策；苏琳婷，广州市现代城市更新产业发展中心研究谋划事业部部长，研究方向为土地制度、经济地理、产业政策；陈穗，广州市现代城市更新产业发展中心高级研究员，研究方向为产业经济、产业政策。

"广州设计"在国际的知名度与影响力，本报告学习借鉴北京、上海、深圳等设计产业发展较快的城市的经验做法，研究广州市创意设计服务产业发展策略，以激发城市发展新动能。

一 广州市发展创意设计服务产业的优势

（一）广州市历史文化底蕴丰厚，具备发展基因

作为具有2000多年历史的文化名城，广州市是岭南建筑、岭南园林、岭南盆景、岭南画派、岭南书法等岭南文化的发源地，拥有陈家祠、岭南印象园、光孝寺、五羊石像、南越王博物院等历史文化遗产，粤剧、粤绣、广东音乐、砖雕、木雕、榄雕等非物质文化遗产，七夕乞巧、饮早茶、逛花市、划龙舟等民俗活动，并拥有趟栊门、龙舟脊、镬耳高墙、满洲窗等极具有广府特色的建筑元素，这些宝贵的文化遗产和传统艺术资源为创意设计服务产业提供了多元化的灵感和创意的源泉。

（二）广州市设计创新要素齐全，具备发展动力

设计人才、品牌集聚。广州集聚超5万名服装设计师，数量位居全国之首，并集聚广州美术学院、广州大学纺织服装学院等时尚创意设计服务机构和设计类院校，每年向全国输送超5000名设计人才。此外，广州市品牌培育质量高，已培育UR、比音勒芬、欧时力等国内外知名服装品牌。广州设计师设计的珠宝曾多次亮相国际重要会议和场合，2022年G20峰会上各国领导人的胸针、2022年世界杯纪念品等均来自番禺设计师之手。

供应协同辐射范围广。广州背靠珠三角，毗邻港、澳，地理位置优越，拥有从零部件供应到成品生产的协同优势，辐射范围广，企业内部既能独立生产成品，也能将成品生产所需的各零部件提供给佛山、东莞等粤港澳大湾区城市，由串行制造转变为并行制造。以科伊斯数字技术为例，该企业主要聚焦全息电子扇、全息LED显示屏（裸眼3D）等文创应用产品，产品的设计研发在广州、生产制造在东莞。此外，经调研发现，苏浙沪地区文创应用

装备企业的设备大多由粤港澳大湾区城市供给，如小派科技（杭州）是全球前沿的虚拟现实硬件产品研发、生产商之一，其体感装备的供应商基本来自广州、深圳。

设计盛会影响力大。广州市聚焦数字文创、材料装饰、时尚设计等领域，举办广州文化产业交易会、广州设计周、广州国际时尚产业大会、广州创意周等创意设计类活动。其中，广州文化产业交易会以文化产业和旅游产业高质量发展为主线，参展企业和机构超过1000家，集中展示粤港澳大湾区在数字文化产业的新理念、新成果。广州国际时尚产业大会是以城市地标建筑为载体、以城市景色为背景举办的时尚产业成果展示发布大会。广州设计周是始于2006年的国内首个以"设计+选材"为主题的大型博览会，吸引了全球的设计师和爱好者。

设计集聚平台实力强。广州市于2017年打造设计产业集聚地——广州设计之都。截至2023年12月，已有央企、"专精特新"企业、高新技术企业等300余家企业入驻，初步形成建筑设计、时尚设计、工业设计等领域的产业集群。此外，广州设计之都大师工作室已引进中国工程院院士何镜堂、国际知名服装设计师计文波、工业设计大师柳冠中、园林设计大师俞孔坚及其团队，正全力加速打造服务港澳、引领湾区、面向世界的发展平台。

（三）广州市政策支持创意设计，具备发展机遇

广州在2023年3月成立粤港澳大湾区文化产业投资基金，目标规模为100亿元，首期规模为20亿元，旨在扶持文化旅游、文化投资运营、"文化+"领域，助推文化产业的繁荣发展。此外，黄埔、荔湾等区域出台创意设计相关扶持政策。其中，黄埔区出台《广州市黄埔区广州开发区促进文化旅游产业发展办法》，为经国家有关部委认定或者获得国家级文化艺术类重要奖项（限个人奖项）的国内外文化人才设立的工作室提供专项扶持；荔湾区出台《广州市荔湾区促进文化创意产业高质量发展办法》，支持建筑设计、工业设计、工艺品设计、广告设计、时尚设计等创意设计服务，发挥具有影响力的设计大师的示范引领作用。

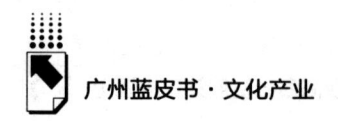

二 国内外案例经验借鉴

结合广州市创意设计服务产业发展的总体情况，本报告选取北京、上海、深圳、米兰、伦敦等在创意设计服务产业政策扶持、统计分类、活动会展、园区建设、IP打造等领域发展较为突出的国内外城市开展研究，借鉴它们的先进经验，为广州市发展壮大创意设计服务产业提供参考。

（一）北京

1. 设立多类型文化创意产业专项扶持资金

北京于2006年设立5亿元文化创意产业发展专项资金，后为加快文化创意产业集聚区的建设，于2007年设立文化创意产业集聚区基础设施专项资金，2012年为深入实施科技和文化创新"双轮驱动"战略，增设100亿元的文化创新发展专项资金。此外，北京于2020年出台《北京市文化产业"投贷奖"风险补偿资金管理办法（试行）》，明确支持银行、担保、融资租赁等金融机构扩大信贷供给总量。

2. 支持跨界融合，延伸产业链，打造设计产业地标

北京798艺术区以"文化+科技""品牌+产业"发展为思路，锁定文化园区、数字文化、文化消费、文化投资四大领域，全面拓展"艺术+"产业。先后创立了"艺术+科技"中心"798CUBE"、专业艺术行业推广平台"画廊周北京"、艺术跨界共创品牌"798&"、新消费品牌"798文创"等品牌文化项目，入驻国际国内知名画廊、美术馆、艺术中心、艺术家工作室数百个。

（二）上海

1. 结合区域基础出台分类目录，扩大统计口径

上海市在国家统计局出台的《文化及相关产业分类（2018）》的基础上，结合区域产业实际发展情况，出台《上海市文化创意产业分类目录

（2022）》，明确规定了文化创意产业的范围及适用于统计及政策管理的文化创意产业的分类，涵盖12个大类7个中类254个小类，创新将服装服饰、时尚家居、美丽健康等时尚创意领域生产、销售环节纳入统计口径。

2. 发挥设计的创新驱动能力以及泛在赋能效应

设计作为高附加值的产业链环节，已成为上海助力产业能级提升的重要抓手。一是以设计赋能制造业。上海设计已深度赋能智能机器人、精密仪器、轨道交通等领域，推动新技术的转化落地，实现设计与制造的深度融合。二是以设计优化公共服务。秉持以人为本理念，通过设计便捷化的政务服务平台、智慧交通体系、无障碍养老产品等，进一步优化政务、交通、养老、医疗等公共服务，提高人民生活品质。

3. 以国际化、专业化的战略视角举办会展活动

上海提出以国际化、品牌化、市场化、专业化引领会展高质量发展，举办了上海国际设计节、上海国际设计周、上海双年展、上海时装周等在全国乃至全球范围内有知名度的标杆性会展活动。以亚洲权威国际设计盛会"设计上海"为例，自2014年以来，其展示了来自30多个国家的2500余个设计品牌的精品，见证了中国设计的飞速发展，成为推动全球设计创新与交流的重要平台。

（三）深圳

1. 出台国内首个设计领域地方性专项扶持政策

2012年，深圳市出台全国首个工业设计专项扶持政策，自政策实施以来，深圳工业设计发展迅猛、步入全国领先行列。2020年，深圳市对原有政策进行全面修订和优化，以创新引领、融合发展、市场主导、重点突出为原则，巩固工业设计先发优势，在更高起点、更高层次谋划工业设计的创新发展。

2. 与国外"设计之都"城市合作共建设计园区

深圳近年来与30多个设计产业发达国家和城市签署战略框架协议，以"设计之名"与赫尔辛基建立友好城市关系，在福田保税区建立了中芬设计

园,累计孵化了386个项目,开创了递进式创新的"中芬模式"。

3. 行业协会带动设计"点线面"递进式发展

深圳市工业设计行业协会发挥自身强大的资源配置能力和协同创新组织动力,创新探索"点线面"递进式发展路径。其中,点代表的是"深圳开放创新实验室",负责设计原型;线代表的是"中芬设计园",负责将原型进行多元孵化;面代表的是"深圳市工业设计行业协会",负责进行"品牌+"转化,并配套创新创业加速器等资源,推动深圳工业设计的延伸转化。

(四)杭州

1. 深入挖掘本土文化资源,打造"宋韵文化"新高地

杭州深入挖掘作为南宋文化、钱塘江文化重要承载地的资源优势,组建"宋韵文化"资源库、企业库,推进主题文创产品市场化开发,推出雅生活、美妆、服饰、戏剧、影视、铜雕、建筑、瓷器、文创周边、文商旅融合等十大系列百余种产品,着力打造"宋韵文化"新高地。

2. 聚焦设计领域,设立特色支行并提供专项贷款

杭州于2013年成立全国首家文创金融专营机构,截至2020年2月,共设立4家文创金融专营机构,为杭州文化企业提供不低于30亿元的金融扶持。此外,杭州不断做大做强杭州文化产业国有投资引导基金,为拥有大量知识产权但缺乏资产抵押物的文化类优质企业提供贴息补助,以扶持文创企业高质量发展。

(五)成都

1. 搭建超级时尚秀场,通过活动集聚人气

东郊记忆·成都国际时尚产业园保留了大量极具工业感的苏式红砖厂房和烟囱管廊,利用这些开放式、有故事的建筑结构,以策展的方式打造集展览、戏剧、潮流、新消费等功能于一体的时尚秀场,吸引国内外的首店及特色体验店入驻,并通过加入艺术装置、展览、市集、沙龙等不同形式的公共性场景,持续举办文化艺术展览,将"打卡"流量转变为消费"留量"。

2. 园区产业聚焦"专而精"，错位创新争"顶流"

成都梵木创艺区不追求"大而全"，突出"专而精"，提出发展"创意设计+音乐产业"，以音乐产业为例，成都梵木创艺区打造音乐公共服务平台，累计举办超 600 场国内外音乐艺术展演活动、孵化超 400 首原创作品，千人级现场音乐会市场份额位居西南片区之首，已形成从音乐制作到演出活动再到作品版权的音乐产业全链条。

（六）厦门

1. 大力支持设计人才引进，鼓励本土企业"走出去"

出台《厦门市加快服装设计行业发展实施意见》，鼓励获得"中国时装设计金顶奖""中国时装技术金剪奖""中国十佳服装设计师""全国纺织行业技术能手"等国内外重要奖项和称号的新锐设计师落户，鼓励设计师在国内外知名时装展会上发布新作品。

2. 以大赛挖掘 IP 新力量，成立研究院探索 IP 新市场

厦门通过举办文化遗产 IP 创新大赛、成立 IP 设计研究院等，深入挖掘文化遗产、地域文化特色，形成具有鲜明厦门特色的创意文化 IP，推动 IP 产业化发展。其中，厦门文化遗产 IP 创新大赛秉承助推文物"活起来"、非遗"潮起来"的宗旨，鼓励参赛者围绕嘉庚元素、成功文化、风狮爷、考古文创等具有厦门元素的主题进行创作，发掘 IP 新力量。由厦门文化创意产业协会成立的 IP 设计研究院充分调动和整合跨界资源，定期举办"IP 大讲堂"等活动，成立 IP 实践基地、IP 交流中心，推出"鼓浪宇宙""冰箭卫士""嘉庚学堂"等 IP 项目。

（七）景德镇

1. 政府多维度助力"景漂"创客创业

陶溪川邑空间创业孵化基地定期从国内外院校、本土集市精选从事文化艺术且有潜力的"双创"青年入驻，并深入了解"景漂"创客创业需求，通过推出政企"直通车"、加快并联审批、出台创业扶持政策等方式，及时

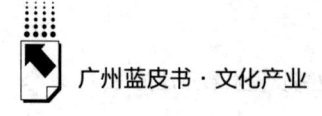

解决"景漂"创客的发展难题,助力项目落地。

2.文创市集氛围浓厚、汇聚人气,激发消费活力

景德镇以瓷为基底,以集市为依托,市集文化氛围浓厚,拥有春秋大集、陶然集、乐天市集、陶阳新村夜市、明清园市集等。以春秋大集为例,其集聚世界各地才华横溢的艺术家、热爱创作的品牌主理人以及充满创意的青年创客,举办讲座沙龙、演出、手工体验、行为艺术节等百余场系列活动,以更深、更广的角度展示与传承景德镇的传统手工艺,并为创客带来了低门槛的创业机会,激发消费新活力,为"千年瓷都"注入更多的年轻血液。

(八)米兰

1.创新活动模式,营造浓厚氛围

米兰创新提出"城市"与"周"的活动模式,在政府引导下,由行业协会、龙头企业、设计工作室、艺术家等联合举办摄影周、建筑周、音乐周等丰富的主题节庆,活动场地遍布博物馆、画廊、城市广场、高等院校等,营造浓厚氛围,增强市民的参与感。

2.以"设计至上"联动上下游资源,构成利益共同体

以家居产业为例,米兰家居产业遵循"设计至上"理念,以家居设计企业为中心,在前端与当地原材料加工企业联动,在后端与当地专业化生产企业合作,从而具备较为有力的原材料、设备、技术支持,不同企业组成利益共同体,共同开拓国际市场。

(九)伦敦

1.推行创意企业区计划,支持创业活动和企业成长

伦敦于2018年启动创意企业区计划,旨在帮助伦敦的艺术家和创意企业找到永久负担得起的工作空间,帮助当地人学习创意产业技能并为他们提供就业途径。该计划包括4个支柱项目。一是空间支持,即以低于市场的租金创造永久性、可负担的创意工作空间。二是技能和商业支持,培养创业技

能，为艺术家、初创企业、个体经营者、小微企业提供商业支持，拓展职业发展道路，提供更多进入创意产业的机会。三是政策支持，制定和实施相关扶持政策，提供住房等优惠。四是社区参与支持，将创意生产融入社区，创建具有社会包容性的场所并与教育机构建立密切联系。

2. 设计节主题丰富，打响城市品牌

创始于2003年的伦敦设计节是全球影响力最大的设计盛会之一，展览主题涵盖建筑设计、家居设计、服装设计等30余个细分领域，各式展览、装置艺术、沙龙活动分布于伦敦市各标志性景点、广场、艺术中心等城市公共空间内，设计氛围浓厚。伦敦设计节既是向大众传播设计理念的平台，又是宣传城市IP的窗口。

三 广州市创意设计服务产业发展策略

（一）设计首位度：以设计为引领构建完善的发展体系

1. 聚焦重点领域，推动横向联合纵向延伸

聚焦时尚等重点领域，以产业链思维注重产业分类细致度、产业链环节完整度，适当扩大创意设计服务产业的统计口径，推动产业横向联合与纵向延伸。如学习上海市结合城市产业基础与特色，在横向联合上，明确将时尚创意纳入文化创意产业；在纵向延伸上，重视产品的设计、生产、销售环节，形成融合型产业链，体现新业态特点。

2. 锚定知识产权领域，提供专项贷款等金融扶持

积极与银行机构、担保公司、小贷公司、保险公司合作，设立"文化特色支行"试点，探索文创贷、文化贷、知识产权质押贷、艺术品质押贷、商标权质押贷、著作权质押贷等创新模式，鼓励企业利用文字、音乐、图片、视频等知识产权进行贷款担保，切实解决企业信贷难、融资贵等问题，为企业创新发展提供金融扶持。

（二）设计辨识度：坚持用"原创力"发展"品牌力"

1. 强化城市品牌宣传，推出多元化IP衍生品

一方面，强化地区品牌宣传，学习成都"熊猫"IP城市化以及市场化的经验，建议由市级层面统一设计具有广州文化底蕴和特色的城市IP，并将城市IP版权授予其他职能部门、国企进行二次创作，将城市IP在各大旅游景点、城市公共空间等进行统一标识，并利用社交媒体、短视频平台、直播平台等新媒体渠道进行城市IP的线上推广，提升IP推广度，塑造城市品牌形象。另一方面，积极推出多元化IP衍生品，引导各旅游景区、高等院校等选取具有代表性的IP元素进行艺术化创作，推出玩具、服饰、文具、家居、食品等IP衍生品，提高产品的内涵与价值，引发更多消费群体的支持与共鸣。

2. 提取岭南文化元素跨界再创造，打造"粤韵品牌"

深入挖掘饮食、建筑、音乐等领域的岭南文化"基因"，充分汲取岭南文化灵感或与动漫、电影等IP进行跨界融合，将其元素巧妙融入研发设计、应用体验，通过设计各种品牌元素，帮助企业塑造自身的品牌形象和价值观，提升产品和服务的市场认知度和竞争力。通过跨界合作和创意碰撞，不断突破传统界限，打造极具本土特色和创新活力的"粤韵品牌"。

（三）设计显示度：拓场景强宣传提形象深化影响力

1. 开放多元化应用场景，精准对接供需两端

充分发挥广州市场资源丰富、供应协同的优势，引导陈家祠、沙面岛等名胜古迹资源，白云山、越秀山等山水生态资源以及北京路步行街、太古汇等购物商圈资源打造创意设计应用场景，激发更多市场需求。通过发布应用场景清单、举办应用场景方案征集比赛、举办线上线下供需对接会等方式，为更多企业提供资源对接渠道，推动产业发展和企业培育从"给优惠"向"给机会"转变，实现供需对接。

2. 举办高级别首发、首展活动，打响会展知名度

设计展览品牌构建是"设计之都"申报标准之一，广州市应当高度重视并打造定位清晰、特色化的设计展览品牌，定期举办以城市命名的设计双年展、设计节等。依托坚实的会展产业基础，聚焦广告设计、时尚设计等优势领域，打造设计展销会、时装周和可供全年展示设计产品的展示空间，推出更多首发、首展、首演、首秀活动，为广州带来最新的设计资讯和商业的交流，提升城市影响力、知名度和美誉度。

3. 以"设计之名"与国内外城市强化资源对接

积极与北京、上海、深圳、纽约、伦敦、巴黎等国内外创意设计服务产业发展较快的城市进行联动，通过共建"友好城市"、设立交流中心、举办文化交流分享会等形式，推动价值共振，深化高质量交往交流交融，扩大"广州设计"的影响力。鼓励企业、个人工作室、设计师等举办原创作品发布会，开拓国内、国际市场。

4. 重视全民参与，营造浓厚设计氛围

积极通过广播电视、微信公众号等媒体平台，宣传广州市创意设计服务产业的优秀企业、优秀作品、知名设计师等。办好广州出版发行的创意设计服务主题刊物，开设广州市创意设计服务专栏，打造广州市创意设计服务"新名片"，并通过设立"创意设计日"、举办"全民创意设计大赛"等形式，为市民提供展现设计能力和想象力的优质平台，营造浓厚设计氛围，增强市民的参与感、体验感。

参考文献

罗仕鉴等：《中国设计产业的分类及发展策略研究》，《包装工程》2023年第24期。

蔡筱斌：《数字创意艺术设计在城市文化创意产业中的应用价值》，《城市建设理论研究》（电子版）2023年第34期。

杨昱、秦杨：《加快推进郑州文化创意产业发展研究》，《产业创新研究》2022年第23期。

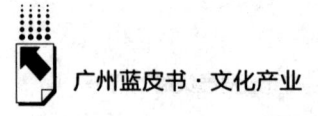

陆梅、王鑫：《环杭州湾城市群文化创意产业集群特征及时空演化研究》，《城市学刊》2021年第5期。

卢玉鹏：《上海市文化创意产业扶持政策执行中的问题与对策研究——以宝山区为例》，博士学位论文，上海师范大学，2021。

李小甘：《从"深圳速度""深圳质量"到"深圳设计"——关于深圳文化创意产业发展的几点思考》，《深圳社会科学》2022年第5期。

B.5
花都区夜间经济发展现状和对策措施

王小明 黄旻歆[*]

摘　要： 夜间经济体现了城市的商贸繁荣程度，也是延伸消费链条、促进经济发展、彰显文化底蕴的重要途径。广州作为国内最早发展夜间经济的城市之一，以夜间消费品牌计划"Young 城 Yeah 市"（谐音"羊城夜市"）为抓手，塑造年轻化、品质化、个性化的广州特色夜生活城市名片，在各城区打造夜间经济消费新地标。花都区具有发展"美丽乡村夜间经济"的独特优势，应抢抓机遇，集聚本土特色文化要素，优化消费体验，助力夜间经济蓬勃发展。

关键词： 夜间经济　夜间消费　城乡融合

2023 年，区别于传统夜市的夜间经济新模式在全国各大城市逐渐兴起，在夜幕低垂、华灯初上的傍晚，形成了独具地方文化特色的小型夜间商业活动。除了餐饮店、酒吧街、KTV 等传统的室内夜间娱乐形式外，"夜间集市、夜间体育、露营音乐节、水雾光影秀"等户外新业态火遍各地，在年轻消费群体中的人气不断攀升，成为消费新风尚。广州市花都区深度挖掘并充分利用自身独特的资源优势，以满足居民日益增长的夜间消费需求为出发点，坚守"市场为主导，政府为向导，企业为主体，行业自我约束，整体规划，逐步实施"的发展策略，统筹推进夜间经济的规划与建设，成功地打造了一批融合了现代都市生活气息、城市璀璨夜景以及多元化商业业态的

---

[*] 王小明，花都区政协经济和农业农村专门委员会主任，研究方向为农业经济；黄旻歆，花都区政协办公室综合联络科职员，研究方向为区域经济学。

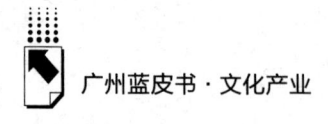

高品质夜间经济集聚区，大大丰富了市民和游客的夜生活体验，也为城市经济的持续、健康、高质量发展注入了新的强大动能。

一 广州市夜间经济发展基本情况

（一）夜间经济的兴起

20世纪70年代，为了激发城市夜间活力和魅力，改善城市中心地区在夜间常常陷入沉寂的"空巢"现象，英国经济学界首次引入了夜间经济概念。"夜间经济"一般是指当天下午6时到次日早上6时的经济活动，是一种随着城市生活节奏变化而兴起的经济形态。它以独特的魅力填补着日间城市经济活动结束后的空白，让城市的商业、文化、娱乐等设施和服务得到充分利用，为市民和游客提供了独具特色的消费选择。从休闲娱乐、旅游观光，到购物消费、体育健身，再到文化交流、餐饮品尝，夜间经济提供了有别于日间普通经济模式的便捷和多元化体验。夜间经济的发展，不仅丰富了城市的夜间生活，提升了城市的文化品位和形象，也为城市带来了新的经济增长点和就业机会。夜间经济作为城市生活的重要组成部分，不再仅是满足人们基本生活消费需求的简单经济形态，而是逐渐发展成为一种融合了多种文化艺术元素、凸显当地特色的新型经济模式[1]。现代夜间经济已经演变成了兼容并蓄、多层次、多维度的户外夜游空间环境场景综合体。它不再局限于传统的夜市、小吃街等单一形式，而是将景区、街区、公共空间以及灯光夜景等景观氛围深度融合，涵盖了旅游、餐饮、购物、娱乐、文化、艺术等多种元素，构建了一个充满魅力的夜间世界。当夜幕降临、华灯初上，城市的另一面便悄然苏醒，向市民和游客展现截然不同的夜晚风情。

---

[1] 杨舒：《夜间经济对于地区经济发展的必要性及建议》，《黑龙江科学》2022年第20期。

夜间经济嵌入地方文化内核后，形成了独具地方文化特色的夜间消费热潮[1]。2022年国庆黄金周美团消费数据显示，全国夜间消费规模占比达到惊人的46.7%，反映了消费者对于夜间活动和消费的热情高涨。而广州是"夜间游玩"搜索热度最高的城市之一[2]。广东省的夜间消费规模占本地总消费规模的49.3%，更进一步的"深夜消费"（晚九点至凌晨三点）在夜间消费中所占比例也达到了近50%。有趣的是，"边熬夜边养生"悄然成为广府人民独特的夜生活方式，2022年7月以来，广州滋补养生类饮食的夜间堂食订单量环比增长33%；夏季夜间游泳订单量环比"暴涨"229%，既避开了白天的高温，又能享受运动乐趣，成为广州夜间消费的一大亮点[3]。此外，随着乡村旅游、近郊民宿、郊野露营等亲近自然、体验生活的度假方式越来越受到青睐，饿了么统计数据显示，2022年国庆节期间农家菜夜宵订单同比增长超过2倍，夜间经济有力促进着城乡融合发展。

（二）广州不断升级消费新"夜"态

"夕市，夕时而市。"1984年5月，全国第一个灯光夜市——西湖路灯光夜市在广州设立，点亮了广州的夜晚，揭开了市场经济下中国夜间经济的崭新序幕。经过40年的发展，从最初的街头小吃、小商品交易，到后来的文化娱乐、休闲购物，再到现在的创意市集、主题派对等多元化新"夜"态，广州的夜间经济规模不断扩大。2019年发布的《广州市推动夜间经济发展实施方案》详细规划了广州夜间经济的发展方向、重点任务和保障措施，旨在通过打造一批夜间经济集聚区、夜间旅游精品线路和夜间文化活动品牌，进一步激发广州夜间消费潜力，推动夜间经济与文旅产业深度融合，助力广州国际消费中心城市和粤港澳大湾区区域发展核心引擎建设。2020年6月，广州

---

[1] 齐骥、陆梓欣：《城市夜间旅游场景高质量发展创新路径研究》，《现代城市研究》2022年第10期。
[2] 《出行+消费，你为国庆假期经济增长贡献了多少？》，《新京报》2022年5月9日。
[3] 《即时零售点亮"夜广州" 酒水饮料店夜间外卖订单环比增长30%》，南方网，2022年5月10日，https://news.southcn.com/node_810c33d731/3c96ca43f1.shtml。

启动了名为"Young城Yeah市"的夜间消费品牌计划，名称巧妙地与"羊城夜市"谐音，既彰显了广州作为"羊城"的文化底蕴，又传递了这座城市夜晚的繁荣与魅力。该计划以年轻化、品质化、个性化为核心理念，通过在各大商圈、商业综合体和商贸企业推出各种打折优惠、特色表演、互动游戏等夜间活动，让广州的夜晚变得热闹非凡。截至2024年6月，"Young城Yeah市"夜间消费节已经成功举办3届，不仅成为广州夜间经济的一大亮点，更在全国范围内树立了良好的品牌形象和典范。

截至2022年9月，广州已建成13个全国知名的商圈和一批精品文化项目，全市夜间经济集聚区达到30个①，并在全市范围内举办促进夜间消费的相关活动（见表1）。其中，广州长隆旅游度假区、广州塔旅游区、北京路、正佳广场入选国家级夜间文化和旅游消费集聚区。

表1 广州市部分城区夜间经济发展情况

城区	代表性商圈	主要形式	消费类型	特色亮点
天河区	天河路—珠江新城商圈、正佳广场	夜间集市	美食、饮料、潮玩、宠物文化集市、主题露营	以"美食+"为核心，联动休闲娱乐、文化旅游、亲子潮玩等业态，打造包含夜景、夜市、夜食、夜秀、夜展、夜读的夜文化、夜生活新模式
海珠区	江南西—工业大道商圈、珠江琶醍啤酒文化创意艺术区、太古仓码头、BIG海珠湾艺术园区	车尾厢集市	美食、饮料、文娱活动	打造一年一度"美食选择醒"线上美食街IP、线下音乐啤酒舞台，码头堤岸工业韵味"网红地"，主打夜饮、夜食和夜娱
越秀区	北京路—海珠广场商圈、府学西路、二沙岛	车尾厢集市	饮料、潮玩、手工饰品、文创产品、宠物义卖	将历史文化底蕴与潮流活力融合，在美食中植入文化元素，打造具有广府文化特色的夜间消费场景
番禺区	岭南印象园、西坊大院、音乐露营地	夜间集市	美食、饮料、音乐会、文娱活动	融合现代艺术打造"星光夜市"、"Yees"潮酷江边夜市，利用霓虹灯营造"夜西坊"浪漫氛围

① 鄢敏、罗仕：《广州夜经济的过去现在未来》，《羊城晚报》2022年9月7日。

续表

城区	代表性商圈	主要形式	消费类型	特色亮点
荔湾区	上下九—永庆坊商圈、永庆坊日落墟、芳村码头	夜间集市、车尾厢集市	美食、饮料、文创产品、露天影院	突出西关特色，汇聚老字号创新创意产品
花都区	红山村、竹洞村、港头村等美丽乡村，芙蓉嶂半山停车场，喜花里活力休闲港，北迹露营地	夜间集市、车尾厢集市、夜间体育	美食、饮料、艺术灯光秀、夜间体育	亲近自然、飞盘和荧光跑等夜间体育活动、历史文化建筑
增城区	正果老街、光辉村营地公园、新塘E.C. Park云享新经济生态园	夜间集市	美食、饮料、潮玩、文创	历史文化建筑、本地特色小吃、"潮市集"活动

资料来源：作者根据网上公开资料整理。

商圈作为推动城市经济发展的重要引擎，汇聚了大量的人气和商流，具有消费基础和区位优势，因此广州市夜间消费集聚区主要呈现依托商圈发展的趋势。以天河区为例，该区的夜间消费集聚区主要依托天河路—珠江新城商圈等重点商圈，以多层次的购物选择、浓厚的商业文化氛围和便捷的交通设施吸引着大量市民和游客在夜晚时段前来消费娱乐。同样地，海珠区主要依托江南西—工业大道商圈打造夜间消费集聚区，越秀区则主要依托北京路—海珠广场商圈等，通过"美食+文化+旅游"等路径，融合夜间集市、车尾厢集市、主题露营、露天影院、灯光秀等新形式，盘活了公园、桥底、路边等夜间闲置的公共场所空地，成为市民们社交娱乐和创业就业的新途径。

（三）夜间经济对老城市焕发新活力的意义

夜间经济彰显着一座城市的商贸繁荣程度，也是延伸消费链条、创造就业机会、彰显文化底蕴的重要途径。

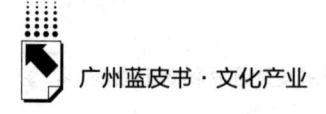

1. 有利于延伸消费链条

银联大数据显示，在2021年的前10个月里，广州市的银行卡总体消费金额约为5312亿元。这一数字反映了广州市民强劲的消费能力。在夜间消费需求中，超市以33.7%的占比稳居榜首，以一站式便捷购物体验成为夜间消费的首选场所；百货商场则以17.1%的占比紧随其后；餐饮行业在夜间迎来了消费的高峰，占比达到7.7%；电影院、剧院、游乐园等场所也成为夜间娱乐的重要去处，占比达到4.7%。

值得一提的是，25~35岁的年轻人群体在夜间消费中的占比高达42.32%，无疑是推动广州夜间经济发展的重要力量。广州市商务局数据显示，2022年全市服务业产值中，高达55%的份额来自繁荣活跃的夜间经济，凸显了广州在夜间经济领域的领先地位，更彰显了广州全国夜间消费趋势引领者的综合实力。2022年广州市商务局等部门发布的《广州夜间消费报告》指出，夜间经济已经成为广州城市经济的重要组成部分，零点之后的消费金额占比高达15%。其中零售业、住宿餐饮业和文娱业3个行业合计贡献率高达89.6%，占据了夜间消费市场的绝大部分份额。2022年7月以来，美团平台上广州夜间堂食订单量环比增长16%，其中饮品店的夜间堂食订单量增速最快，环比增长35%。夜间经济作为近年来兴起的经济形态，开辟了新的经济增长空间，为消费市场注入了前所未有的生机和活力。

2. 有利于创造就业机会

为提升广州夜间经济的整体品质和吸引力，创造更加多姿多彩的夜间生活体验，广州市商务局在《广州市商务发展"十四五"规划》中提出了一系列有力措施，包括完善夜间消费的协调推进机制，确保各项政策和活动能够有序、高效地推进；积极整合各大商圈、商业综合体等优质资源，通过精心策划和举办各类夜间活动，如小型现场演出、露天电影放映、夜间露营体验等，为市民和游客带来前卫、时尚的文化娱乐享受；推动夜游、夜赏、夜读等潮流文化的融合发展，形成集文化、商业、旅游于一体的综合性夜间消费场景。夜间经济作为一种新兴的经济形态，具有强大的渗透性、广泛的覆盖性以及高度的创新性，能有效地带动包括食品、旅游、购物、娱乐、体育、展览和演艺在内的多种行业共同发展，也创造了许多傍晚至凌晨时段的工作岗位，为寻求兼职或灵活工作时间的人群提供了机会。无论是传统的夜市摊主、酒吧服务员、夜间配送员、安保人员，还是新衍生的夜间导游、夜间表演艺术家、夜间健身教练等，夜间经济都为他们提供了可靠的收入来源。

3.有利于彰显文化底蕴

夜间经济如同一面镜子，生动地映照出一座城市的商贸繁荣程度，城市的特色文化、历史风情和现代气息也得以充分展示。2022年广州市打造了一批具有鲜明广府文化特色，融合非遗、民俗、娱乐和美食交流元素的夜间经济项目，以"岭南之窗"非遗展示展演、"潮墟"夜间经济项目、珠江夜游主题线路、北京路步行街区"夜游打卡地"等特色夜间经济项目为载体，在夜间潮流时尚消费中巧妙地嵌入本土文化内核，以现代化的形式展现广州非遗传统艺术和历史文化底蕴，让人们在享受夜生活的同时感受浓郁的地方特色和深厚的历史文化氛围。

二 花都区夜间经济发展态势

广州市花都区结合自身优势，自发形成了一批夜市、车尾厢集市、光影秀、夜间体育等特色产品，同时进一步以乡村振兴和"百县千镇万村工程"为抓手，以文旅产业为基础，将"美丽乡村夜间经济"打造成城乡夜间经济新业态的"风口"。根据美团大数据统计，2023年花都区夜间经济消费金额（夜食+夜宿+夜娱+夜游）排名位居全市第六。其中8月花都区重点商圈凌晨时段（0∶00~6∶00）客流量占全天客流量的22.63%，位居全市第一[1]。

---

[1] 《花都打造"2+4+6"夜间经济先行区发展布局》，广州市花都区人民政府网，2023年5月10日，https://www.huadu.gov.cn/yshj/hdzs/zsxx/content/mpost_9230784.html。

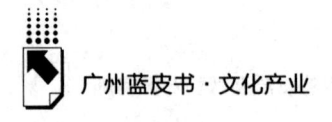

（一）基本情况

1.彰显特色，加快城乡夜间经济多层次发展

花都区的夜间经济主要有三种具体形式。一是围绕重点商圈集散式打造夜游新地标。该形式集中分布在城区内的主要商圈附近，流动性强，不受时间、空间影响，主要针对年轻人群。融创茂商圈结合2022年广州市"Young城Yeah市"夜间消费节的"精彩一夏"主题，依托融创乐园创新推出"踏浪逐光季"融乐奇妙夜主题活动，开展了"花城粤色"光影花车大巡游、活力荧光夜跑、"非遗打铁花"、《丝路情缘》、中秋夜"极光秀"等夜场专属活动。天河城奥莱—嘉华广场商圈也进一步提质升级，构建"政府主导、企业开发、专业运营"的综合运作模式，邀请规划设计和产业研究单位调研撰写《天河城奥莱—嘉华广场商圈提质扩容方案》《天河城奥莱—嘉华广场商圈提质扩容建设行动方案》，采用整体规划、分期建设的策略编制商圈改造升级方案，探索通过土地出让、TOD开发、微改造等"绣花功夫"高标准打造花都"空铁之窗"夜间经济新地标，吸引机场及周边客流。此外，圣地皮具中心、名高中心等商圈也都推出了特色夜间消费活动。

二是围绕绿水青山打造特色夜间集市和车尾厢集市。该形式分布在各个美丽乡村，以车尾厢形态形成小微型市场式集聚区，主要由区级城市管理和综合执法部门进行管理，或委托第三方管理，交月租进驻。如马岭村依托喜花里活力休闲港，结合互动光影艺术墙、银河星星步道、乐队现场演奏等，打造"网红"浪漫车尾厢集市。此外，芙蓉嶂半山停车场、山顶温湖驿站、北迹露营地、马鞍山公园荔枝基路段、石岗安置区茶梅街等场所也推出了夜市和车尾厢集市，提供美食冷饮、乐队表演、露天电影等。通过精心打造独具特色的乡村夜间经济集聚区，融合乡村的自然风光、传统文化和现代商业元素，创造出丰富多样的夜间消费体验，为消费者呈现一个充满活力和魅力的夜间消费场景，进而将花都区打造成大湾区"不夜城"之一。

三是围绕文化底蕴打造特色夜间光影秀。2021年7月，花都湖国家湿地公园"四季岭南"沉浸式光影秀成功投入使用，随即成为广大市民流连拍照的人气"打卡地"。竹洞村与明道文化科技集团合作打造"竹映洪拳"光影水幕秀，深入发掘本地丰富的自然资源和深厚的文化底蕴，突出"竹韵"和"洪拳"两大元素，借助光影秀、水幕投影等高科技手段，构建出一条极具东方美学质感的光影诗画般的乡村夜游路线，增加夜间客流量，带动了周边酒店、民宿、餐饮等旅游产业项目的发展。

2. 谋篇布局，共绘夜间经济消费地图

2022年5月，花都区印发了《花都区培育建设国际消费中心城市行动方案》，提出了"1+4+4"商圈体系①和"五大行动"概念，聚力打造广州北站—白云机场枢纽型国际商圈，衔接已有的半岛豪苑酒家周边、喜立登（花都）饮食风情街、曙光路美食街等餐饮业集聚区域，初步绘就夜间经济消费地图。积极与相关行业协会合作，共同鼓励上述重点集聚区内的购物、餐饮等企业提供夜间延时服务，丰富夜间"食、游、购、娱、体、展、演"等业态种类，打造多元夜间消费场景。鼓励大中型商贸流通企业开展夜间限时优惠等形式的夜间促销活动，并通过增加夜间公共交通班次、优化夜间照明和治安环境、增设夜间停车位等措施，确保市民在夜间出行和消费的便利性与安全性，提升夜间消费体验。出台《花都区促进批发零售业高质量发展工作方案》，包含"放宽户外促消费活动审批条件""支持企业外摆经营申请""优化停车配套措施"等优化夜间经济营商环境的具体措施，实现精细化管理"不打烊"。2023年9月发布《花都区推动夜间经济发展实施方案（2023—2025）》，规划构建"2+4+6"夜间经济先行区空间布局，形成融创文旅城、中旅阿那亚2个都会级夜间经济示范区，花都（南）广场周末夜市集、碧秀曙光宝华"烟火夜市"一条街、天河城奥莱—嘉华广场"空港荟"夜间商圈、荔红新村天马河"一河两岸"生态夜游区4个夜间经济地标性示范区域，以及炭步镇塱头古村音乐会、

---

① "1+4+4"商圈体系："1"指广州北站—白云机场枢纽型国际商圈，第1个"4"指广州北站免税商业综合体、区政府CBD、融创文旅城、狮岭时尚消费4个国际化商圈，第2个"4"指新雅街皇冠假日、拉丁广场商圈，新华街广百、来又来、大润发商圈，花城街骏壹万邦、K17商业空间商圈，秀全街雅乐城4个"新华商圈"。

花山镇"圩市文化"、赤坭镇夜游竹洞盆景和洪拳夜健、狮岭镇马岭稻田、花东镇临空夜间经济、梯面镇森林生态6个乡镇级夜间经济精品项目，培育并孵化凸显本地特色的夜间经济新IP品牌"花都YES"，定期举办"花都YES"夜间消费节，形成一批"夜花都"品牌活动，进一步撬动消费、提振经济。

3. 以节兴商，激发夜间经济市场潜在活力

为充分挖掘市场潜力，坚决贯彻落实扩大内需战略，提供多样化消费选择，丰富多元消费场景，用好用足各级促消费政策，花都区以重大节庆日为机会，举办一系列活动以提振消费。2023年"五一"期间，花都区举办了"购To花都"系列促消费活动，采取"一点启动、多点开花"的形式搭建综合性消费平台，将汽车、家居、商场超市、旅游景区、美食、住房等行业有机融合，打造了"汽车消费节""全城易购购物节""惠游花都""冰雪花都""寻味花都""宜居花都"六大主题特色促消费活动。在"全城易购购物节"等特色促消费活动的带动下，区内大型商圈线下客流量同比增长110%，销售额同比增长59%，其中融创茂客流量达30万人，同比增长201%，销售额同比增长124%；骏壹万邦广场客流量达12万人，同比增长108%，销售额同比增长25%；天河城奥莱公园客流量达3万人，同比增长257%，销售额同比增长186%，远超上年同期水平。重点商圈消费人气显著增长，消费信心加速提振，夜间经济消费市场进一步扩大。

（二）存在的问题及瓶颈

城乡交错分布的夜间经济业态进一步丰富了夜间消费场景和内容，提高了非经营时间的空地利用率，吸引游客将"一日游"转化为"过夜游"，在推动城市经济发展、增加就业机会、丰富市民生活等方面具有重要的经济意义和社会价值，但其在发展过程中仍然面临诸多挑战和困难。

1. 业态相对单一，夜间品牌打造滞后

当前夜间经济业态表现相对单一，主要集中在餐饮、购物和休闲娱乐等传统领域，缺乏创新和差异化，尤其是在文化、体育、竞技、康养等新兴领

域的融合产品开发上显得相对滞后。许多夜生活商户在经营模式、服务项目上缺乏特色和多样性，难以满足消费者对于个性化和多样化消费的需求，导致消费者在选择夜间消费场所时感到单调乏味。目前市场上的夜间经济项目缺乏对市场趋势和消费者需求的深入洞察，品牌形象陈旧，不能代表城市文化特色、彰显地域魅力，缺乏具有独特魅力和广泛认知度的品牌 IP，使得夜间经济在推动城市文化传播和形象塑造方面的作用有限。

2. 夜间消费氛围不足，夜生活设施有待完善

部分商户在夜间经营的时间较短，无法满足市民对于夜间消费的需求，使得夜间的商业氛围不够浓厚。此外，在城市中，尤其是中小型城市或新兴城区，夜间营业的酒吧、夜市、娱乐场所等相对较少，市民在夜间可选的消费场所有限。与此同时，在一些相对成熟、商业繁华、人口密集的区域，夜间消费场所存在设备老化、环境陈旧等问题，无法满足现代消费者的需求。

3. 夜间经济与市容市貌综合治理矛盾突出

大部分夜间经济形态的发展会带来占用公共道路绿化带、阻塞交通、夜间噪声影响周围居民休息、垃圾处理不及时、食物卫生安全不过关等问题，影响市容环境，给市容市貌治理带来较大难度。同时，放宽外摆限制、优化停车配套措施等相关优化夜间经济营商环境的措施实施不到位，部门协同难度大，政策落地需要各部门协调配合。

4. 陷入思维定式，文化底蕴不足

当前夜间经济已经超越了单一的经济交易和商业操作的范畴，成为一种融合了文化、休闲、娱乐和生活方式等多样元素的综合性经济形态。然而目前大部分夜间经济的发展策略却未能充分整合地方优势资源，也未能有效拉动相关产业的协同发展，只过于注重表面的夜景灯光打造，忽视了文化内涵这一核心要素，简单地将日间经济行为在夜晚进行扩大化、组织化、合法化，产生嘈杂的噪声，影响了周边居民的休息，引发了诸多不满和投诉，这种粗放式的发展模式给城市管理和社会治安带来了较大的挑战。

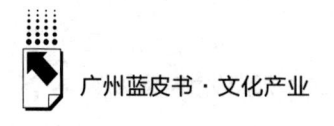

三 花都区加快推进夜间经济发展的对策建议

夜间经济作为城市经济不可或缺的组成部分，不仅是城市经济发展实力的重要体现，更是展现城市独特魅力和活力的重要窗口。它是传统日间经济的延伸和补充，且逐渐发展成为城市文化消费的新热点和增长点，被誉为城市文化消费的"新蓝海"。更为重要的是，夜间经济在满足人们基础物质需求的同时，提供了全新的生活体验平台，在精神文化层面满足了市民和游客日益增长的美好生活需要。因此，大力发展夜间经济对于提升城市品质、促进消费升级、推动经济高质量发展具有重要意义。

（一）完善组织保障，提升公共服务与管理水平

夜间经济作为一种体验型经济形态，要确保其健康、有序、可持续发展，不能仅依赖硬件设施的配套提升，更需要保持夜间经济规范有序以及确保满足消费者在夜间的多元化需求。为此，政府部门必须致力于提升公共服务的质量和效率，建立一套适应夜间经济特点的管理体系，在政策制定和执行过程中应充分考虑市民和游客的需求、期望和利益，为夜间经济营造清晰、稳定的制度环境，提升城市管理的智能化水平，实现对夜间经济活动的精准监测和有效调控。

1. 强化组织领导

建立市级发展夜间经济工作协调机制，通过定期召开协调会议、共享信息资源、联合开展执法行动等方式，负责统筹、规划和协调全市范围内的夜间经济活动，明确重点夜间经济街区的管理机构及其职责，确保夜间经济街区的硬件设施、服务质量和市场秩序达到统一标准。鼓励夜间经济街区成立商会组织，成为连接政府、企业和消费者的桥梁，更好地整合资源、协调关系、解决问题。

2. 强化政策支持

根据《广州市关于培育羊城夜市先行区助力国际消费中心城市建设的

若干措施》和《广州市都会级羊城夜市先行区申报认定评估办法》，鼓励有条件的夜间经济集聚区申报都会级羊城夜市先行区，获得广州市优先授牌管理，在先行区内试点推行高效集中的政务服务、资金扶持和包容创新的监管政策，推动形成可复制、可推广的经验。如在法律法规允许的范围内进一步简化审批程序，缩短审批时间，优化营商环境，降低市场主体经营成本；注重发挥政策引导作用，设立专项资金推动夜间经济街区的建设，提升服务质量，推广夜间文化活动，激发创新活力；在确保不扰民、不影响市容的前提下允许市场主体在划定的红线范围内开展"外摆位"经营活动；鼓励企业在制作招牌时注重特色和文化的融入，积极引导企业结合自身特点和地域文化元素打造具有独特魅力和文化内涵的招牌，为城市夜间经济增添更多亮点和色彩。

3. 强化宣传引导

充分发挥政府职能部门的监督作用，促使食品经营者知法守法，主动承担起保障食品安全的责任，强化整个餐饮行业的自我约束与规范。加强夜间经济示范街区宣传引导，通过各类新媒体和平台深入传播夜间经济的魅力与活力，精心策划具有品牌效应的活动营销策略，大力支持市场主体筹办展现本地文化风韵和悠闲气息的特色夜间城市品牌营销活动，避免同质化发展。

（二）加快文化创新，打造夜间经济品牌

夜间经济作为一种多元化、复合型的经济形态，不能简单地堆砌消费项目，而是需要文化元素的深度融入和支撑。文化元素是夜间经济的灵魂和特色所在，尤其是本地区域特色文化，更是推动夜间经济差异化发展的关键所在。

1. 推动科技赋能特色资源创新利用

充分挖掘本地特色资源，借力"以节兴商"举办各种文化节庆活动、艺术展览、音乐会等，丰富夜间经济内容供给，引入现代科技手段和创新理念，打造互动性、体验性强的夜间经济项目，形成集购物、餐饮、娱乐、休闲、文化体验于一体的夜间经济产业链。

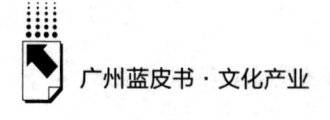

2. 跨界整合资源，提升品牌影响力

整合各类资源，打破行业壁垒，加强跨界合作，形成相互支撑、相互促进的良性循环。如将会议、展览、论坛等商务活动与夜间旅游、文化体验、体育赛事等有机结合，打造一系列具有吸引力和影响力的夜间经济活动品牌；通过引入国际化、专业化的运作理念和团队，全面提升夜间经济的品质和影响力。

3. 打造夜间经济集聚区

结合城市规划和商业布局，选取地理位置优越、交通便利、人流密集的区域进行重点打造，集聚多样化的消费业态，包括餐饮、购物、娱乐、休闲等，形成一站式消费体验，满足市民和游客在夜间的全方位需求。通过组织各类公益演出、文化讲座、展览等活动，吸引更多居民参与夜间经济活动，提升市民的文化素养。

（三）完善配套设施，提升消费体验

夜间经济配套设施的完善对于提升消费体验非常关键，但完善夜间经济配套设施是一项系统工程，需要政府、企业和社会的共同努力。

1. 不断完善公共基础设施和服务

全面提升夜间经济集聚区的照明品质，打造一座璀璨夺目的"灯光花都"，通过合理的灯光布局和亮度调节、醒目的标识和清晰的指引，提升夜间出行的便捷性；运用先进的照明技术和创意设计理念，将建筑、景观、文化等元素有机融合，营造独具花都特色的夜间光影效果；秉持创意、美观、安全的原则，通过巧妙的灯光运用和创意设计对集聚区内的户外广告进行全面升级。优化夜间公交服务，通过分析夜间人流和交通流量的变化，灵活调整重点区域的公交车发车时间，针对夜间出行活跃度较高的商业网点、商务区以及娱乐场所等区域增加夜班公交线路并加密车次。实施基础设施提档升级工程，深入考虑夜间经济特点，对配套设施进行完善和优化，重点关注水、电、气的稳定供应，维护城市的环境卫生，实现重点区域 5G 网络全覆盖，提供更为便捷、高效的信息交流和数据传输服务。实施夜间安全防控，

增派警力资源加大对重点区域的巡逻力度，积极推动社区、物业、保安公司等各方力量的协作配合，提高经营主体的应急处理能力，建立健全的信息共享机制和快速响应机制。

2.推动从"重内容"向"重体验"转变

深入挖掘夜间经济所蕴含的丰富内涵和无限潜力，打造全新的沉浸式旅游体验模式。如深入挖掘地域文化，推广并创新本土特色菜品，推广独具风味的夜间小吃和特色餐饮；打造一批集购物、休闲、娱乐于一体的夜间消费地标，为市民和游客提供一站式夜生活体验；利用城市公共空间，规划夜间运动场地和线路，鼓励市民走出家门，享受夜间运动时光；结合地域文化特色，打造一批具有本土风情的精品民宿。同时，在夜间经济中注入更多的科技元素和文化内涵，运用虚拟现实、增强现实等现代科技手段，将自然与人文元素巧妙地结合，依托当地的自然文化和历史文化资源，创造独特的空间氛围，打造沉浸式的文化体验空间，让游客通过互动等方式更加深入地体验旅游产品的魅力，让市民和游客感受深厚的文化底蕴和科技魅力。

3.优化夜间经济布局，提升消费体验

将夜间经济集聚区融入城市发展的总体蓝图，确保其与城市其他功能区域协调发展，形成优势互补的空间布局。如根据花都区特色优势，以打造"1+4+4"夜间经济集聚区和特色商圈为目标，不断丰富夜间经济业态，为市民和游客提供更加多元化、有特色的夜间消费选择。根据广州市商务局关于做好"Young城Yeah市"夜间消费工作的部署，细化区级夜间经济消费地图内夜间经济集聚区发展目标，向集聚区内引进夜间文化艺术、娱乐时尚、体育竞技等项目，扩大夜间消费市场，推动夜间消费业态升级，优化夜间消费氛围，为消费者提供更优质的消费体验。

高质量发展篇

B.6 粤港澳大湾区文化产业高质量发展的对策研究[*]

韦晓慧 艾希繁[**]

摘 要：《粤港澳大湾区发展规划纲要》实施5年来，粤港澳大湾区文化产业发展迅速，呈现显著特点，规模超2万亿元，文化科技融合发展，数字音乐、动漫游戏等新业态处于领先地位，影视、艺术品交易、文化会展、文化贸易实现协同发展。在ChatGPT、Sora等人工智能大模型颠覆式发展的背景下，粤港澳大湾区与世界其他湾区相比，在文化科技引领力、文化企业全球影响力、文化产业规模等方面仍存在短板。建议大力发展文化产业，推动文化与科技融合发展；以建设"全球数字文化产业中心"为发展目标，进一步做好粤港澳大湾区文化产业发展专项规划，推动"软联通"；扶持一批数字文化企业，形成若干千亿元级文化新业态

---

[*] 本报告系2023年度广东省普通高校特色创新项目"高质量共建'一带一路'数字化基础设施的经济效益研究"（项目编号：2023WTSCX025）的阶段性成果。

[**] 韦晓慧，博士，广东外语外贸大学国际经济贸易研究院副教授，研究方向为经济发展、国际贸易；艾希繁，博士，广州市委宣传部讲师团副团长，研究方向为文化发展。

集群；加大财政金融对文化产业发展的支持力度；培育一批高端文化产业人才。

关键词： 文化产业　高质量发展　粤港澳大湾区

2024年是《粤港澳大湾区发展规划纲要》发布5周年。5年来，粤港澳大湾区建成了全球最发达的物流基础设施，人流、物流高效互联互通，产业集聚发展。2023年，粤港澳大湾区人口已达8600万人，经济总量超13.60万亿元，占全国（126.06万亿元）的比重为10.8%，整体经济规模跻身世界四大湾区首位。从表1可以看出，粤港澳大湾区有5.6万平方公里的土地面积，具有较大人口优势，充沛的人力资源可为产业发展以及服务业升级提供保障。近年来，粤港澳大湾区"人文湾区"建设取得丰硕成果，文化产业发展迅速，文化软实力显著增强，但与世界其他湾区相比，在文化科技引领力、文化企业全球影响力、文化产业规模等方面仍存在短板。本报告对近年来粤港澳大湾区文化产业发展概况进行分析，总结了发展特点及问题，提出粤港澳大湾区推动文化产业高质量发展的对策建议。

表1　世界四大湾区发展概况

指标	粤港澳大湾区	东京湾区	旧金山湾区	纽约湾区
面积（万平方公里）	5.6	3.6	1.8	3.7
人口（万）	8600	4420	860	2020
GDP（万亿美元）	1.9	1.8	0.8	1.8
GDP占全国比重（%）	10.8	41.4	4	9.3
世界500强企业（个）	20	38	11	23
科研经费占GDP比重（%）	2.1	3.7	2.8	2.8

续表

指标	粤港澳大湾区	东京湾区	旧金山湾区	纽约湾区
国际金融中心城市及最高排名	香港(3)	东京(5)	旧金山(6)	纽约(1)
支柱产业	金融、航运、制造业、互联网	装备制造、化工、物流、金融	电子、互联网、生物科技	金融、航运、电子
世界100强大学及排名	5所： 香港大学(26) 香港中文大学(47) 香港科技大学(60) 香港理工大学(65) 香港城市大学(70)	2所： 东京大学(28) 东京工业大学(91)	5所：斯坦福大学(5)、加州大学伯克利分校(10)、加州理工学院(15)、加州大学洛杉矶分校(29)、加州大学圣地亚哥分校(62)	2所： 哥伦比亚大学(23) 纽约大学(38)
优势文化产业门类	互联网、设计、艺术品	动漫、设计	电影、互联网	音乐、戏剧、艺术品

资料来源：广东省统计局、香港特区政府统计处、澳门特区统计暨普查局共同发布的《粤港澳大湾区联合统计手册2023》等。

一 粤港澳大湾区文化产业发展概况

（一）文化产业规模超2万亿元，规模优势初显

截至2023年，粤港澳大湾区规模以上文化企业有9396家，主要分布于深圳、广州、东莞三地，其中广州3347家。粤港澳大湾区规模以上文化企业营收规模超2万亿元，约占全国的1/6。2023年，广州市文化企业营收规模为5582.34亿元，同比增长15.9%；深圳市文化企业营收规模为9000多亿元。文化产业已是深圳市四大支柱性产业之一。2022年，深圳文化产业增加值超2600亿元，占全市GDP的比重超过8%，居全国第3位。深圳文化产业法人单位数超过10万家，从业人员超过100万人。2021年，香港文化及创意产业增加值为1248亿港元，对香港GDP的贡献为4.5%；文化及

创意产业就业人数为22.58万人，占香港总就业人数的6.2%。2022年，澳门文化产业的服务收益为58.8亿澳门元，增加值为22.4亿澳门元，占澳门整体行业增加值的1.1%，较2021年（0.8%）上升0.3个百分点①。截至2023年11月，粤港澳大湾区上市文化企业数量已达163家，以游戏、文娱传媒等类型企业为主，总市值超过4.9万亿元，其中广州、深圳两市企业总市值超4万亿元，集聚效应凸显②。

（二）文化科技融合发展，新业态发展水平全国领先

在世界知识产权组织发布的2023年全球创新指数"科技集群"排行榜上，深圳—香港—广州集群位居全球第二。截至2023年，粤港澳大湾区拥有8个国家文化和科技融合示范基地，数量位居全国第三。文化科技融合发展，基于AIGC、超高清视频、数字化等创新技术，数字实景体验、VR实时直播等发展迅速。广州、深圳在动漫游戏、网络直播、数字装备等数字文化新业态方面处于全国领先地位。深圳是"科技创新之城"，"文化+科技"是深圳最具特色的产业发展新模式、新业态。截至2023年，深圳有国家高新技术企业800多家、境内外上市企业44家、"专精特新"企业253家，规模以上互联网和相关服务业营业收入同比增长12.5%，软件和信息技术服务业营业收入同比增长21.4%。

2023年，粤港澳大湾区游戏产业产值超过2000亿元，在全国处于优势地位③。广州市游戏企业数量达到2700多家，其中上市游戏公司14家。龙头游戏企业网易公司2023年总营收为1035亿元，归属于公司股东的持续经营净利润为326亿元。广州网易公司、三七互娱等7家企业连续3年入选"中国互联网企业百强榜"。深圳腾讯公司、腾讯音乐娱乐集团等文化企业

---

① 澳门特区统计暨普查局：《2022年文化产业统计》，2023年11月。
② 根据广东省粤港澳大湾区文化创意产业促进会、艾媒咨询共同发布的《2023粤港澳大湾区文化产业投资趋势研究报告》整理。
③ 根据中国音像与数字出版协会电子竞技工作委员会发布的《粤港澳大湾区电竞产业发展报告（2023年）》整理。

连续多年入选"中国互联网企业百强榜"。腾讯公司2023年营业收入达到6090亿元，同比增长10%，实现毛利2931亿元，同比增长23%，调整后净利为1577亿元，同比增长36%。

粤港澳大湾区拥有腾讯音乐娱乐集团、酷狗音乐、网易云音乐、荔枝集团等龙头数字音乐音频企业，网络数字音乐总产值约占全国总产值的1/3，其中，腾讯音乐娱乐集团2023年总收入为277.5亿元，净利润为52.2亿元，同比增长36%。酷狗音乐拥有4亿名音乐用户、3000万首正版音乐。网易云音乐2023年净收入为78.7亿元，净利润为7.34亿元。"中国在线音频第一股"荔枝集团2023年前三季度营收为16.49亿元，全平台移动端月均活跃用户数为4210万人，月均付费用户数为40.26万人。

粤港澳大湾区动漫产业发展规模和发展质量居于全国前列，涌现了奥飞、漫友等一批龙头动漫企业。《漫友》杂志发行量持续多年位居全国第一。广州直播产业十分发达，拥有网易直播、虎牙直播等具有全国影响力的直播平台，被称为"网络直播之城"。

（三）影视产业高收视率作品频出

2023年，电影《毒舌律师》在香港、内地同步上映，本土票房为1.15亿港元，该电影成为百年香港影史首部票房破亿港元的华语电影，内地票房为1.87亿元，全球票房为3686万美元。2023年，TVB与优酷签订合作框架协议，双方携手打造了电视剧《新闻女王》，成为国内最受关注的"爆款"剧集之一。广东于2023年设立了文艺精品创作扶持专项资金，支持粤产电影发展。阿里大文娱集团与寰宇娱乐、美亚娱乐、TVB、邵氏兄弟、英皇电影等在2024年香港国际影视展上发布了50亿港元的"港艺振兴计划"，以推动电影产业发展。博纳影业集团、英皇娱乐陆续在广州设立粤港澳大湾区总部。

随着粤港澳大湾区电影产业的融合发展，多地合拍成为重要趋势。粤港合拍的商业大片《拆弹专家2》由刘德华、刘青云主演，结合了两地电影制作的优势，既有合拍片的投资规模，也保留了港产片的"风味"，影片上映后打破多项票房纪录。"广东出品"的主旋律大片《中国医生》获得金鸡、百花、华表3个电影节的"最佳故事片"提名；电影《中国医生》，歌曲《少年》（建党百年版），纪录片《柴米油盐之上》，广播剧《南海榕》、《深海》和《平安批》等多部作品获中宣部第十六届精神文明建设"五个一工程"奖。2023年广东珠影集团联合广东粤剧院打造的粤剧电影《谯国夫人》荣获第36届中国电影金鸡奖"最佳戏曲片奖"，《白蛇传·情》获第19届中国电影华表奖"优秀故事片奖"。

（四）创意设计、艺术品交易发展迅速，文化会展活跃

深圳是全国首获联合国教科文组织"设计之都"殊荣的城市，全市创意设计服务类法人单位超过3.3万个，从业人员超22万人，创意设计产业年产值超过1000亿元，带动相关产业产值达数千亿元。深圳获德国IF设计奖、红点设计奖数量连续10年居中国大中城市首位。香港、伦敦、纽约是世界三大艺术拍卖市场，佳士得、苏富比等在香港有很多业务，2022年，香港在艺术品交易方面已经超过伦敦，成为继纽约后世界第二大艺术品交易市场。其中，佳士得在香港实现了其全球艺术品拍卖业绩的8%，而苏富比和富艺斯则分别实现了其全球艺术品拍卖业绩的12%和13%。这3家拍卖行2022年在香港拍出的艺术品总额超过了10亿美元。

粤港澳大湾区文化会展十分活跃，深圳文博会[①]、香港国际影视展等都具有国际影响力。香港是东西方表演艺术的中心、全球艺术作品的重要展示舞台，更是全球性艺术节庆的举办胜地。各类文化庆典将国内外艺术工作者会聚一堂，缔造跨文化交流盛事。深圳文博会作为第一个国家级、国际化、综合性的文化展会，被誉为"中国文化产业第一展"。

（五）对外文化贸易繁荣发展，文化出口实力强劲

粤港澳大湾区文化产品和服务出口规模约占全国的2/5，出口覆盖160

---

① 全称为"中国（深圳）国际文化产业博览交易会"。

多个国家和地区。2023年10月，广东国家对外文化贸易基地（广州）、国家对外文化贸易基地（深圳）入选文旅部、商务部新一批12个国家对外文化贸易基地名单。粤港澳大湾区48家文化企业入选商务部2023~2024年度国家文化出口重点企业，其中广州市26家（奥飞娱乐公司、久邦数码公司等），深圳市20家（酷看文化、前海幻境等），东莞市1家（东莞微石文化科技有限公司），珠海市1家（珠海闲云艺术有限公司）。8个项目入选商务部2023~2024年度国家文化出口重点项目，包括中国（广州）国际纪录片节、"轩辕剑""熊出没"系列产品等①。

粤港澳大湾区在游戏、印刷、工艺美术、文化装备产业方面实力强劲。广州发挥天河、番禺2个国家文化出口基地产业集聚发展基础好、规模效应强的优势，大力支持和推动游戏、动漫、数字音乐、珠宝首饰、灯光音响、游艺装备等重点文化产品出口。其中，广州的珠宝首饰产品约占全球市场份额的三成、港澳地区市场份额的七成；商用游戏机产品占据全球20%以上的市场份额。2022年，广州全市文化产品出口总额为343.7亿元。2021年，香港文化及创意产品进口额约为5969.1亿元，出口额约为6155.96亿元；文化及创意服务进口额约为208.27亿元，出口额约为225.56亿元。在音视频社交领域，2022年上半年中国"出海"音视频社交应用规模TOP10名单中，粤港澳大湾区企业共有3款产品入列，占比达30%。

二 当前粤港澳大湾区文化产业发展存在的问题

（一）城市文化科技引领力较其他湾区城市仍有差距

目前，深圳、广州在文化科技运用方面有较大的发展，但与其他湾区城市相比，在原创性、国际影响力方面仍有一定差距。旧金山湾区的Meta、

---

① 《2023—2024年度国家文化出口重点企业公示名单》，商务部网站，2023年8月，http://images.mofcom.gov.cn/fms/202308/20230815145900755.pdf。

GooglePlay等都是具有全球影响力的互联网文化产品。2022年11月，旧金山湾区OpenAI公司的人工智能大模型ChatGPT问世，引发广泛关注。2023年12月，全球新闻出版巨头施普林格出版集团（Axel Springer）与OpenAI公司开展合作，允许ChatGPT对旗下媒体新闻文章进行模型训练，开启了新闻业与人工智能技术融合发展的新篇章。2024年2月，OpenAI公司人工智能大模型Sora问世，该模型可以在一个60秒视频中创建多个镜头，将给影视制作行业、广告和短视频行业、游戏行业等文化产业细分行业带来前所未有的颠覆性影响。与以上知名文化企业相比，粤港澳大湾区部分文化企业存在集约化发展程度较低、科技含量不高等短板[1]。

（二）具有全球影响力的文化企业数量相对较少

从知名文化企业数量来看，在国内城市中，北京占据绝对领先地位，知名文化企业数量超过40家，而粤港澳大湾区知名文化企业数量落后于北京。与纽约湾区的纽约、旧金山湾区的洛杉矶、东京湾区的东京等城市比较，粤港澳大湾区拥有全球影响力的文化企业数量仍较少，实力有待进一步增强。

（三）城市文化产业规模与先进城市有一定差距

粤港澳大湾区城市深圳、广州文化产业整体规模与北京、上海相比仍有一定差距。2022年深圳文化产业增加值为2600.00亿元，广州文化产业增加值为1800.00亿元，与北京、上海等城市的差距较大（见表2）。

表2　2018~2022年国内主要城市文化产业增加值

单位：亿元（港元、澳门元）

城市	2018年	2019年	2020年	2021年	2022年
北京	3075.10	3318.40	3770.26	4509.20	4700.30
上海	2193.08	2302.13	2389.64	2636.00	2822.40
杭州	1862.00	2105.00	2285.00	2586.00	2848.16

---

[1] 杜新山主编《广州文化产业发展报告（2023）》，社会科学文献出版社，2023。

续表

城市	2018年	2019年	2020年	2021年	2022年
深圳	1996.11	1849.05	2200.00	2566.00	2600.00
广州	1369.69	1497.66	1536.39	1767.28	1800.00
香港	1231.80	1304.63	1293.47	1155.66	1248.06
澳门	—	—	21.26	21.50	22.40

注：香港、澳门文化及创意产业与内地文化及相关产业增加值口径不完全相同，香港数据为港元，澳门数据为澳门元；2021~2022年上海文化产业增加值数据来自课题组的估算；部分数据缺失。

资料来源：2019~2022年《中国文化及相关产业统计概览》《广州市文化及相关产业统计概览》；相关城市统计局。

三 推动粤港澳大湾区文化产业高质量发展的对策建议

（一）大力发展文化产业，推动文化与科技融合发展

完善粤港澳大湾区城市文化科技政策，加大数字科技研发力度，聚焦人工智能、大数据等新技术，借鉴龙头企业"走出去"的成功经验，充分发挥新兴文化业态的作用。深入发展在线文娱，创新发展线上演播、沉浸式体验、数字演艺、数字艺术等新兴业态。充分发挥国家级文化和科技融合示范基地作用，扶持一批文化与科技融合示范企业。

（二）以建设"全球数字文化产业中心"为发展目标，进一步做好粤港澳大湾区文化产业发展专项规划，推动"软联通"

国内各大城市十分重视文化产业发展战略规划。北京、上海、杭州、成都等城市明晰发展目标，北京提出"建设全国文化中心"，上海提出"建设文化数字化转型上海标杆，在2035年建设成全球数字文化发展高地"，杭州提出"打造全国数字文化产业创新发展示范地"，成都提出"打造中国最适宜数字文创发展的城市"。粤港澳大湾区城市可以将建设"全球数字文化产业中心"作为发展目标，进一步做好文化产业发展专项规划，完善文化产

业发展协同机制,探索设立跨境沟通协调机制,专门处理文化产业发展事务。积极落实《粤港澳大湾区国际一流营商环境建设三年行动计划》,推动打造市场化、法治化、国际化营商环境,促进人流、物流、资金流、信息流等要素跨境高效流动,提高文化产业一体化发展水平。

(三)扶持一批数字文化企业,形成若干千亿元级文化新业态集群

对标国际国内先进城市,培育一批本土数字文化企业,着力培育和引进一批重点数字文化企业。将数字创意产业列为战略性新兴产业之一,进一步发挥科技创新优势,大力发展新基建,加快新型文化业态的发展。围绕"文化+AI""文化+大数据"等,打造文化制造装备、数字音乐、超高清视频、游戏电竞、创意设计、文化会展等千亿元级文化新业态集群。

(四)加大财政金融对文化产业发展的支持力度

积极发展多层次文化企业融资市场,推动文化企业上市。推动高质量的产融合作,支持文化产业基金发展,吸纳成熟的民营资本,发挥"资本+产业"的资源联动作用,为满足粤港澳大湾区文化优势产业融资需求做出重要贡献,完善多层级产业基金体系,促进文化产业链协同进阶,构建产业新生态。加大财政金融对文化产业发展的支持力度,充分发挥财政资金效用。

(五)培育一批高端文化产业人才

完善吸引高层次数字文化人才的政策措施,发挥粤港澳大湾区高校众多的优势,推动产学研合作,加快数字文化产业人才培养,积极面向全球吸引文化产业高端人才。

参考文献

江小涓:《数字时代的技术与文化》,《中国社会科学》2021年第8期。

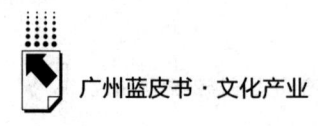

李永杰：《创新推动文化产业高质量发展》，《中国社会科学报》2021年12月8日。

厉无畏：《创意产业与经济发展方式转变》《社会科学研究》2012年第6期。

金元浦主编《数字和创意的融会：文化产业的前沿突进与高质量发展》，中国工人出版社，2021。

张铮：《数字文化产业体系与效应》，新华出版社，2021。

杨丽丽：《数字文化产业生态系统优化研究》，《文化产业》2022年第1期。

张伟、吴晶琦：《数字文化产业新业态及发展趋势》，《深圳大学学报》（人文社会科学版）2022年第1期。

郑琼洁、成一贤：《文化产业的数字生态与高质量发展路径》，《南京社会科学》2022年第1期。

B.7 广州推动文化产业高质量发展的路径选择

胡梦非 杨代友*

摘 要: 党的二十大报告指出,推进文化自信自强,铸就社会主义文化新辉煌。对于文化产业来说,推动高质量发展、扩大优质文化产品供给成为贯彻落实党的二十大精神的主要任务。近年来,广州在推动文化与高新技术融合发展、活化利用积累的文化遗产、大力开展文旅消费活动、积极举办文化盛会等方面采取有力措施,推动文化产业传统优势行业不断壮大、文化产业新兴业态迅猛发展、文化产业集聚效应日渐增强,广州文化产业步入了快速发展的黄金时期。未来,建议广州通过加快数字文化产业发展、加快文化产业和其他产业融合发展、完善文化产业统计监测工作以及加强非物质文化遗产保护和传承,进一步推动文化产业高质量发展。

关键词: 文化产业 高质量发展 广州

一 引言

文化是一个国家、一个民族的灵魂。党的二十大报告指出,推进文化自信自强,铸就社会主义文化新辉煌。推动文化产业高质量发展,是不断满足

---

* 胡梦非,博士,广州市社会科学院博士后科研工作站研究人员,研究方向为宏观经济、区域经济;杨代友,博士,广州市社会科学院现代产业研究所所长、研究员,研究方向为产业经济、城市经济。

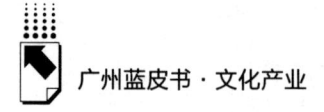

人民精神文化生活新期待、推动新发展格局形成的重要途径，对于增强国家文化软实力、建设社会主义文化强国、促进经济转型升级以及带动国民经济增长具有重要意义。

二 文化产业高质量发展的内在要求

要求坚持文化价值的保护与传承。文化产业作为以文化为基础的产业，需要在市场需求和文化传承之间寻求平衡。在追求经济效益的同时，更要注重文化价值的保护和传承，确保文化产业的发展不偏离文化的本质和核心。

要求坚持市场导向与创新驱动。文化产业的发展应紧密围绕市场需求，以市场为导向，同时强调创新驱动。通过不断创新，推动文化产业在内容、形式、技术等方面的进步，满足人民群众日益增长的精神文化需求。

要求坚持提高质量与效益。高质量发展是文化产业的必然要求。要注重提高文化产品的质量和文化服务的效率、品质，确保文化产业的经济效益和社会效益最大化。

要求坚持以人民为中心。文化产业的发展应始终坚持以人民为中心的价值导向，满足人民群众的精神文化需求，提升人民群众的文化获得感和幸福感。

要求遵循新发展理念。文化产业应始终遵循创新、协调、绿色、开放、共享的发展理念，持续健康发展。

此外，文化产业高质量发展还需要加强政策支持，如设立专项基金、出台税收优惠政策、鼓励社会资本投资等，为文化产业提供更多的资金支持。同时，加强人才培养，吸引和培养文化产业领域的专业人才，推动产业持续健康发展。

综上所述，文化产业高质量发展的内在要求是一个多维度的概念，涵盖了文化传承、市场导向、创新驱动、质量效益、以人民为中心和新发展理念等多个方面。只有全面把握这些要求，才能推动文化产业实现高质量发展。

三 广州推动文化产业高质量发展的主要做法

近年来，广州市积极打响红色文化、岭南文化、海丝文化、创新文化四大文化品牌，不断满足人民群众的精神文化需求，传承中华优秀传统文化，不断优化文化产业发展环境，精准激活文化消费潜力，推动文化产业整体规模不断扩大、发展质量不断提升。

（一）推动文化与高新技术融合发展，助力文化产业升级

近年来，广东省先后发布了一系列政策文件，支持文化、科技融合发展。与此同时，广州市以广州人工智能与数字经济试验区、广州国家文化和科技融合示范基地等为主要平台，积极推动全市文化和科技融合发展，推动文化企业创新。

近年来，元宇宙、虚拟数字人、数字藏品等高新技术在文旅产业中的运用催生了许多新平台、新场景，如被称为全国首条"元宇宙"非遗街区的广州非遗街区（北京路），又如"广州出品"的国家博物馆首个虚拟数字人"艾雯雯"。中国国家版本馆广州分馆全息厅里，随着二十四节气的时序变换，舞者们的身影在环绕周遭的145平方米LED屏上跃动，虚实相间、浪漫瑰丽。这场多媒体舞剧《大美时节 和谐共生》呈现的真人舞者与CG舞美结合的美妙场景，出自广州一家本土数字文化企业之手。技术进步的新趋势带来了整合各方资源、推动多元协作的迫切需求，而新技术的应用恰恰能够大幅降低成本并提高效率。

此外，广州发挥信息科技与制造业的传统优势，鼓励"文化+""创意+""设计+""互联网+"的跨界文化产业融合发展。广州涌现的网易、三七互娱、酷狗、荔枝、漫友、咏声、奥飞等全国领先的文化企业，

大都将以上优势与内容、创意实现了有效结合。同时，出现了不少"出海"典范，如网易旗下多种不同品类的游戏长期在日本畅销榜占据一席之地；而靠着《三国志·战略版》，灵犀互娱也成功地敲开了日本市场的大门。

（二）活化利用积累的文化遗产，激发文化产业发展新动能

截至2023年，广州市有不可移动文物约3800处，其中全国重点文物保护单位33处、省级文物保护单位63处。"十三五"以来，广州增加了5处全国重点文物保护单位、19处省级文物保护单位。近年来，广州逐步积累文物活化利用"1+N"多元参与模式、"文物+"融合发展等重要经验，将政府与企业、个人、专业机构等的不同资源优势对接，盘活了众多文物史迹，如逵园、万木草堂、庐江书院等，并将南越国史迹、莲花山、陈家祠、永庆坊等申报为各层级旅游景区，以文塑旅、以旅彰文。

对于广州来说，建立在全面普查、科学发掘或修复基础上的"活化"是激活不可移动文物产业动能最为重要的环节，让广州丰富的文化资源转化为产业能力，一方面可以更好地理清这些文化资源的价值，另一方面需要有强大的"转译"能力，要有产品思维，用公众喜欢的语言、形式、方法延伸，同时具备强大的设计力和执行力。

（三）大力开展文旅消费活动，推动世界级旅游目的地城市建设

近年来，广州注重将文旅消费活动与传统文化、现代科技相结合，打造具有创新性和独特性的文旅产品。例如，通过运用虚拟现实、增强现实等技术手段，为游客提供沉浸式的文化体验；同时，结合广州本地的历史文化和自然风光，推出具有地方特色的旅游线路和活动，让游客在欣赏美景的同时深入了解广州的文化底蕴。

此外，广州还积极与国内外文化机构和旅游企业开展合作，共同推动文旅消费活动的举办和发展。广州不仅引进了先进的文化理念和旅游资源，也扩大了自身在国际文化交流和旅游合作中的影响力。

（四）积极举办文化盛会，持续提升文化平台影响力

近年来，广州积极举办"广州文交会"① 等文化盛会，不仅为文化产业注入了新的活力，也提升了广州在国际文化交流与合作中的影响力。"广州文交会"作为广州文化产业的重要展示平台，集聚了众多文化企业和创意人才，集中展示了广州在文化产业领域的创新成果和独特魅力。通过"文交会"，广州成功吸引了国内外文化产业企业的目光，促进了文化资源的共享和利用，推动了文化产业与旅游、科技等相关产业的融合发展。此外，广州还通过举办其他文化盛会，如广州艺术节、广州书展等，进一步丰富了市民的精神文化生活，增强了城市的文化软实力。这些文化盛会不仅为市民提供了欣赏高品质文化艺术作品的机会，也促进了文化消费市场的繁荣，为文化产业的可持续发展提供了有力支撑。广州在举办文化盛会的过程中，还注重加强与国际文化机构的合作与交流，推动文化产业走向世界。通过与国际知名文化机构和企业合作，广州文化产业不仅在国际舞台上展现了独特魅力，也学习了国际先进经验和技术，为自身的创新发展提供了借鉴和启示。

四 广州文化产业发展现状

近年来，广州文化产业得到快速发展，文化娱乐休闲服务增长势头迅猛，创意设计服务拉动力加大，新闻信息服务户均创收提高，文化新业态引领作用增强，文化产业集聚效应日渐增强。2023 年，广州市规模以上文化及相关产业法人单位有 3347 家，合计实现营业收入 5582.34 亿元，同比增长 15.9%（见图 1）。其中，作为主引擎的规模以上文化服务业实现营业收入 3795.94 亿元，同比增长 22.1%，占全市规模以上文化及相关产业营业收入的 68.0%，拉动全市文化及相关产业营业收入增长 14.3 个百分点。

---

① 全称为"广州文化产业交易会"。

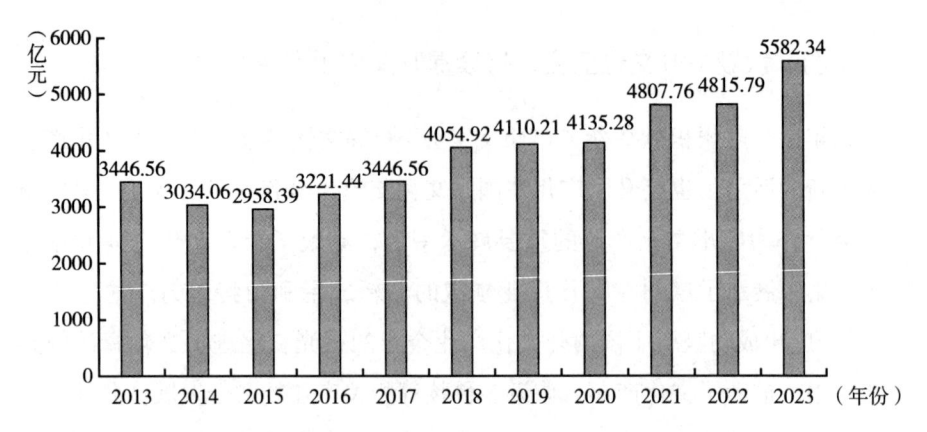

图 1　2013~2023年广州规模以上文化及相关产业营业收入

资料来源：广州市统计局网站。

（一）文化娱乐休闲服务增长势头迅猛

2023年，广州文化产业核心领域①规模以上法人单位实现营业收入4216.82亿元，同比增长19.5%，高于全市规模以上文化及相关产业营业收入增速3.6个百分点，文化产业核心领域主体地位进一步提升。各领域中，文化娱乐休闲服务领域增长最快，同比增长1.6倍。创意设计服务、新闻信息服务两个领域也实现较快增长，增速分别为46.9%、28.4%。

市民文化消费需求释放，接触型文化服务业和文化消费领域持续恢复，文化娱乐休闲服务中的游乐园、休闲观光活动、其他游览景区管理、名胜风景区管理、城市公园管理、电子游艺厅娱乐活动、歌舞厅娱乐活动营业收入同比分别增长230.0%、130.0%、99.6%、55.7%、53.3%、46.2%、34.2%；文艺创作与表演、艺术表演场馆、会展服务、电影和广播电视节目发行、电影放映、文化活动服务、博物馆营业收入同比分别增长180.0%、130.0%、110.0%、83.8%、63.2%、40.3%、23.3%。

---

① 文化产业核心领域包括新闻信息服务、内容创作生产、创意设计服务、文化传播渠道、文化投资运营、文化娱乐休闲服务6个行业，文化相关领域包括文化辅助生产和中介服务、文化装备生产、文化消费终端生产3个行业。

（二）创意设计服务拉动力加大

从文化产业九大领域看，创意设计服务大类的单位数最多（1052家），占全市规模以上文化及相关产业法人单位的31.4%；实现营业收入1213.86亿元，占全市规模以上文化及相关产业营业收入的21.7%，拉动全市规模以上文化及相关产业营业收入增长8.0个百分点。其中专业设计服务和互联网广告服务的营业收入分别为214.69亿元和371.01亿元，分别增长570.0%和63.4%，分别拉动全市规模以上文化及相关产业营业收入增长3.8个和3.0个百分点。对文化产业营业收入增长的拉动力较大的几个大类还有新闻信息服务、文化消费终端生产、文化传播渠道、文化辅助生产和中介服务，分别拉动全市规模以上文化及相关产业营业收入增长3.8个、1.6个、1.3个、1.2个百分点。

（三）新闻信息服务户均创收提高

从文化产业九大领域看，新闻信息服务户均创收最高，138家规模以上法人单位共实现营业收入835.01亿元，户均创收6.05亿元，其中互联网搜索服务9家法人单位实现营业收入456.46亿元，同比增长74.0%，户均创收50.72亿元。此外，文化传播渠道户均创收也超过了2亿元，282家规模以上法人单位实现营业收入747.80亿元，户均创收2.65亿元。

（四）文化新业态引领作用增强

以短视频、电商直播、网络游戏等为代表的文化新业态规模日益扩大。2023年，文化新业态特征较为明显的16个行业小类[①]实现营业收入2541.29

[①] 文化新业态特征明显的16个行业小类分别是广播电视集成播控，互联网搜索服务，互联网其他信息服务，数字出版，其他文化艺术业，动漫、游戏数字内容服务，互联网游戏服务，多媒体、游戏动漫和数字出版软件开发，增值电信文化服务，其他文化数字内容服务，互联网广告服务，互联网文化娱乐平台，版权和文化软件服务，娱乐用智能无人飞行器制造，可穿戴智能文化设备制造，其他智能文化消费设备制造。

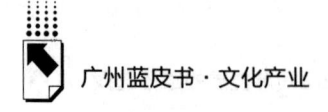

亿元，同比增长16.1%，以占比27.7%的法人单位实现45.5%的营业收入，成为带动全市文化产业增长的新引擎。

（五）文化产业集聚效应日渐增强

近年来，广州文化产业稳步增长，作为文化产业集聚发展的重要载体，文化产业园区呈现蓬勃发展的态势。截至2023年，全市范围内分布有国家文化产业示范园区1家、省级文化产业示范园区9家、市级文化产业示范园区46家，还拥有国家文化产业示范基地8家，并且有4家企业进入新一批示范基地拟命名公示名单。截至2023年，广州的文化产业园区总体占地面积为1038万平方米，总体建筑面积为2303万平方米。2023年度"百园巡礼"集中调研的100家广州文化产业园区入驻企业总数超3万家，其中文化企业超6000家、上市挂牌企业170家，集中在"新媒体/直播电商""创意设计""文化娱乐服务""影视文化""数字游戏""潮玩文创""音乐艺术""AR/VR/XR"等新兴产业领域。广州已经初步形成科韵路中山大道金融城片区、万胜围黄埔滩片区、白鹅潭长堤街片区等几大特色产业带，文化产业集聚效应凸显，文化产业园区内资源共享、优势互补，通过行业内、行业间的深度合作提升整体竞争力。

五 广州进一步推动文化产业高质量发展的思路

未来，建议通过加快数字文化产业发展、加快文化产业和其他产业融合发展、完善文化产业统计监测工作以及加强非物质文化遗产保护和传承进一步推动广州文化产业实现高质量发展。

（一）加快数字文化产业发展

完善现行人才政策，创新人才教育培养模式。强化对文化产业人才数字化能力的培育，提高文化产业人才运用数字技术创新的能力，推动文化产业的数字化转型。同时，加大高层次数字文化人才引进力度，吸引更多优秀人才为数字文化产业的发展贡献力量。

加快构建文化大数据体系,依托数字技术加强对文化资源的采集录入、分类整理,并利用云计算、大数据、人工智能、AR/VR等技术进行深度开发,培育壮大全息展演、数字艺术、虚拟现实体验等新业态,打造更多高端数字文化项目。这有助于提升数字文化产业的技术水平和创新能力,推动产业的升级和发展。

提高原创能力,强化特色发展。大力支持数字文化企业对文化资源进行深度开发,特别是鼓励数字文化企业将中华优秀传统文化融入动漫游戏、网络音乐、网络文学等,提高数字产业的文化内涵、创意水平和附加价值,实现优质数字文化内容的有效供给。这不仅可以丰富数字文化产品的种类和形式,还可以提升产品的文化价值和市场竞争力。

(二)加快文化产业和其他产业融合发展

强化政策引导与支持。政府应出台相关政策,为文化产业与其他产业的融合发展提供有力支持。这包括提供税收优惠、资金扶持、项目合作等激励措施,以吸引更多企业和资本投入文化产业。

加大技术创新与应用力度。加强文化产业的技术创新,推动数字技术、人工智能、大数据等前沿技术在文化产业中的应用。通过技术创新,实现文化产业内容的数字化、网络化、智能化,提升文化产业的服务水平和用户体验。

推进跨界合作与资源整合。鼓励文化产业与其他产业进行跨界合作,实现资源共享和优势互补。例如,文化产业可以与旅游业、体育业、农业等产业进行深度融合,共同开发具有文化内涵和创意的旅游产品、体育赛事和农产品,形成多元化、差异化的产业发展格局。

注重人才培养与引进。加强文化产业人才队伍建设,培养一批既懂文化又懂技术的复合型人才。同时,积极引进国内外优秀文化人才和团队,为文化产业融合发展提供有力的人才保障。

(三)完善文化产业统计监测工作

紧紧围绕推动文化产业高质量发展、文化强市建设核心工作,以季度监测分析、年度监测分析、文化指数研究为主要内容，精心选择统计监测方向，科学设计分析方法，深入企业、深入一线，提高数据时效和研究实效，真正把全市重点文化行业、重点文化园区、重点文化企业发展情况摸清吃透，全面客观、"应统尽统"，找到发展规律和问题，把握发展趋势，研究解决措施，确保决策科学、执行有效。加大高品质文化产品供给力度，不断满足新时代人民对美好生活的新期待，为建设具有国际影响力的文化创意中心提供数据和决策支撑。

重点加强文化创意重点产业链统计工作，构建与文化创意产业发展形势相匹配、能够反映文化创意产业链发展成果的统计指标体系，为监测研判提供依据。加强对企业库信息的收集整理，按季度跟进文化创意产业链动态和企业发展情况，研判行业指数和发展态势，为推进文化创意产业链高质量发展提供决策参考。加强对"链主"企业和龙头企业的监测分析，及时掌握重大项目实施情况、技术创新进展、政策落实情况，完善实时动态监测和反馈机制，做好跟踪分析、监督检查、量化评估等。实时开展对文化创意产业链上企业产值、项目投资、税收等指标的运行风险监测，强化风险分析研判，提前开展预警。

（四）加强非物质文化遗产保护和传承

强化非遗保护宣传教育。 利用广播影视、报刊、互联网等大众传媒，以及非遗展演、论坛、讲座等活动，宣传非物质文化遗产的价值和重要性，增强公众的保护意识。此外，可以通过举办培训班、制定传承人考核标准等方式，加强对非遗传承人的培训和教育，提高他们的专业能力。

完善非遗保护法律政策体系。 政府应制定和完善关于非遗保护的法律法规，并加大对非遗保护的执法力度。同时，可以设立非遗保护专项资金，用于支持非遗保护工作的开展。此外，建立非遗保护名录体系，将符合条件的非遗项目列入国家级、省级、市级和县级名录，加强对非遗项目的保护和管理。

推进非遗的创新发展。 在保护非遗的同时，要注重其创新发展。可以通过与现代科技、创意设计、市场营销等领域的结合，推动非遗的现代化转型，提高其在现代社会的吸引力和影响力。例如，可以利用数字化技术，对非遗进行数字化记录和展示，让更多人了解和接触非遗。

六 结论

文化产业高质量发展有利于推进我国经济转型升级、促进相关产业变革、催生新业态、激发新动能，对于增强文化自信、传承优秀文化具有重要意义。文化产业高质量发展，既是满足人民群众日益增长的个性化、差异化、多元化的精神文化需要的重要基础，也是实施文化强国战略、推动新发展格局形成的关键保障。广州要遵循文化产业高质量发展的内在要求，从加快数字文化产业发展、加快文化产业和其他产业融合发展、完善文化产业统计监测工作以及加强非物质文化遗产保护和传承出发，进一步推动文化产业迈上新的台阶。

参考文献

张祝平：《新时代我国文化产业高质量发展的内在要求与路径选择》，《行政管理改革》2023年第1期。
胡钰：《文化产业高质量发展的原则与路径》，《社会科学报》2022年11月17日。
杜新山主编《广州文化产业发展报告（2022）》，社会科学文献出版社，2022。
李慧、严圣禾：《文化产业，为高质量发展积蓄势能》，《光明日报》2021年9月23日。

B.8
天河推进文化产业高质量发展的路径选择

严 帅 谭小瑜 贺艳林*

摘 要： 天河区为广州市中心城区，经济体量名列全市第一，文化产业基础雄厚，数字文化、贸易文化、岭南文化特色显著。2022年，天河区明确包括文化产业链在内的10条重点产业链，重点发展游戏动漫、数字出版、创意设计、演艺文化等业态。本报告分析天河区文化产业发展现状、工作情况以及存在的问题，并提出推动强链延链补链、构建产业成长梯队、加强产业平台建设、强化产业融合发展、强化产业人才培育等路径建议。

关键词： 文化产业 产业链 产业集群

一 发展现状

（一）规模以上文化产业企业总营收约占全市的四成，连续10年居广州市各区首位

近年来，天河区文化产业发展迅速，规模稳步增长。2017~2022年，天河区文化产业增加值逐年递增，由339.80亿元增长至600.00亿元，占

---

* 严帅，广东粤孵产业大数据研究有限公司总经理、高级工程师，研究方向为区域产业发展战略；谭小瑜，天河区文化产业发展领导小组办公室常务副主任、注册城市规划师，研究方向为城市经济；贺艳林，广东粤孵产业大数据研究有限公司研究总监、中级经济师，研究方向为区域产业发展战略。

GDP 的比重由 7.93% 提高至 9.65%，年均增速为 12.0%，远高于同期 GDP 增速（见图 1）。2022 年，天河区规模以上文化产业企业总营收为 2104.04 亿元，占全市的比重高达 40.6%，已连续 10 年名列广州市各区之首。

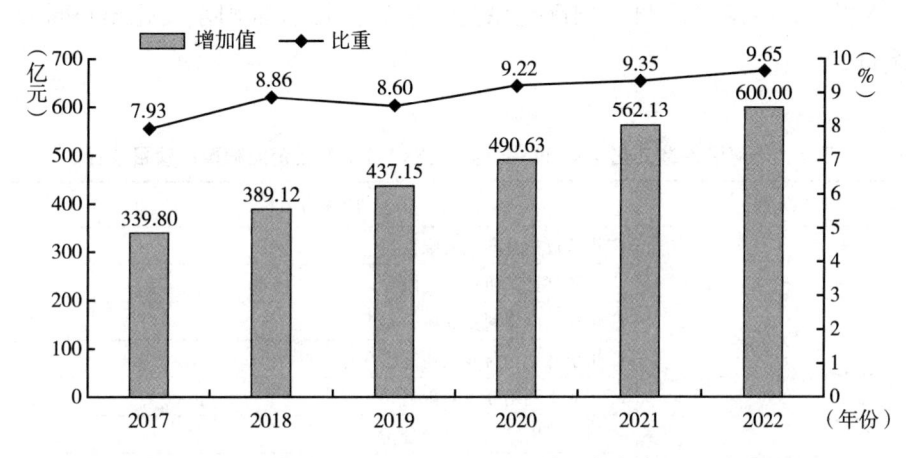

图 1　2017~2022 年天河区文化产业增加值及其占全区 GDP 比重

资料来源：天河区统计局。

（二）新兴领域发展迅猛，龙头企业集聚，打造一批国家级文化出口重大项目

新兴业态方面，大数据、人工智能、5G、VR/AR 等新一代信息技术与文化产业的融合碰撞产生乘数效应，为天河区文化产业注入新动能。当前，天河区已形成以游戏动漫、数字音乐、文化创意、电子竞技为引领的文化产业新业态，以演艺、影视、图书批零为辅助的传统文化娱乐业，形成相互促进发展的格局。

龙头企业方面，2022 年，中国互联网百强企业中有 6 家天河区企业，广州文化企业 30 强中有 9 家天河区企业，2 家天河区企业入选中国元宇宙年度最具投资价值关注榜单，8 家天河区企业入选广东省数字贸易龙头企业。目前，天河区拥有一大批文化科技本土龙头企业，网易已跻身全球七大游戏公司之一，三七互娱是全球TOP20上市游戏企业，酷狗荣获"中国服务业企业500强""中国互联网百强企业""国家知识产权示范企业""国家音乐产业优秀项目"等荣誉称号，荔枝是国内最大的UGC音频社区。7家企业成功入选2023~2024年度国家文化出口重点企业（见表1），占全市的50%以上，中国（广州）国际纪录片节连续6届获批国家文化出口重点项目。

表1 天河区入选文化企业30强、国家文化出口重点企业和重点项目情况

类别	企业/项目名称
2022年度广州市文化企业30强	广州博冠信息科技有限公司
	广州酷狗计算机科技有限公司
	广州趣丸网络科技有限公司
	广州金逸影视传媒股份有限公司
	广州荔支网络技术有限公司
	广州诗悦网络科技有限公司
	广州凡拓数字创意科技股份有限公司
	广东省建科建筑设计院有限公司
	广州市美术有限公司
入选2023~2024年度国家文化出口重点企业	广州光娱信息科技有限公司
	广州元游信息技术有限公司
	广州凡拓动漫科技有限公司
	广东趣炫网络股份有限公司
	广东星辉天拓互动娱乐有限公司
	广州酷狗计算机科技有限公司
	广州乐牛软件科技有限公司
入选2023~2024年度国家文化出口重点项目	中国（广州）国际纪录片节
	全球AI程序化互动式移动广告平台Mintegral

资料来源：广州市社会科学院、南方日报社、广州市文化创意行业协会、商务部服贸司。

（三）各类活动、平台、要素支撑不断完善，产业环境持续优化

活动方面，天河区通过实施主体培育、业态创新、人才激励等措施，为文化企业提供立体式、精准化的政策扶持。成立区文化创意产业协会等多个

行业组织，成功打造了文创产业大会·天河峰会、尚天河文化季等众多城市文化名片，吸引了人才、资本、科技、创新要素等优质资源向天河区集聚，助推天河区构建包含全业态、全链条、全要素的文创产业生态圈。文创产业大会·天河峰会作为天河区重点打造的广州文创产业领域"超级IP"，自2017年起已成功举办6届，吸引了逾1000位国内外行业大咖、超1500家国内外知名文创企业、超35万名线下观众参与，线上线下传播量累计过亿，品牌的影响力和辐射力更加广泛，为区内文化产业经营主体链接创投基金、海外市场等资源搭建渠道。

平台方面，近年来，天河区持续打造产业平台，拥有国家网络游戏动漫产业发展基地、国家音乐产业基地、国家文化出口基地、国家文化产业示范基地等近10个文化领域"国"字招牌。天河区还通过"三旧"改造、转变功能等方式，提供超55万平方米的发展空间，打造了9个市级以上文化产业示范园区，园区文化产业业态占比约为80%。

要素扶持方面，《天河区实施"链长制"推进产业高质量发展的工作方案》将文化创意产业链列为全区重点发展产业链之一，组建工作专班，研究编制《天河区文化创意产业链高质量发展三年行动计划（2023—2025年）》，为全区文化产业发展绘就"施工图"。天河成功争取FT（自由贸易）账户政策落地，有效解决文化贸易企业海外资金结转难题，实现近千亿元跨境资金的便利流动。同时，《天河区推动经济高质量发展若干政策意见》正在实施，《天河区加快推动文化产业高质量发展若干政策措施》正在修订，提出"建设全国文化产业优势聚集区、升级先行区、发展示范区"的发展新目标，针对市场主体培育、平台建设及电竞产业、演艺演出等方面提出奖补措施，政策正式出台后将进一步激发全区文化产业发展活力。

二 存在不足

（一）产业细分领域发展不均衡

天河区文化产业链各环节发展不均衡，数字音乐、游戏两个优势领域贡献了全区大部分的文化产业营收，天河区营收规模较大的龙头企业也均为这两个行业。其他领域发展则相对滞后，在智慧旅游、创意设计等相关领域仍未呈现天河区作为中心城区和CBD所在地的总部企业集聚态势，未充分发挥天河区文博资源、城市文旅资源优势。在影视制作、动漫等领域则缺乏知名内容创作企业，未自主培育出流媒体平台、短视频平台、漫画平台，缺少发行、营销环节的头部企业，未能实现渠道方、内容方的协同，加上其他地区出台对创作、制作、播放等方面的定向支持政策，造成部分内容创作企业及人才团队外流，未能打造出具有较强品牌效应和体现天河区风貌的文创IP项目，内生发展竞争力欠缺。

（二）优势领域协同效应有待强化

天河区数字音乐、游戏等优势领域的产业链延伸和融合发展不够，未形成产业链集聚优势。比如，数字音乐产业尽管拥有数字音乐平台龙头企业，但数字音乐制作、数字音乐版权服务等上下游环节发展不够充分，缺少具有代表性的龙头企业，在演艺演出等延伸环节未充分发挥区内演出场馆优势，全区音乐文艺演出的规格、品类、频率均较北京、上海中心城区有明显差距；游戏产业尽管已形成包含开发、发行、运营的产业链条，但受游戏版号管理机制影响，发展速度整体受限，下游电竞行业延伸效果不佳，缺乏高规格电竞场馆及赛事，产业带动作用未充分发挥，同时游戏IP衍生环节开发深度不足，与玩具、盲盒、服装等相关产业的融合发展水平仍有待提高。

（三）文化与科技融合发展水平不足

近年来，"宅经济"及移动互联网产业加快变革，内容制作、短视频、直播电商、线上博物馆等消费新场景需求释放，数字文创、文创科技等的发展趋势日益凸显，大数据、人工智能、虚拟现实等新兴技术在文化产业的应用日新月异，不断催生新的业态。天河区尽管拥有网易、酷狗等龙头企业，但由于缺少新兴技术领域的创新型企业、领军型企业，在新兴科技与文化产业融合发展方面缺少底层技术支撑，未能在发展中占得先机，在虚拟现实、裸眼3D、数字文博等文化产业前沿环节的发展水平不如上海、成都等地。

（四）文化产业人才欠缺

目前，天河区本土文化产业人才较为欠缺，同时缺乏音乐、影视、动漫等领域的原创人才、制作团队。此外，由于北京、上海等地的文化产业集聚效益明显，对专业运营人才形成虹吸效应，天河区在文化运营人才方面存在较大缺口。

三 路径建议

（一）推动强链延链补链，优化文化产业体系

做强做精游戏优势产业链。依托科韵路软件业集聚区、天河智慧城等发展平台，以龙头游戏企业为依托，着力开发有竞争力的游戏内容，培育和发展具有国际一流水平的原创游戏企业和项目，推动各类移动端游戏、客户端游戏、主机游戏开发。引导企业注重5G、4K/8K超高清、云计算等先进技术与游戏的融合应用，加快布局云游戏市场，抢占微信小游戏等新兴领域。加快推动游戏发行与"出海"，吸引游戏发行商及海外营销推广、检测认证、知识产权等机构建立游戏"出海"公共服务平台。加强游戏运营推广，支持区内龙头企业、第三方游戏运营企业以社交媒体平台、短视频平台为主要载体，加强内容投放、品牌宣传、营销创新、社区运营，提升游戏商业价值。延伸布局电竞产业，支持电竞产品开发、电竞场馆打造、电竞赛事举办，打造天河区电竞产业集聚特色生态圈。加速发展游戏衍生服务，推动游戏语音平台、游戏社交平台发展。支持游戏龙头企业通过品牌授权、品牌联名、委托制造等形式，开展优势游戏IP多元化开发，推动玩具、手办、服装、食品、日用品、图书等实物衍生品开发，拓展周边产品业务。

延伸发展数字音乐产业链。鼓励原创音乐内容制作，发挥音乐院校优

势，培养本土原创音乐产业人才，引进粤港澳及国内外知名音乐人在天河区设立工作室，推动原创音乐产业发展。支持数字音乐平台企业提升数字音乐内容创新能力和行业竞争力，拓展在线唱K、云演艺、线上直播、音乐社区、演艺票务等新业态，打造集听、唱、看、社交、购物于一体的立体化泛娱乐生态。引进数字音乐版权运营、数字版税收益结算、音乐商用版权授权、线上发行推广等领域的企业，支持打造一站式数字音乐版权服务平台，激发数字音乐版权交易市场活力。繁荣音乐演艺市场，构建以花城广场、沙河片区为核心的粤港澳演艺中心带，打造天河区音乐演艺品牌系列活动，积极承办国际性、全国性音乐赛事活动、颁奖盛典，营造浓厚的音乐文化氛围。鼓励发展"音乐+"产业，支持沙河片区以"音乐+消费"模式打造潮流音乐文化消费街区，鼓励音乐、游戏融合发展，探索VR/AR、3D、5G、区块链、人工智能等新兴技术与音乐产业的创新融合路径。

做优做精潜在优势领域。依托天河路商圈、珠江新城商圈、广东省博物馆等丰富的现代都市文商旅场景资源，因地制宜发展智慧都市文旅，引导VR/AR、5G、4K/8K超高清、裸眼3D、人工智能等技术应用与装备研发，大力发展全息互动投影、人机互动游戏、裸眼3D秀等产品，助力天河区打造文化特色鲜明的国家级旅游休闲街区。以羊城创意产业园、广州T.I.T智慧园等园区为载体，加快发展汽车智能座舱、智能显示终端、可穿戴设备、智能运动器材等热点领域工业设计服务，做大做强广告、会展、文创衍生设计等创意设计服务，加快发展时尚设计，强化天河区在广州市国际消费中心城市建设中的引擎地位。加强时尚服装、珠宝饰品、潮玩等消费品与创意设计的融合，加快发展时尚设计，培育促进时尚消费。

（二）构建产业成长梯队，发挥社会组织作用

构建产业成长梯队。加大"链主"企业支持力度。全面梳理天河区文化产业链各分链"链主"企业及重点企业清单，从土地、资金、市场、人才等方面加大精准支持力度，做大做强2~3家"链主"企业，提升"链主"企业对产业链的带动和整合能力。支持有实力和有条件的企业通过资源整合、并购重组、品牌传播等形式做大做强。加大对中小企业的政策扶持和指导力度，加大对文化企业、团队和作品的扶持力度，激发市场主体活力。推动企业"小升规"，加快个人工作室、"文化创客"等文化"双创"企业成长，支持拥有原创品牌、具有市场竞争力的中小企业上规上限，促进中小文化企业朝专业化、品牌化方向发展。发展以商招商、产业链招商，探索"资本招商""中介合作招商"等多元化招商方式，协同引进区内龙头企业的上下游关联企业。支持知识产权、教育培训、中介服务等专业服务主体发展。

大力发展社会组织与产业联盟。支持动漫、游戏、数字音乐等重点产业链智库机构、行业协会、产业联盟等社会组织发展，鼓励各类社会组织发挥纽带作用，整合优质文化产业资源，提高产业链关联环节协同发展水平。支持龙头企业联合高校、科研院所以及产业链上下游企业组建产业联盟，加强企业间的信息沟通和供需合作。

（三）加强产业平台建设，优化文化产业生态

依托天河CBD，构建全方位的城市文化地标型创意集群。优化总部经济政策，支持文化产业总部企业集聚发展。支持率先建立全链条出口服务体系，鼓励文化产业总部企业在更高层次参与国际合作和竞争。依托商会资源集聚的优势，链接全球文化产业总部企业资源，举办更多高品质的国际文化盛事，打造高端人文艺术生活中心和国际时尚发布中心。

依托广州国际金融城，以文化总部"置业计划"为抓手，建成一批满足创意设计、数字文化、文化金融等办公需求的高端产业平台和载体，吸引一批国内外总部型、创意经济类企业入驻。加快完善数字文化基础设施，推动数字文化、金融业的深度融合发展。发挥片区内羊城创意产业园的数字文化产业集聚优势，做大做强数字音乐、动漫、游戏等产业。

加快沙河片区发展步伐，将沙河片区打造为白云山南麓的有机生长、多样化功能的复兴示范区，创享体验、规模化重塑的数字创意高地，文化振兴、剧场群汇聚的活力艺术专区。依托广东艺术剧院等18家省、市文化机构和剧

院、十九路军淞沪抗日阵亡将士陵园等9处抗战历史文物保护单位等资源，建设"演艺沙河""文创沙河""文旅沙河"品牌，建成传承岭南文化和抗战文化的教育基地。支持在沙河片区组建并落地文化发展集团，重点布局各类复合型现代文化产业项目。培育适合线上"观演—传播—消费"全链条的原生云演艺业态，支持创意设计、文商旅、时尚艺术等文化产业蓬勃发展。

依托天河智慧城，围绕"产业新区、宜居新城"发展愿景，着力打造集文化产品研发、生产和制造于一体的数字文化产业高地。培育集聚一批具有国际影响力的游戏、动漫、音乐、电影、VR/AR等数字文化企业，以及数字经济基础设施上下游研发生产企业。依托网易城打造网游动漫和电竞产业生态，突出发展中小型电竞赛事、中高质量休闲娱乐电竞，带动形成天河东部电竞泛娱乐高地。鼓励村级工业园区转型为生态型创意园区，孵化创意社区、创意企业和创意个体，支持设计、广告、文化工作室等各种形式的小微文化企业发展。

依托五山石牌高教区多所知名高等院校集聚的优势，推进"环五山"创新策源区建设。加大对文化、创意、艺术、设计等社会科学类应用型研究项目的支持力度，建立文化产业校企合作体系，促进现代商贸业与文化产业向多层次和高品质融合发展，繁荣天河文化市场。支持高等院校打造各具特色的文化研学教育基地，提升天河文化教育和旅游的融合水平和辐射力。支持旧厂房、村集体用地、批发市场等改造升级，提升空间载体的品质化水平，建成一批"文化创客空间"，打造大学生文化产业创新创业策源地。

（四）强化产业融合发展，提高产业综合竞争力

支持文化、科技融合发展。鼓励传统文化企业植入科技元素，利用人工智能等新技术推动产品生产和文化服务传播方式创新。加快文化产业关键核心应用技术研发，推进科技成果在天河就地转化，促进文化产品与VR/AR、人工智能等前沿技术融合发展。支持龙头企业与科技企业强强联手，推动"大模型+文旅"建设，形成新质生产力。加快发展新型文化企业、文化业态、文化消费模式，壮大数字创意、网络视听、线上演播等产业，打造裸眼

3D、数字文博、智慧导览等领域的标志性文化产品。

打造高规格产业展会活动。鼓励行业协会或企业在区内组织承办市场化运作的国家、省、市级重大文化类展会、论坛、节会等活动，打造有影响力的活动品牌。继续高水平打造文化类产业大会、尚天河文化季等品牌活动，持续支持粤港澳大湾区文化艺术节、广州文化产业交易会、广州博览会等活动的举办，助力将广州文化产业交易会打造为世界级文化产业展会平台。

深化跨地区产业合作。鼓励本土企业与佛山、深圳、香港、澳门等地企业开展产业合作，探索共同培育粤港澳大湾区数字文化IP集群，提升文化产业价值链能级。发挥天河区作为国家文化出口基地的优势，推进天河区文化产品和服务对外传播，支持龙头企业加强国际项目对接合作，积极参与国际交易、会展，鼓励文化企业培育具有国际竞争力的文化IP，深度融入全球文化产业链。

（五）强化产业人才培育，提高产业内生驱动力

建立产业链人才培养体系。建立面向国际、引领全国的文化产业人才培养体系，加大海内外人才引进力度，大力培育和引进一批高层次、创新型文化产业人才，为天河区文化产业发展提供强有力的人才支撑。

强化产业链人才交流。发挥行业协会作用，整合区内高校、科研院所、重点企业等，组建国际数字文化智库，积极推动和参与数字文化领域的国际和国家标准建设，促进交易便利化和市场化。依托文化智库强化与港澳优质高校的合作交流，设立国际数字文化人才中心，推动粤港澳大湾区内培养培训、科研交流、技能竞赛等方面的合作，打造粤港澳大湾区数字文化人才高地。

健全人才服务体系。鼓励符合条件的文化产业人才申请天河区有关高层次人才项目，在引进奖励、住房补贴、家属随迁、子女入学等福利配套方面给予照顾。优化高校与企业人才联合培养机制，鼓励辖内重点院校与文化企业在职业教育、人才培养等方面强化合作，通过校企合作模式建立多层次、宽领域的文化产业人才实训基地，推动产学研协同发展。

文化消费篇

B.9
2023年广州市居民文化消费统计调查

广州市文化广电旅游局课题组 *

摘　要： 2023年，广州持续推动文化和旅游复苏发展，文化消费市场蓬勃发展。为进一步完善文化消费统计测算，课题组开展了文化消费情况抽样调查。调查结果显示，2023年广州居民文化消费中，娱乐、文旅市场占比较高，居民文化活动接触率整体提高，网络文化活动花费时间最长，娱乐类文化服务体验最频繁。细分市场中，网络课程和移动端游戏花费最多。市民对艺术品交易、文化会展等文化活动的满意度较高，文化场所体验感受总体较好。"娱乐休闲"成为居民进行文化活动的主要目的，"工作繁忙，没有时间消费"成为限制文化消费的最主要因素。现阶段，广州文化消费市场仍存在居民消费力有待释放、产品质量仍须提高、文化设施亟待提质升级、文化消费服务水平有待提高等问题，结合调查结果，本报告提出加强文商旅融合、丰富文化供给、坚持以旅彰文、完善基础设施、提升服务水平等建议。

---

* 课题组成员：赵一棋，广州城市旅游问询救援服务中心（广州文化旅游产业促进中心）统计师，研究方向为文旅统计；尚进，广州市社会科学院研究助理，研究方向为文化产业；李罗佶，广州图书馆馆员，研究方向为信息资源。

关键词： 文化消费 文化产业 广州

党的二十大报告提出，未来五年是全面建设社会主义现代化国家开局起步的关键时期，"人民精神文化生活更加丰富，中华民族凝聚力和中华文化影响力不断增强"成为未来发展的主要目标任务之一。随着生活水平的不断提高，人们对于精神文化生活的追求日益增强，文化消费日益成为居民消费的刚需。文化消费市场在当下社会经济发展中扮演着举足轻重的角色，其蓬勃发展的态势令人瞩目。2023年全国人均消费26796元，其中人均教育文化娱乐支出2904元，同比增长17.4%，占人均消费的10.8%[①]。一方面，文化消费市场的健康发展，对于满足人民日益增长的精神文化需求、提升人民生活质量、促进文化交流和推动地方经济发展具有重要意义；另一方面，新科技如5G、AR/VR、3D技术、人工智能的广泛应用，使文化产品与业态不断升级创新，各类文化产品层出不穷，不断满足消费者的多元化需求。

近年来，广东省以高质量发展为目标，以融合发展为主线，以改革创新为动力，加快将文化和旅游业打造为精神文明建设的重要支撑、物质文明建设的重要支柱，推动文化强省、旅游强省建设迈上新台阶。广州市作为粤港澳大湾区的文化中心和"千年商都"，文化消费水平位居全国前列。深入了解基层市民群众的文化需求，扩大有效供给，引导文化消费，建立起文化消费统计的长效机制，积极推动广州文化产业创新发展是广州推动文化消费市场高质量发展的关键举措。

一 广州市文化消费市场概况

广州市深入学习贯彻党的二十大精神，把学习贯彻习近平总书记视察广

[①]《文化产业高质量发展风劲扬帆》，"金台资讯"百家号，2024年6月2日，https://baijiahao.baidu.com/s?id=1800709128420837168&wfr=spider&for=pc。

东重要讲话重要指示精神作为主要政治任务，持续提升文化综合实力。2023年，全市规上文化企业实现营收5582.34亿元，同比增长15.9%；接待游客2.34亿人次，同比增长51.8%；实现文旅消费3309.5亿元，同比增长47.4%。文化消费市场供给不断优化，举办中共"三大百年"百场巡展，广州美术馆新馆、文化馆新馆、粤剧院新址建成并面向市民开放，举办广州艺术季等惠民活动2万多场次，芭蕾舞剧《旗帜》荣获中国舞蹈荷花奖，2人分获中国戏剧梅花奖、白玉兰奖，成功创建国家文化和旅游市场信用经济发展试点、国家对外文化贸易基地。广州将推动文化和旅游复苏发展与扩大文旅消费摆在优先位置，先后发布《推动文化旅游高质量发展"六大行动"工作方案》《广州市促进消费提档升级若干措施》等相关文件，推动文化旅游业成为经济高质量发展的硬支撑、强引擎。

二 调查对象与方案

（一）相关概念界定

文化消费是指人们为了满足自己的精神文化需求，采用不同方式消费文化产品和服务的行为。人们通过购买、接受、参与等方式来获取文化信息、传递文化价值，这种消费不仅涉及物质文化产品，如书籍、艺术品、电影、音乐等，还包括对文化价值观的消化吸收、思想观念的更新以及文化体验服务的享受，如参观展览、观看演出、参与文化活动等。花建的研究表明，广义的文化消费涉及公共支出、企业投资及家庭开支用于文化产品服务的购买与消耗，以及全社会对公共文化设施的投资建设，是文化价值实现的关键环节[①]。贾旭东在其研究中总结了统计上的两种文化消费定义，一种是根据《居民消费支出分类（2013）》将文化消费分为文化和娱乐耐用消费品、其他文化和娱乐用品、文化和娱乐服务、一揽子旅游度假服务4个小类；另一

---

① 花建：《提升数字文化消费新机制——FCS研究框架、三大维度和提升重点》，《上海财经大学学报》2023年第6期。

种是根据文化产业增加值推算的文化消费。在国民经济核算中，以《国民经济行业分类》（GB/T 4754—2017）为基础形成了《文化及相关产业分类（2018）》，以收入法和支出法核算结果一致的原理测算文化消费规模，并通过数据对比发现依据产业分类测算的文化消费情况更符合实际情况[①]。

此次调查结合文化消费定义并根据《文化部"十三五"时期文化产业发展规划》划分的文化产业选取居民消费较活跃的文化活动，分别为广播影视图书、演艺服务、娱乐产品/服务、动漫/漫画、创意设计、游戏、网络文化、文化旅游、艺术品交易、文化会展、工艺美术（见表1），开展抽样调查。通过调查居民的文化活动接触率、人均消费和广州市人口基数来推算广州居民文化消费总量。

表1 相关项目的界定

项目	界定
广州市居民	居住在广州市行政区域范围内、居住时间为半年及以上、年龄为15岁以上、有固定住所或固定工作的常住居民，不包括高校学生
文化活动接触率	调查周期内体验过某类文化活动的人数占总人数（须符合广州市居民定义）的比重
广播影视图书	图书、电影、电视、报刊、广播等
演艺服务	演唱会/LiveHouse、话剧、音乐剧、舞剧等
娱乐产品/服务	KTV、音乐茶座/酒吧、游乐园、网吧等
动漫/漫画	电子动漫、漫画图书/报刊、动漫舞台剧、其他动漫衍生品等
创意设计	建筑创意设计服务、咨询策划创意服务、时尚消费创意服务、文创商品等
游戏	移动端游戏、PC端游戏、家庭电视游戏、街机游戏等
网络文化	网络课程、网络电影、网络电视、网络音乐/广播等
文化旅游	红色文化旅游等
艺术品交易	古董、名家收藏品交易
文化会展	电影节、艺术节、周年展、博览会和文化展览等
工艺美术	现代工艺品等

资料来源：作者根据相关资料整理。

---

① 贾旭东：《高品质生活视域下的文化消费——基于居民消费支出的考察》，《山东社会科学》2022年第2期。

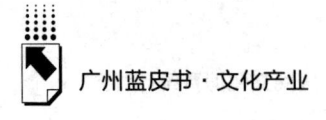

（二）样本框设计

根据广州市经济发展的现状及城乡基本上实现一体化的特点，考虑文化活动已成为广州市居民的大众参与活动，被访者只做年龄限制。调查的对象为广州市15岁以上的居民，考虑样本的区域平衡性，各个区都抽取一定比例的样本，采用计算机辅助电话调查（CATI）开展抽样调查。

具体的抽样方法为分层随机电话号码抽样（RDD）加简单号码随机生成，并进行随机拨打。每季度末开展15~20个工作日的调查，首先将所有抽样框所在区域的局号（前4位，约700个）存入数据库，然后通过简单随机抽样形成合格样本。为了避免被访者人口学特征偏差太大，当年龄与性别两个变量的人口统计误差大于5%时进行配额控制。

（三）调查样本情况

将在调查周期范围内（3个月）有文化消费行为者定义为合格样本。通过对广州市居民提问，根据是否进行过文化产品/服务消费的回答产生有文化消费行为的合格样本，并计算当期广州市居民的文化活动接触率。

此次调查样本量共计8127个，且各区都分布有一定数量的样本（见表2）。经过调查，共有3312个有文化消费行为的合格样本，根据文化产业分类汇总了样本情况，表3展示了样本结构。

表2 各区（市）样本量分布

单位：个，%

区（市）	样本量	占比
白云区	1565	19.26
天河区	1198	14.74
海珠区	814	10.02
越秀区	720	8.86
黄埔区	566	6.96

续表

区(市)	样本量	占比
荔湾区	483	5.94
南沙区	302	3.72
番禺区	1137	13.99
花都区	610	7.51
增城区	537	6.61
从化区	195	2.40
合计	8127	100.00

表3 样本结构

单位：个，%

文化活动类型	样本量	占比
广播影视图书	543	16.39
演艺服务	255	7.70
娱乐产品/服务	402	12.14
动漫/漫画	246	7.43
创意设计	264	7.97
游戏	328	9.90
网络文化	418	12.62
文化旅游	340	10.27
艺术品交易	147	4.44
文化会展	220	6.64
工艺美术	149	4.50
合计	3312	100.00

三 广州市居民文化消费现状

（一）受访者特征

此次调查的受访男性多于女性，31~40岁居多，本科学历者和公司职员的占比较高（见表4），所有合格样本2023年的家庭月平均收入为17723.23元。

表 4　受访者特征

单位：%

类别		占比	类别		占比
性别	男性	57.1	教育程度	硕士研究生及以上	6.3
	女性	42.9		本科	35.1
年龄	16~20岁	2.9		大专	26.2
	21~30岁	19.7		高中/中专	20.0
	31~40岁	32.9		初中	9.1
	41~50岁	25.3		小学及以下	3.3
	51~60岁	13.1	月收入	无固定收入	2.2
	61~70岁	5.0		1000元及以下	0.2
	71~80岁	1.1		1001~2000元	1.2
工作状况	公司职员	39.7		2001~3000元	1.8
	自由职业者	18.7		3001~5000元	5.9
	个体户	11.5		5001~8000元	8.9
	退休	8.9		8001~10000元	7.9
	政府机构/事业单位职员	8.6		10001~15000元	9.0
	无业/待业	3.6		15001~20000元	7.7
	全日制学生	3.4		20001~30000元	8.1
	工人	2.6		30001~50000元	5.9
	其他	1.8		50000元以上	4.9
	农民	1.2		拒绝回答	36.3

（二）广州市居民文化消费情况

统计结果显示，2023年广州市居民文化消费总量约为883.8亿元，全年人均文化消费5479.4元，每月人均文化消费456.6元，同比均增长30%左右。整体来看，2023年广州市深入推进文旅融合发展，落实促进文旅消费的一系列措施，推动文旅产业快速发展、文旅消费迅速回升。

1. 娱乐、文旅市场占文化消费比重高

各文化市场中，广州市居民在娱乐产品/服务、文化旅游、创意设计、网络文化、艺术品交易方面的消费总量较高，分别占20.0%、16.3%、14.9%、

12.1%、11.6%（见表5）。娱乐产品/服务、演艺服务、文化旅游和文化会展的消费总量占比较2022年有所上升；而网络文化、广播影视图书的消费总量占比相对2022年有所下降，分别下降3.6个、1.3个百分点。从不同文化活动类型消费总量占比来看，娱乐产品/服务的消费总量占比最高，四个季度分别占19.7%、20.5%、19.9%、19.7%；另外，创意设计的消费总量在第一季度占比相对较高，为17.5%；文化旅游的消费总量在第二季度、第三季度、第四季度占比相对较高，分别为16.2%、18.1%、17.7%。

表5　2023年各季度广州市居民各类型文化活动消费总量占比

单位：%

文化活动类型	第一季度	第二季度	第三季度	第四季度	2023年
娱乐产品/服务	19.7	20.5	19.9	19.7	20.0
文化旅游	13.2	16.2	18.1	17.7	16.3
创意设计	17.5	16.0	12.5	13.4	14.9
网络文化	11.1	11.2	13.0	13.2	12.1
艺术品交易	13.8	12.3	10.4	9.8	11.6
游戏	8.5	6.8	7.6	7.8	7.7
广播影视图书	5.3	5.1	6.1	6.0	5.6
演艺服务	3.3	5.0	5.0	5.5	4.7
动漫/漫画	2.7	2.2	2.4	3.3	2.6
文化会展	2.7	2.4	2.4	1.8	2.3
工艺美术	2.2	2.1	2.6	1.8	2.2
合计	100.0	100.0	100.0	100.0	100.0

2. 第二季度为文化消费旺季

从各季度来看，第一季度文化消费总量为219.9亿元，第二季度为239.5亿元，第三季度为215.3亿元，第四季度为209.3亿元。总体来看，居民有着较强烈的外出活动及消费意愿，2023年四个季度的文化消费总量同比上升；而随着清明节、劳动节、端午节等消费旺季的到来，第二季度文化消费出现高峰（见表6）。

表6 2023年各季度广州市居民各类型文化活动消费总量推算

单位：亿元

文化活动类型	第一季度	第二季度	第三季度	第四季度
娱乐产品/服务	43.4	49.2	42.9	41.2
文化旅游	28.9	38.9	39.0	37.1
创意设计	38.5	38.4	26.9	28.1
网络文化	24.4	26.9	27.9	27.7
艺术品交易	30.3	29.4	22.5	20.6
游戏	18.6	16.2	16.4	16.4
广播影视图书	11.7	12.1	13.1	12.5
演艺服务	7.3	12.1	10.8	11.5
动漫/漫画	6.0	5.3	5.2	6.8
文化会展	6.0	5.9	5.1	3.7
工艺美术	4.8	5.1	5.5	3.7
合计	219.9	239.5	215.3	209.3

（三）广州市居民文化消费行为

1.居民文化活动接触率整体提高

广州锚定文化旅游高质量发展任务，推进更高水平的文化和旅游强市建设，大力提振市场信心、扩大消费需求、激发消费潜力，充分发挥消费对经济发展的基础性作用，出台38条措施促进消费升级，通过构建"5+2+4"国际知名商圈体系、陆续发放政府消费券、建设世界级旅游目的地等举措，全面激发文旅消费活力。2023年广州文化市场需求逐步恢复、内需潜力持续释放，消费对经济增长的拉动作用明显增强，居民接触文化活动明显增多。

调查结果显示（见图1），2023年广州市居民接触率排名前五的文化活动类型分别是网络文化、广播影视图书、娱乐产品/服务、游戏和文化旅游，接触率均超14%；居民接触率较低的文化活动类型是艺术品交易和工艺美术，均为3.8%。

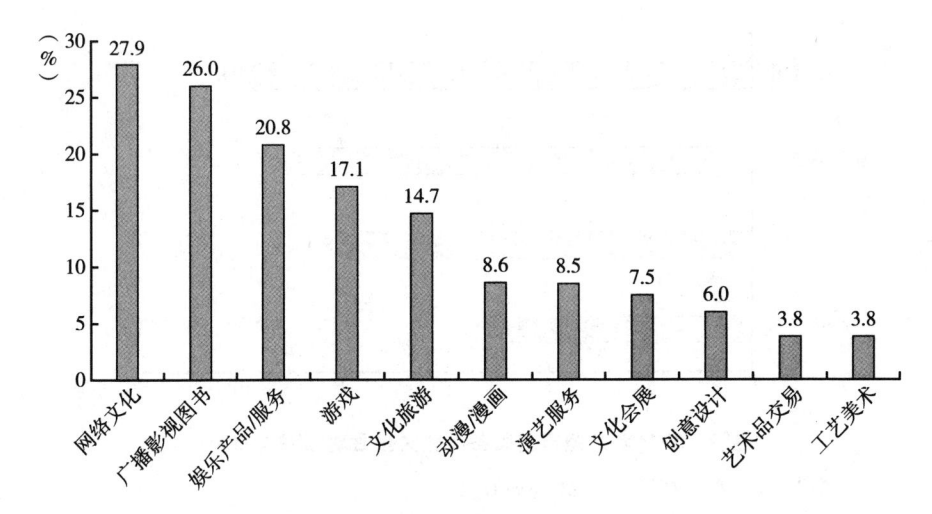

图1 2023年广州市居民各类型文化活动接触率

2. 网络文化活动花费时间最长

当前，数字技术的蓬勃发展和广泛应用推动网络文化迅速发展，网络文化成为广大市民进行文化消费的重要活动类型，活动内容主要集中在网络影视、视频直播、在线网课等领域，从居民每周花费在文化活动上的时间来看，网络文化最长，达到9.8小时；其次为广播影视图书，为8.9小时。2023年广州居民每周在游戏上花费的时间为8.0小时；每周在动漫/漫画上花费的时间为4.6小时（见图2）。

3. 娱乐类文化服务体验最频繁

在文化活动体验次数方面，居民在娱乐产品/服务、创意设计、文化旅游、演艺服务方面的体验次数相对较多，而在文化会展、工艺美术、艺术品交易方面的体验次数较少。分季度来看，四个季度中体验次数最多的都是娱乐产品/服务；此外，前三季度中，居民体验创意设计、文化旅游的次数相对较多（见图3）。

4. 手机App成为解文化活动的主渠道

广州依托 Meta、Twitter、Instagram、YouTube、Bilibili、微信公众号、微信视频号、微博、小红书、抖音等国内外新媒体平台，积极拓宽对外宣传推

广州蓝皮书·文化产业

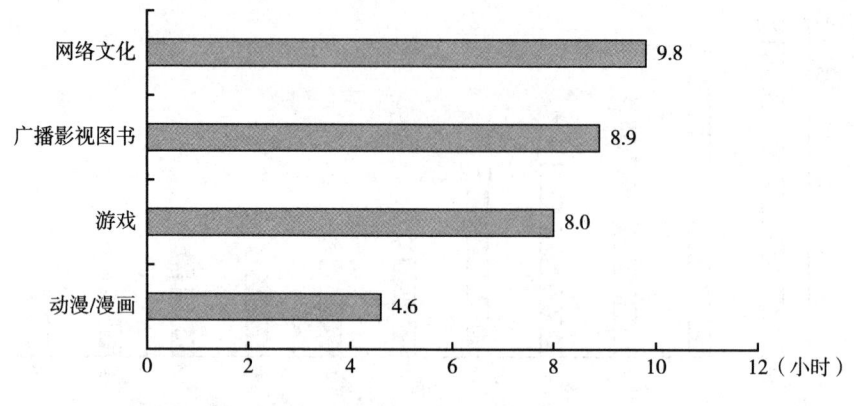

图2 2023年广州市居民各类型文化活动频率（每周）

- 网络文化 9.8
- 广播影视图书 8.9
- 游戏 8.0
- 动漫/漫画 4.6

说明：部分类型数据较少，此处不展示。

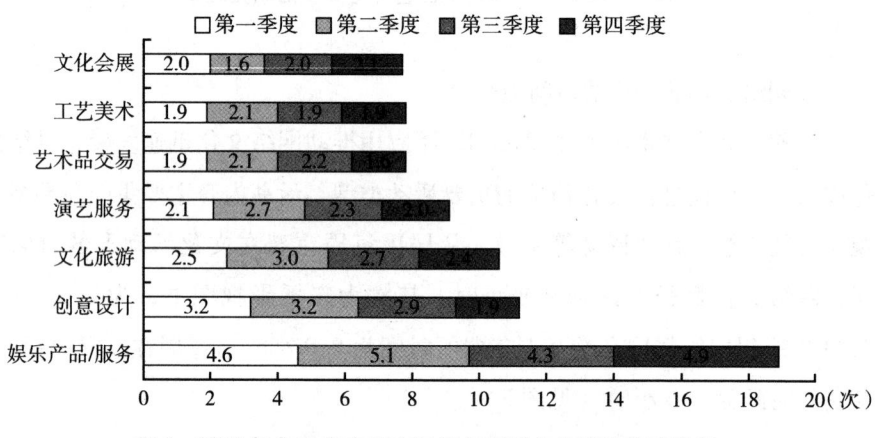

图3 2023年各季度广州市居民各类型文化活动体验次数

类型	第一季度	第二季度	第三季度	第四季度
文化会展	2.0	1.6	2.0	2.2
工艺美术	1.9	2.1	1.9	1.9
艺术品交易	1.9	2.1	2.2	1.6
演艺服务	2.1	2.7	2.3	2.0
文化旅游	2.5	3.0	2.7	2.4
创意设计	3.2	3.2	2.9	1.9
娱乐产品/服务	4.6	5.1	4.3	4.9

说明：部分类型数据较少，此处不展示。

广渠道，聚合资源升级文旅宣传矩阵，打造"爱游广州"新媒体宣传品牌，进一步提升广州文旅品牌在全球的知名度和美誉度。调查显示，手机App和互联网是广州市居民了解文化活动的主要渠道，分别占52.2%和36.6%，远高于其他渠道；此外，电视、广播报道和亲朋好友介绍也是广州市居民了解文化活动的重要渠道，分别占9.6%和9.2%（见图4）。

2023年广州市居民文化消费统计调查

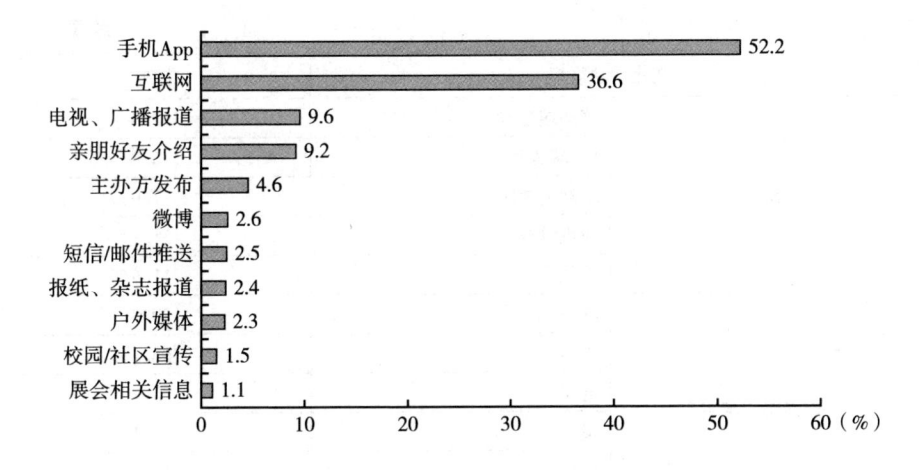

渠道	百分比
手机App	52.2
互联网	36.6
电视、广播报道	9.6
亲朋好友介绍	9.2
主办方发布	4.6
微博	2.6
短信/邮件推送	2.5
报纸、杂志报道	2.4
户外媒体	2.3
校园/社区宣传	1.5
展会相关信息	1.1

图4　2023年广州市居民了解文化活动的渠道

5.细分市场文化消费结构呈多样化

2023年细分市场人均花费数据显示，网络文化市场中，网络课程的人均花费最高，为446.9元。游戏市场中，移动端游戏的人均花费最高，为392.3元。广播影视图书市场中，图书的人均花费最高，为120.0元。娱乐产品/服务市场中，KTV的人均花费最高，为685.1元。动漫/漫画市场中，其他动漫衍生品的人均花费最高，为164.0元。创意设计市场中，建筑设计创意服务的人均花费最高，为1502.5元。演艺服务市场中，演唱会/LiveHouse的人均花费最高，为407.7元（见表7）。

表7　2023年广州市居民各类型文化活动人均花费

单位：元

文化活动类型		花费
网络文化	网络课程	446.9
	网络电影	48.9
	网络电视	47.6
	其他	29.3
	网络音乐/广播	26.7

续表

文化活动类型		花费
游戏	移动端游戏	392.3
	PC端游戏	145.8
	家庭电视游戏	37.9
	街机游戏	31.1
	其他	11.5
广播影视图书	图书	120.0
	电影	106.1
	电视	35.7
	报刊	14.1
	广播	13.7
	其他	6.7
娱乐产品/服务	KTV	685.1
	音乐茶座/酒吧	331.5
	游乐园	252.7
	网吧	24.6
	其他	18.0
动漫/漫画	其他动漫衍生品	164.0
	电子动漫	117.2
	漫画图书/报刊	108.6
	动漫舞台剧	44.3
创意设计	建筑设计创意服务	1502.5
	咨询策划创意服务	893.0
	文创商品	514.4
	时尚消费创意服务	496.2
	其他	12.6
演艺服务	演唱会/LiveHouse	407.7
	话剧	168.8
	音乐剧	91.5
	舞剧	59.6
	其他	27.4

注：各文化活动类型的人均花费以全年体验过该类文化活动的人群为基数；部分类型数据较少，此处不展示。

（四）广州市居民对文化生活的满意程度

1. 各类文化活动满意度较高

在体验过的文化活动中，广州市居民对艺术品交易、文化会展、工艺美术、演艺服务和文化旅游的满意度排名前五，分别为 83.8 分、83.4 分、82.2 分、81.9 分和 81.1 分（见图 5）。

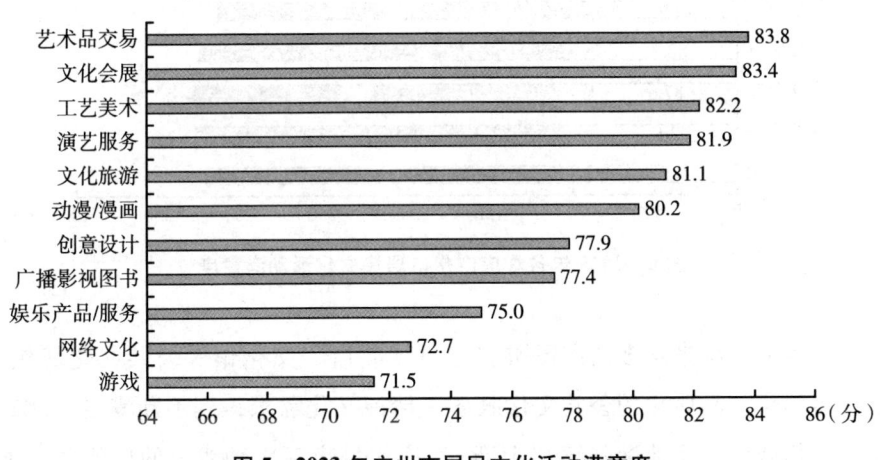

文化活动	满意度（分）
艺术品交易	83.8
文化会展	83.4
工艺美术	82.2
演艺服务	81.9
文化旅游	81.1
动漫/漫画	80.2
创意设计	77.9
广播影视图书	77.4
娱乐产品/服务	75.0
网络文化	72.7
游戏	71.5

图 5　2023 年广州市居民文化活动满意度

对比各季度来看，第一季度，艺术品交易、文化会展、工艺美术、文化旅游的满意度较高，均超过 80 分。第二季度，动漫/漫画的满意度为 79.1 分，较第一季度有明显提升。第三季度，艺术品交易、演艺服务、文化会展、动漫/漫画得到了广州市居民的认可，满意度均在 80 分以上。第四季度，居民在动漫/漫画、演艺服务、文化会展、文化旅游、创意设计、工艺美术相关活动中维持了较高满意度（见图 6）。

2. 文化休闲场所参与率和满意度较高

2023 年广州市民线下娱乐消费意愿增长，广州电影产业市场复苏，优质影片供给不断扩大，广州市民观影热情高涨，老牌头部影院保持了相对稳定的实力，广州正佳飞扬影城等常年在全国票房榜"霸榜"的影院 2023 年收入继续跻身全国前 10 名。

广州蓝皮书·文化产业

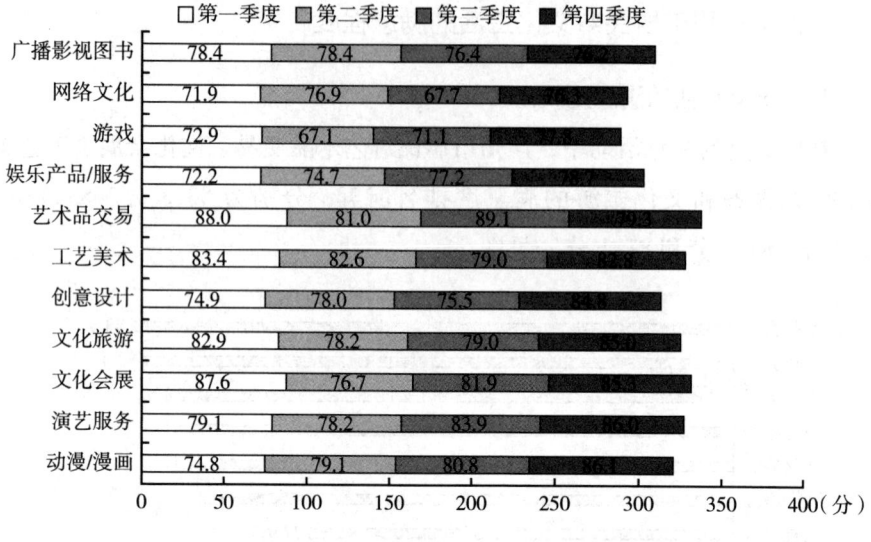

类别	第一季度	第二季度	第三季度	第四季度
广播影视图书	78.4	78.4	76.4	76.2
网络文化	71.9	76.9	67.7	76.3
游戏	72.9	67.1	71.1	77.8
娱乐产品/服务	72.2	74.7	77.2	78.7
艺术品交易	88.0	81.0	89.1	89.3
工艺美术	83.4	82.6	79.0	82.8
创意设计	74.9	78.0	75.5	84.8
文化旅游	82.9	78.2	79.0	85.0
文化会展	87.6	76.7	81.9	85.4
演艺服务	79.1	78.2	83.9	86.0
动漫/漫画	74.8	79.1	80.8	86.1

图6　2023年各季度广州市居民文化活动满意度

近年来，越来越多的市民游客走进博物院、文化馆等公共文化场馆，享受多样化、品质化的公共文化服务，精神文化需求得到不断满足。2023年，广州城市文化地标陆续"上新"，广州城市新中轴线上的广州艺术博物院与海珠湖畔的广州市文化馆新馆遥相呼应，"人气旺"是市民游客对这两个文化地标的印象。广州艺术博物院以"千年瑰宝　岭南芳华"为主题，采取实物展陈和数字化展示相结合的方式，在21个展区、近2万平方米的广阔空间，将1100余件院藏精品、200余件借展精品和500余件馆史文献展现给观众，得到广泛好评。广州市文化馆新馆推出"'一带一路'背景下的广作华章——从外贸商品到非遗保护""金色华章山河颂——陈金章捐赠美术作品展"等高品质展览，以及"羊城之夏"市民文化季、省群众艺术花会、广州"村晚"、少儿艺术大赛、原创音乐舞蹈大赛等群众文化赛事及惠民活动，深受群众欢迎。广州市文化馆新馆2023年共接待进馆公众约120万人次，组织开展各类群众文化活动近4000场次，线上线下惠及群众近1亿人次。位于珠江新城的广州粤剧院，同样是崭新的城市文化地标，拥有各种高质量文艺演出。据统计，广州粤剧院2023年开展粤剧演出250场，观众总人数约30万人次，其中惠民演出179场，观众近13万人次。

调查显示，2023年去过电影院、图书馆和博物馆等场所的广州市居民占比较高，分别为20.3%、17.9%和15.3%，其中电影院的欲返率最高，去过的人群中有34.2%表示还会去（见图7）。相比2022年，2023年居民去各类文化休闲场所的比例均有回升，其中去过电影院、网吧/KTV等娱乐场所、博物馆的居民占比上升明显，分别增长4.3个、3.8个、2.9个百分点。在去过的文化休闲场所中，居民对图书馆、博物馆和科技馆的满意度排名前三，分别为90.7分、90.4分、89.7分。

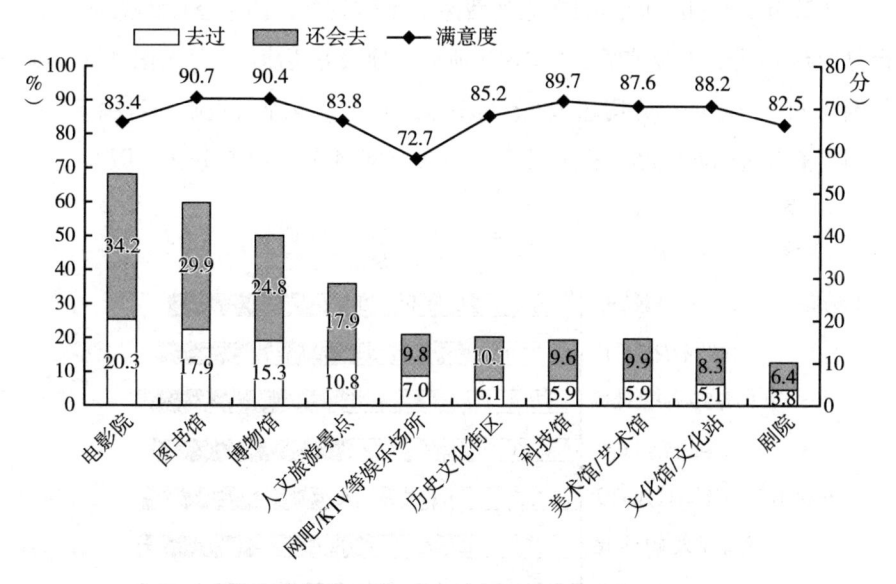

图7 2023年广州市居民文化休闲场所参与率和满意度评价

3. 文化消费感受整体较好

2023年，广州在全市开展"公共文化共同体"建设，努力构建一个协同发展的公共文化服务平台，推动公共文化服务转型升级，形成可复制、可推广的"广州经验"，助力文化和旅游高质量发展。作为广州市"公共文化共同体"建设的标杆项目，"向美而行"组织近千场文化惠民配送活动，并首次依托"广州公共文化云"搭建公共文化服务产品常态化展示、开放式供给的数字平台，支持专业院团、文化企业、民间文化机构和个人作为"文化供给主体"上线，打造公共文化服务产品供给的"开放式中央厨房"，实现全流程数字化管理，逐步实现全市11个区全覆盖的配送服务，促进公共文化服务提质增效。另外，通过多种举措增加高品质产品供给，如加快建设新时代文化设施、不断完善中国国家版本馆广州分馆特色版本体系。组织全市符合条件的文旅场馆延长夜间开放时间，博物馆、文化馆、图书馆夜间开放时间延长至21时。打造"粤书吧""粤文坊"等小而美的公共文化服务场所，居民获得感、幸福感不断增强。

2023年，广州市居民的文化消费感受整体较好，四个季度的总体满意度得分均超75分。具体来看，"文化场所内各项服务便捷性""文化基础设施与氛围"四个季度的得分均超75分。第四季度，"文化基础设施与氛围""开放时间与消费时间匹配度"得分较高，分别为80.4分、79.6分（见图8）。

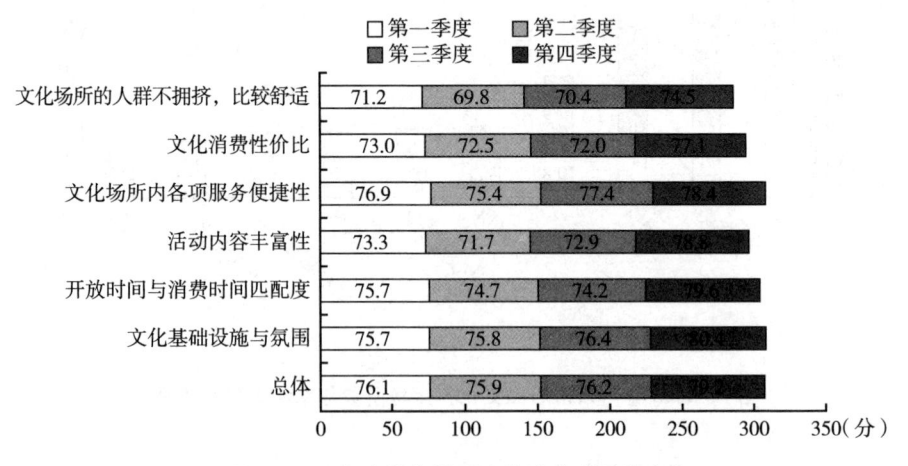

图8　2023年广州市居民文化消费感受满意度

4. 居民仍期待文化消费场所进一步完善

公共文化空间是城市的重要组成部分，承载着为市民提供休闲娱乐场所的功能，体现人民群众对美好生活的期待。对城市管理者而言，要牢记

"人民城市为人民"的建设理念，围绕市民实际需求来建设，贴近市民的愿望来改造，回应市民的呼声来完善，使市民更有获得感。

调查结果显示，"城市公园"、"社区街道"和"文化场馆"是广州市居民2023年最期待完善的文化消费场所，分别有31.1%、23.5%和17.0%的受访者期待进一步完善（见图9）。

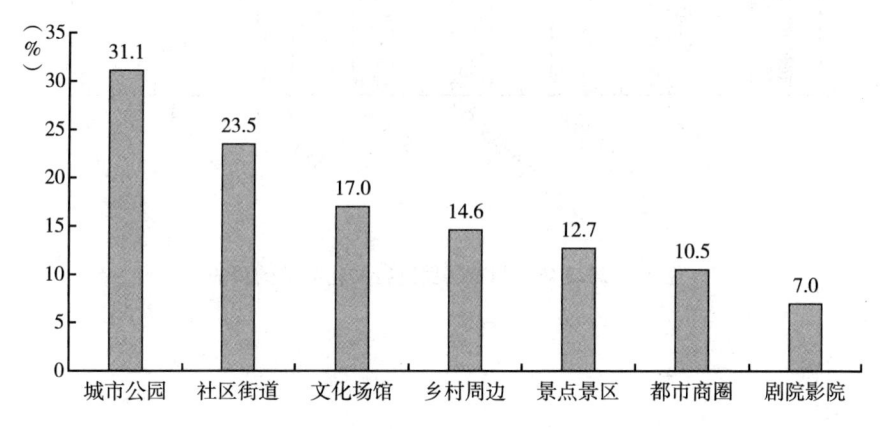

图9 2023年广州市居民最期待完善的文化消费场所

（五）居民文化消费的目的和需求

1.文化活动的目的和偏好

"娱乐休闲"是广州市居民进行文化活动的主要目的（见图10），占49.0%，较2022年下降1.1个百分点，"亲子育儿"、"促进身心健康"和"提升自身知识素养"分别占24.8%、21.6%和19.3%，其中"亲子育儿"占比较2022年增长1.9个百分点。此外，以"兴趣社交""传承文化"为目的进行文化活动的居民占比均超过一成。在居民体验文化产品/服务的主要需求方面，有近六成的受访者选择"轻松愉悦"，"知识内涵"次之，占23.9%（见图11）。主要需求为"文艺氛围""视听享受"的受访者占比均接近两成，选择"圈子匹配"和"小众个性"的受访者占比均接近一成，体现了广州市居民文化消费的多样化和受众群体的分层化。

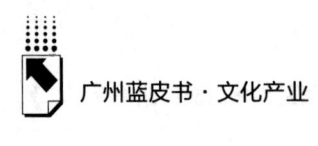

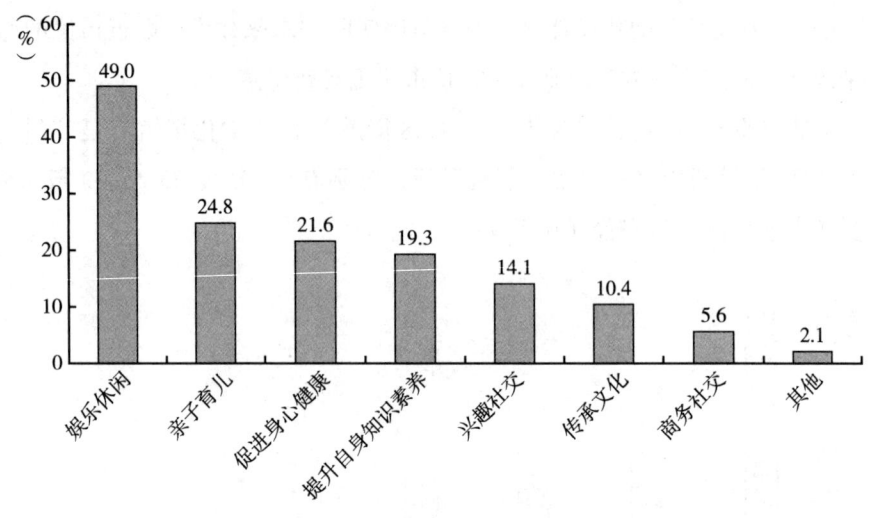

图10 2023年广州市居民进行文化活动的目的

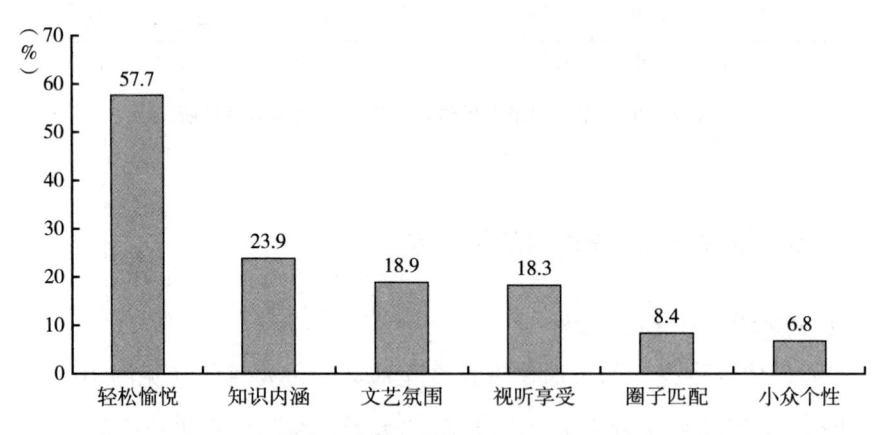

图11 2023年广州市居民体验文化产品/服务的主要需求

2. 居民文化类型偏好

"传统民族文化"是居民最偏好的文化类型，占37.9%，其次是"科技创新文化"和"教育艺术培训"，分别占32.4%、19.5%，还有17.8%的居民喜爱"流行时尚文化"（见图12）。2023年，广州积极推动优秀传统民族文化的复兴。一方面，以文化创意、数字技术赋能，助力传统民俗活动强势回归，2023年广州市各区陆续恢复线下传统民俗活动。越秀区、荔湾区、海珠区、白云区、番禺区、花都区等多地举办2023年迎春花市活动，同时进一步优化网上花市服务平台，通过5G移动互联网技术、3D视觉技术等搭建全新的花市，让市民充分参与新春盛会。另一方面，广州在端午节、七夕节等传统节日上推陈出新，吸引更多游客参与其中。在2023年广州国际龙舟邀请赛上，125支龙舟队逐浪竞速，上演"速度与激情"。在2023年第十九届乞巧文化节上，广州策划了全息灯光秀、文艺演出、民俗表演、七夕游园会等丰富多彩的活动，同步举办动漫展、市集、文化展览等活动，推动传统文化"破壁出圈"，展现中华优秀传统文化之美。

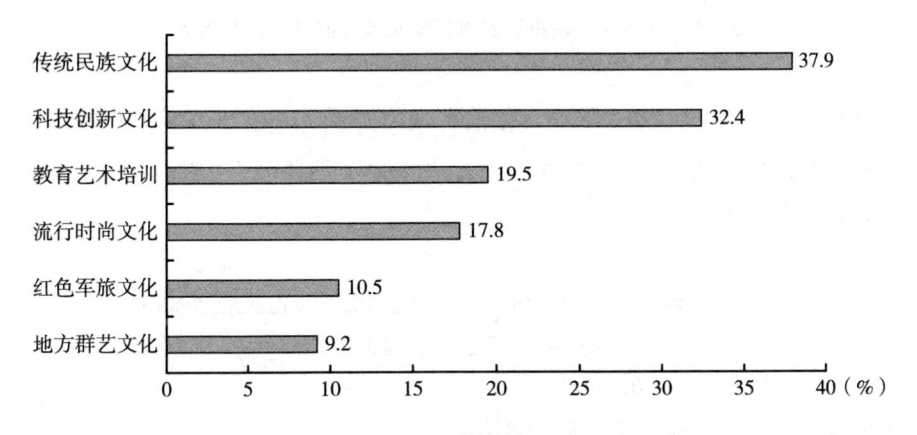

文化类型	占比(%)
传统民族文化	37.9
科技创新文化	32.4
教育艺术培训	19.5
流行时尚文化	17.8
红色军旅文化	10.5
地方群艺文化	9.2

图12　2023年广州市居民偏好的文化类型

3. 文化消费的影响因素

随着经济转向高质量发展阶段，居民消费同步发生结构性转变。在科技、文化、社会观念等多重复杂因素的作用下，消费渠道不断拓宽，社交媒体对消费决策的影响力愈加增强，消费行为模式加速迭代，当下的消费者对消费活动全链条的品质要求不断提高，追求多层次、定制化的消费体验。根据调查，品质和口碑仍是2023年广州市居民进行文化消费时最关注的因素，占比分别为33.3%、31.9%（见图13），与2022年对比，游客对环境、价格的关注度有所提升，占比分别提升1.0个、0.8个百分点。

"工作繁忙，没有时间消费"仍是广州市居民认为限制文化消费的最主

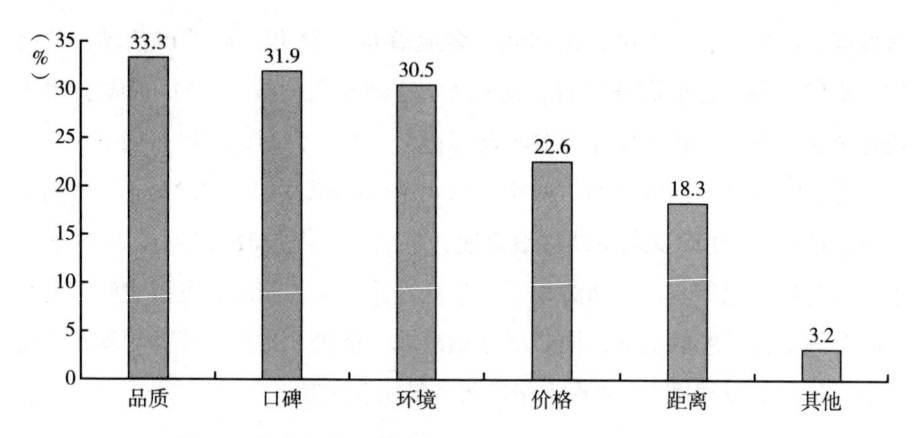

图13 2023年广州市居民进行文化消费时最关注的因素

要因素，占48.6%，其次是"文化消费成本过高"，占18.3%（见图14）。此外，需关注的是有5.7%的居民认为"文化产品的吸引力或创新性不足"限制了文化消费。

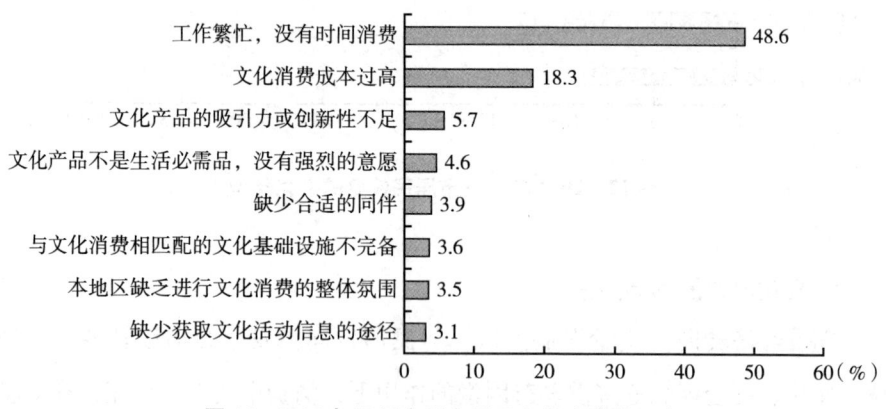

图14 2023年限制广州市居民文化消费的因素

四 存在的问题

广州文化消费市场近年来虽然展现出蓬勃的发展态势，但仍有较大发展空间。

（一）居民文化消费力有待释放

文化旅游是文化消费活动的重要组成部分，居民的文化旅游消费在文化消费中排名靠前，但是本地居民的文旅消费力却远弱于外地游客。本地居民虽然熟悉广州的文化旅游资源，但往往缺乏深入了解和体验的动力，导致消费意愿不强。广州拥有丰富的历史文化资源和自然资源，如何让景区景点"老 IP 出新玩法"，将这些资源转化为具有吸引力的文旅品牌，引导居民进行本地消费，是当前市场亟待解决的问题。

（二）文化产品质量仍须提高

随着居民生活品质的提升，文化消费需求也在不断提档升级。网络是居民进行文化消费的重要媒介，然而网络上的文化内容呈现碎片化的特征，也充斥着许多缺乏深度和内涵的内容。科学技术的迭代使得新业态、新场景如雨后春笋般涌现。然而目前，市场上的文旅产品存在形式化、单一化、同质化等问题，文化特色难以凸显，产品创新力不足。优质的文化产品数量有限，难以满足消费者的需求。在追"热"追"新"的过程中，仍须提供高质量、深层次产品，以满足居民的个性化需求。

（三）文化设施亟待提质升级

部分文化设施存在老化、风格趋同的问题。这些设施是居民进行文旅消费的重要载体，其老化和趋同不仅影响了居民的消费体验，也制约了文化市场的进一步发展。调查显示，居民最期待完善的文化消费场所包括城市公园、文化场馆等。提升文化设施水平，为居民提供更加舒适、便捷的文旅消费环境，直接影响着居民的文旅消费体验，对公共文化场所的建设和改造力度仍须进一步加大。

（四）文化消费服务水平有待提高

文化消费市场的服务标准相对较低，服务内容、质量和价格等方面缺乏

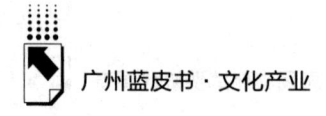

统一的标准和规范，容易引发消费纠纷。同时，文化消费市场中仍存在知识产权保护和消费者权益保护不到位的问题。盗版、抄袭行为影响了企业的创新积极性，而商家虚假宣传、误导消费者等行为导致消费者的合法权益受到损害，消费者投诉处理机制不够健全，也使得消费者维权难度较大。

五 相关建议

（一）加强文商旅融合，探索以多元赛道引领消费

加强文商旅全链条融合，大力引进首品、首店、旗舰店，打造中西品牌美食集聚区，做好"千年商都"商业文化遗产保护和活化利用，深入挖掘文化内涵，提升文化产品的附加值和吸引力。促进文化与科技融合发展，发展基于5G、超高清、AR/VR、人工智能等技术的新一代沉浸式、体验型文化和旅游消费内容。引进社会资源，鼓励文化企业和旅游企业创新商业模式和营销方式。

（二）丰富文化供给，满足居民不同层次文旅需求

加大对国内外精品剧目的引进力度，加大对本土原创文艺精品的宣传推广力度，加快打造国际演艺之都。进一步完善文旅园区和景区门票减免、淡季免费开放等政策，推出更多惠民措施，完善消费积分、消费券等常态化消费促进机制，以满足不同群体、不同层次的文旅消费需求。

（三）坚持以旅彰文，打造岭南文化特色品牌

科学整合全市文旅资源，推动各区文旅产业错位发展，进一步擦亮"一区一品牌"。加快建设岭南文化特色品牌街区，打破"千篇一律"的街区模式，提升特色文化消费能级。打造"饮茶文化节""岭南花城节"等岭南文化特色品牌，扩大影响力与消费力。加强景区景点IP建设，形成一批主题鲜明、要素完善的文化旅游综合体。

（四）完善基础设施，健全市场监管机制

推动图书馆、博物馆、文化馆、美术馆等公共文化设施创新发展，实行"一馆一策"，进一步拓展公共文化设施的夜间开放、增值服务、文创研究等文旅服务功能。鼓励社会力量参与公共文化设施建设和管理，形成多元化、开放式的文化服务格局。完善市场监管机制，以包容审慎原则监管文旅新业态，配套出台发展政策，支持夜经济、演艺、直播、电竞酒店等新业态规范健康发展。

（五）提升服务水平，建设高品质文化消费市场

坚持精细化服务，深化审批改革，简化申报材料、审批流程，压缩审批时间，优化文旅营商环境。实施惠民文旅促消费活动，拉动文化消费。优化文化消费市场环境，坚决打击盗版、侵权等不法行为，维护文化消费市场的良好秩序，确保公平竞争，培育高信用等级企业。营造良好服务环境，建立健全消费者投诉处理机制，加强文化产品与服务品质监管，提高产品质量和服务水平，提升消费者满意度。

B.10 城市商业综合体文化消费空间场景营造及提升路径[*]

毕斗斗 贺巧丽[**]

摘 要： 文化消费空间场景营造是城市商业综合体高质量发展的必然要求。本报告基于城市商业综合体发展现状、面临的问题及转型趋势分析了城市商业综合体文化消费空间场景营造的必要性，并以广州市城市商业综合体标杆正佳广场为例，分析其文化消费空间场景营造经验，重点在于通过场景空间将人、建筑、业态有机串联，构建持续、良性、闭环的文旅消费生态圈，通过视听叙事体验、多维技术支持、游戏沉浸氛围共同推动场景营造。在此基础上，本报告提出了城市商业综合体文化消费空间场景力提升路径，包括提炼地域元素，强化场景主题；强化科技赋能，丰富游客体验；加入游戏场景，打造沉浸体验；塑造IP品牌，增强游客黏性。

关键词： 场景营造 城市商业综合体 文化消费空间 高质量发展

党的二十大报告指出，高质量发展是全面建设社会主义现代化国家的首要任务，要健全现代文化产业体系和市场体系，培育线上演播、数字艺术、沉浸式体验等新业态新模式。《广州市文化和旅游发展"十四五"规

---

[*] 本报告系广州市哲学社会科学基金项目"广州城市更新中的场景营造与治理创新问题研究"（项目编号：2023GZYB15）、广州市人文社会科学重点研究基地（广州文化和旅游融合发展研究基地）项目"广州文化和旅游融合效应及其空间格局"（项目编号：ZKXM202135）的阶段性成果。

[**] 毕斗斗，博士，华南理工大学旅游管理系副教授、硕士生导师，研究方向为文旅融合与城市发展；贺巧丽，华南理工大学旅游管理系硕士研究生，研究方向为旅游管理与服务经济。

划》提出,广州要建设"世界文化名城"和"世界级旅游目的地",积极创建国际消费中心城市,培育和打造正佳广场、天环广场、太古汇等城市品质购物地标。这些举措将为广州的文化和旅游产业带来新的机遇和发展空间,同时将进一步提升广州的城市形象和知名度。对于国际性大都市广州而言,立足新发展阶段、瞄准新发展需求,借力"千年商都"的东风,实现文商旅高质量融合发展,对推进中国式现代化广州场景落实落地具有重大意义。

现阶段,以本地游和近程游为代表的"微度假"成为消费主流。城市商业综合体作为城市生活的载体,逐渐通过丰富体验及消费场景满足消费者"常玩常新、百玩不厌"的"微度假"需求。互联网的高速发展使得消费者需求得到精确满足,在一定程度上影响了人们对实体商业的需求。城市商业综合体作为商业实体的代表,开始寻求突破,追求转型升级,激发线下消费活力。当前,消费者的消费观念经历着深刻的转变,从过去单纯追求物质满足逐渐转向对精神层面的追求与投入。他们不仅注重自我成长和提升,也愈加追求精神层面的认同和满足。在传统的物质消费之外,他们开始关注并消费那些能带来特定体验的"场景"。在这样的消费场景中,消费者不仅能获得丰富的体验,其精神层面的需求也能得到满足,实现更为全面和深层次的消费满足。城市商业综合体越来越注重通过文化消费空间场景营造实现高质量发展。

一 城市商业综合体发展现状、面临的问题及转型趋势

城市商业综合体作为城市综合体的一个细分领域,以其开放的商业模式和不断拓展的城市功能而著称。它以商业为核心,巧妙融合了娱乐、餐饮、文化、酒店、交通以及办公等多元功能,构建了一个功能互补、空间高效利用的商业聚集地。在高质量发展背景之下,商业综合体不仅价值多元,更在人们的日常生活中扮演着越来越重要的角色,成为现代生活不可或缺的一部分。

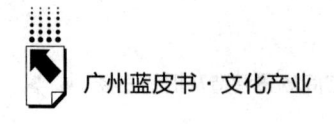

（一）城市商业综合体发展现状

随着经济的发展，人们对于宜居城市以及便捷、舒适的生活越来越关注，城市商业综合体纷纷涌现。2022年，我国城市商业综合体带动零售消费市场规模高达43万亿元，潜力巨大。夜间经济、地摊经济、数字经济、首店经济等新消费场景持续赋能"商业+模式"。以广州为例，广州目前主要有八大商圈，分别是天河路、北京路、珠江新城、上下九—永庆坊、环市东、江南西、白云新城和万博商圈，商业聚集度高、消费市场活跃、辐射范围广阔，不仅吸引本市居民前来消费，还对粤港澳大湾区内部客流甚至国际客流具有重要影响。其中天河路商圈的影响力、辐射范围最大，聚集了包括正佳广场、太古汇、广州天河城以及天环广场等大型城市商业综合体。

（二）城市商业综合体面临的问题

1. 项目前期的定位缺乏独特性与差异性

改革开放以后，市场经济高速发展，城市商业综合体如雨后春笋般大量涌现，但其同质化问题较为严重，无法在消费者心中形成独特的吸引力。实体商业要想获得长远、可持续的发展，必须强化自身优势，提升服务质量与消费者体验。一个成功的城市商业综合体，要时刻以消费者为中心，从目标客户的需求中提炼项目定位，发现消费者未被满足的需求。与此同时，要结合自身特色优势，与其他城市商业综合体具备一定差异性。差异是吸引消费者的重要因素，城市商业综合体要在项目前期定位时确定自身特色，打造"卖点""爆点"，让消费者有消费冲动，以"流量"获得"留量"，形成品牌特色和影响力。

2. 空间体验难以与消费者情感建立联系

在体验经济时代，城市商业综合体超越了购物、餐饮和娱乐场所的范畴，对消费者而言，它更多地扮演着公共生活的角色。所以，消费者的参与、感受与体验变得日益重要。随着社会的发展和价值观的转变，人们越来越重视消费过程中的情感体验和精神满足。对于城市商业综合体来说，单纯依靠商品销售已经不足以吸引和留住消费者，打造独特且富有吸引力的消费体验变得至关重要。依靠情感与消费者建立联系，是当前城市商业综合体获得成功的关键。城市商业综合体应善于建立与消费者的情感联系，以增强空间体验感和消费者黏性。

3. **商业业态老化导致消费活力明显不足**

面临消费升级的大环境，城市商业综合体的传统百货业态老化、产业结构单一、消费活力不足。而在电子商务冲击之下，传统城市商业综合体又显现出对消费者需求变化把握不及时的劣势。"Z 世代"[①] 作为新兴的消费力量，正在成为当今社会消费的主力军，其消费特征是标签化、注重品质、偏好兴趣社群，热衷于寻求高品质的生活享受和精神层面的消费满足。城市商业综合体亟须对现有的业态结构进行全面的审视和调整，有针对性地提升业态的适应性和吸引力。

（三）城市商业综合体转型趋势

1. **逐步走向主题场景式的开发模式**

相较于过去的购物消费，当前线下消费的一大亮点在于消费者能够亲身实地体验商品和服务。为了迎合这种体验式消费的趋势，大量城市商业综合体纷纷转变发展方式，致力于提供令人难忘的文化消费体验。在这样的市场背景下，主题场景式城市商业综合体应运而生，并且迅速成为主流开发模式。它依靠富有特色的场景凸显主题，这些场景不只是噱头，而是有相应的文化内涵作为支撑。主题场景式城市商业综合体通过构建不同的文化场景来形成自身特色、塑造独特的品牌形象，同时提高互动性和趣味性。此外，还可以根据不同顾客的喜好设置特色场景，满足其多元、多变的需求，进而在网络上引发广泛关注，形成"网红效应"。

2. **围绕消费者需求构建场景化空间**

互联网获得高速发展的原因之一在于满足了消费者的个性化需求，消费

---

① 指 1995~2009 年出生的人群。

者可以在包罗万象的互联网中选择自己需要的产品，甚至能低成本定制产品，减少沟通成本。而城市商业综合体由于局限于一定的地理空间，只能通过构建场景化空间应对互联网的冲击。场景化空间关注的是对具体场景的营造，它体现的不是过去的从"物"出发的产品思路，而是注重以人为本，将"人"作为关注重点。场景空间的营造以消费者的需求为出发点，注重将文化植入消费空间，考虑消费者可能出现的多种情况。消费者在场景中体验，在体验中消费，在消费中产生难忘的回忆，获得物质和精神的双重满足。构建特色化的场景空间对城市商业综合体的转型升级和高质量发展至关重要。

3. 积极创新消费业态和模式

随着经济的发展，人民生活水平不断提高，居民的消费需求和消费方式发生翻天覆地的变化。为了跟上发展步伐、符合时代要求，城市商业综合体也在积极探索各种新的消费业态和消费模式。亲子体验类和生活服务类业态发展迅猛，占据大量市场份额。城市商业综合体开始与"夜经济""直播经济"等经济形式组合，令人耳目一新，消费模式出现了新变化。以上海 K11 的"I am Beauty"移动直播间为例，其成功地将线上和线下元素紧密结合，展示了消费新模式的活力和潜力。北京三里屯太古里的夜经济典范——"Happy Hour 2.0"巧妙融合璀璨灯光、创意文化、知名品牌与繁荣市场，共绘不夜城新篇章。

二 正佳广场文化消费空间场景营造的经验启示

正佳广场是城市商业综合体高质量发展的标杆，地处广州市 CBD，是全球购物领域的佼佼者，曾名列"全球十大购物中心"。它不仅是家庭享受时尚生活的理想去处，也是城市旅游的热门地标。正佳广场融合商贸、文化、娱乐和社交等多元化功能，已成为一个独具魅力的国家级旅游景区和综合性的文商旅地标，每年有超过 5500 万人次被其吸引。正佳广场通过场景营造，将建筑空间和消费内容生态巧妙融合，实现物理空间和文化空间的有机组合，将消费者的需求作为场景营造的核心，建立与消费者的情感联系。通过视听叙事体验、多维技术支持、游戏沉浸氛围共同推动场景营造。

（一）建筑空间布局合理、特色鲜明

建筑空间构成了场景设计的基石。当消费者踏入消费领域时，他们首先感知和接触的便是建筑空间。在我国，购物中心的场景设计主要划分为四大类别：休闲娱乐、自然生态、文化艺术以及公共服务。城市商业综合体的建筑空间在规划整体布局时，会根据不同的功能需求来设置多样化的场景。通常会选择特定的建筑空间进行场景化的精心设计，旨在为消费者带来沉浸式的体验，并巧妙地引导他们的消费决策，从而激发其潜在的消费欲望。

正佳广场以其多样化的业态和丰富的体验项目，早在2011年便荣获了中国华南地区唯一的商贸类"国家4A级旅游景区"称号。作为积极响应国家号召的典范，正佳广场持续探索和创新商业、文化与旅游的深度融合模式。在广州的"心脏"地带，它成功打造了正佳极地海洋世界、正佳自然科学博物馆、正佳雨林生态植物园、广正街等一系列具有创新性和超越想象力的旅游项目，为市民和游客提供了丰富多样的休闲娱乐选择。正佳广场几乎在每层都设计了文化消费空间，形成了一套独具特色的展示系统。除了已建成的各个文化场馆，正佳广场在全域范围内设计了科学文化知识展示区。正佳广场持续探索，致力于打造"世界级城市中心文化旅游目的地"。

（二）消费场景故事性强、体验感好

建筑空间是纯粹理性的物质载体，无法直接与消费者产生情感共鸣。场景理论作为一种有力的工具，能够将文化与建筑空间紧密结合，通过精心设计和巧妙运用将原本模糊、抽象的文化元素融入建筑空间。通过这种方式，景观被赋予了情境和故事性，消费者与城市商业综合体产生深刻的情感共鸣。正佳广场主要从以下三个方面开展场景营造。

1. 视听叙事体验

叙事性作为一种广泛应用于文学创作的技巧，在正佳广场的非语言空间展示中也得到巧妙运用。其核心在于通过空间来讲述引人入胜的故事。场景营造的成功，离不开消费者的情感共鸣与反馈，这些反馈进而在消费者心中塑造出独特的精神空间。如正佳自然科学博物馆通过展示丰富的古生物化石、标本，结合逼真的复原场景和有趣的互动演示，生动地讲述着地球生物的演化历程以及人类探索太空的梦想。同时，该博物馆创造了沉浸式观展体验，带领消费者开启穿越时光之旅，一起沉浸式追溯大自然的演化进程，遥想未来宇宙征途。

2. 多维技术支持

沉浸式场景是文化与科技相互融合、创新发展的产物。科技的引入大大丰富了体验的内容和效果，为文化艺术的呈现提供了更为多维、立体的方式，使观众能够有更加深入、真实的沉浸式体验。正佳儿童王国"奥亦未来"VR乐园以"IP+VR"的方式联合超级飞侠、喜羊羊等IP，打造VR、AR、MR超级体验中心。借助VR技术，场景变得更为生动逼真。消费者仿佛真正融入其中，获得即时反馈。这种体验不仅增强了互动性和沉浸感，更让消费者深刻感受到场景所散发的独特魅力。另外，正佳自然科学博物馆独具匠心地将科技与创新设计思维融合，在国内自然科学博物馆中率先引领潮流。它采用前沿的声光电技术，结合视觉体感、AR及3D场景互动等高科技展示方式，为参观者带来3D展品影像与视觉感知的完美融合体验。这些富有交互性的科技装置不仅大大激发了孩子们的探索欲望和学习兴趣，更在寓教于乐中实现了科普教育的目的。

3. 游戏沉浸氛围

威廉·斯蒂芬森在其著作《新闻阅读的乐得原理》中提出"大众传播之最妙者，当是允许阅读者沉浸于主观游戏之中"[①]。城市商业综合体文化消费空间场景的营造也有异曲同工之妙。正佳科学馆集娱乐、科学、教育、

---

① 朱晓峰：《论大众传播游戏理论的价值与现实意义》，《新闻研究导刊》2021年第3期。

互动于一体，让观众在游玩中了解科学知识、在趣味中探索世界。该科学馆包含丰富的独创设计互动装置，寓教于乐，通过营造游戏沉浸氛围，让参观者轻松愉快地学到相关科普文化知识。正佳极地海洋世界还组织了由国际水上芭蕾团带来的"人鱼传奇"表演、欢乐逗趣的海象海狮科普秀等，游客在观看表演的同时，还能与美人鱼、海狮、海象互动，参与知识问答游戏。轻松的游戏氛围使观众主动参与场景营造，成为场景的一部分。

（三）内容生态引领新兴生活方式

科技日新月异，城市商业综合体的功能性创新已逐渐触及瓶颈，概念性创新的挑战也愈加艰巨。像迪士尼、星巴克这样的超级IP，其最终的价值在于塑造并传递一种特定的生活方式。正佳集团首席执行官谢萌先生提出，要将正佳广场打造为一个超级旅游胜地，通过融合海洋馆、博物馆和剧院等元素，构建一套系统而富有深度的科普教育知识体系。正佳广场提供的消费体验已远超传统的物质消费范畴，更是一次心灵的触动和情感的交流，最终将演化为一种全新的引领潮流的生活方式。正佳广场展现的是一种全新的商业文明，这种全新的商业文明并非单纯追求新零售的模式转变，而是致力于融合新文化、新技术，倡导新生活方式。

正佳广场的"文商旅"融合发展思路是围绕消费群体的真实需求展开的。作为广州代表性城市商业综合体，正佳广场面对的主要是广州本地消费者。对于本地消费者来说，在平时休闲中获得与日常生活环境截然不同的体验、"常玩常新"是选择休闲目的地的重要标准之一。正佳广场用文化消费场景空间将人、建筑、业态有机串联，构建了持续、良性、闭环的文旅消费生态圈。

三 城市商业综合体文化消费空间场景力提升路径

在高质量发展背景下，消费者需求转变和互联网冲击为各行各业带来新的发展机遇和挑战。城市商业综合体应打破桎梏、寻求突破，学习借鉴正佳广场的发展经验,积极探索文化消费空间场景力提升路径,实现转型升级和提质增效。

(一)提炼地域元素,强化场景主题

文化是场景营造的灵魂,蕴含城市历史与人文温度的场景更容易引发游客的共鸣。在城市商业综合体的规划设计中,应深入挖掘并融合具有地方特色的自然与人文元素,如独特的民俗风情、地道的美食、别具一格的景观等,以丰富多样的素材为场景打造提供支撑,生动讲述地域文化故事。场景的底层逻辑是连接——它连接着人与时间、人与空间、人与特定的地点,正是在这样一个精心设计的场域中,人与世间万物得以建立深刻的联系。城市商业综合体应在场景塑造的过程中找准品牌与消费者之间的情感链接,用优质的产品与体贴的服务打动消费者,从而为自身持续赋能。不同地域有自己独特的文化背景、风俗习惯,带有地方特色的文化场景能被消费者所选择,同时实现当地文旅的深度融合以及可持续发展。近两年"爆火出圈"的哈尔滨冰雪旅游、"淄博烧烤"和"贵州村超、村BA"等,都是带有浓烈地域特色的原生态文化,强化了在旅游者心中的特色旅游场景。这些活动通过互联网的自发传播形成了"破圈"效应,大大激发了游客的参与热情。

(二)强化科技赋能,丰富游客体验

当前,互联网技术蓬勃发展,VR、光影技术、数字技术等高科技手段使得场景营造更加多元化。通过构建沉浸式的游览环境,场景的"真实性"、可体验性大大增强。置身其中,游客将获得一种超越时间和空间的视觉、听觉甚至触觉体验,调动感官体验和认知体验。在城市商业综合体的场景构建中,可以借助现代科技的强大支持,融合富有视听冲击力的叙事体验,打造一个集娱乐、教育与审美享受于一体的沉浸式体验空间。如位于重庆市的"星辰幻境·沉浸式山谷光影秀"通过打造交互式的光影秀,构建了"科幻+夜游"新模式,运用生物仿真、AI 智造、场景舞美、裸眼 3D 等

技术手段，带领观众一起穿越时空、瞭望星辰，实现过去与未来的超现实对话。上海迪士尼度假区的"翱翔·飞跃地平线"采用先进的 4D 巨型屏幕投影技术，结合逼真的超失重喷雾效果，让玩家化身为翱翔天际的雷鸟，从探险岛启程，踏上一段震撼人心的环球飞行之旅，近距离领略世界各地的著名建筑、城市风貌和自然奇观。

（三）加入游戏场景，打造沉浸体验

在场景中，游客在意的并不仅是物质产品，更是产品所处的场景以及场景中自己对价值、精神的追求。在琳琅满目的商品和绚丽多彩的场景中，如何巧妙地将旅游者的感官体验、情绪变化、情感投入以及思想精神与不同的空间融合，打造出参与感强、情感深厚的旅游场景，成为提升城市商业综合体文化消费体验质量的核心问题。在城市商业综合体的场景设计中，应将沉浸式体验转化为一种游戏化的形式，让消费者在体验过程中享受自我娱乐、自我提升和自我愉悦的乐趣，而非带有任何功利性目的。这样的沉浸式场景应将体验者置于"游戏"的中心位置，以他们的感官体验为出发点，营造出一种轻松愉悦的沉浸式氛围。例如，沉浸式"剧本杀"为体验者打造了一个充满趣味和探索性的互动空间。再如，北京 THE BOX 潮流购物中心设计了包括滑板街、NBA 篮球公园等场景。不同于传统球场，NBA 篮球公园在满足运动需求的同时，还举办丰富多彩的赛事活动如球星活动、音乐节、电音节、观赛派对等，为球迷带来沉浸式体验。

（四）塑造 IP 品牌，增强游客黏性

随着大众休闲消费升级和"Z 世代"消费者的崛起，消费者在消费理念、消费需求等方面出现了明显变化。在接触丰富的资讯和多元文化内容的过程中，他们逐渐形成了较高的新事物接受度，并积极追求多样化的消费体验。同时，他们热衷于尝试新产品，并愿意为独特的体验付费。只有个性化、有辨识度的城市商业综合体文化消费空间场景才能脱颖而出，激发消费者兴趣并赢得信赖。同时，场景 IP 塑造变得尤为重要。城市商业综合体在聚焦适合自己的场景 IP 时，不仅要寻找一个传播概念，而且要找到共同的情感以及文化认同。以西安的长安十二时辰主题街区为例，该街区巧妙地借助了电视剧《长安十二时辰》的知名度，成功再现了盛唐时期长安城的独特魅力。同样地，正佳广场与备受瞩目的"十大年度 IP"之一——《唐宫夜宴》强强联手，精心打造了一场富有沉浸感和互动性的大唐千灯盛会，为游客带来了一次治愈心灵的文化体验。在塑造优质的文化消费空间场景 IP 时，除了要确保与产品自身的定位相契合，更重要的是建立起与游客之间的深厚情感联系，培育文化认同感，从而让游客与品牌之间形成难以割舍的"黏性"，确保 IP 能够持续释放其价值。

参考文献

黄震方：《世界级旅游目的地的基本概念与建设要求》，《旅游论坛》2023 年第 2 期。

孙九霞、肖洪根：《粤港澳区域旅游协同发展：文化融合视角》，《旅游学刊》2023 年第 5 期。

刘茜、欧阳宏生：《场景力：移动时代传媒核心竞争力》，《新闻战线》2018 年第 1 期。

夏蜀：《数字化时代的场景主义》，《文化纵横》2019 年第 5 期。

关键、关文婷：《大型商场自然博物展览展示新尝试（二）——关于正佳商场博物馆的思考》，《化石》2022 年第 2 期。

李泽新、杨新旗、王婷：《场景营销式城市更新的内涵解析与特征研究——以重庆市山城巷更新为例》，《中国名城》2023 年第 5 期。

吴冰冰、冯祺琦：《环境为"沉"，互动为"浸"——关于"沉浸式营销"的讨论》，《中国广告》2022 年第 6 期。

B.11
广州培育新业态拓展文旅新消费研究

李明充 梁卉 郭贵民*

摘 要： 文旅产业是经济社会高质量发展的重点内容。最近几年，广州积极抓住数字经济发展机遇，着力培育文旅新业态，网络游戏、网络动漫、网络直播、网络影视、虚拟现实等新业态在全国处于领先地位，培育文旅新业态、新模式已经成为推动产业复苏、促进消费扩容提质的重要途径。为抓住文旅新业态快速发展、新消费迅速崛起的机遇，加快推动广州文旅产业转型升级、高质量发展势在必行。从发展现状来看，广州在文旅市场复苏、新业态发展、消费结构优化、夜间经济发展、旅游科技创新等方面亮点纷呈，但存在部分新业态布局滞后、部分行业盈利模式单一、宣传推广力度不足、文化场馆配套服务少等问题。借鉴国内城市在元宇宙、沉浸式互动演出、云旅游、夜间文旅消费、文旅数字化转型等方面的先进经验，本报告提出注重顶层设计、增强供给能力、创新消费模式、推进产业融合等对策建议，以期推动广州培育新业态拓展文旅新消费。

关键词： 文旅 新业态 新消费

2023年，习近平文化思想正式提出并得到系统阐述，强调要推动文化产业高质量发展，健全现代文化产业体系和市场体系，推动各类文化市场主

---

* 李明充，广州市社会科学院广州市文化产业研究中心执行主任，广州文化上市公司产业联盟秘书长，研究方向为文化产业经济；梁卉，广州城市旅游咨询救援服务中心（广州文化旅游产业促进中心）产业研究部经济师，研究方向为文旅产业经济、文旅产业统计；郭贵民，广州市社会科学院现代产业研究所副研究员，研究方向为产业政策。

体发展壮大，培育新型文化业态和文化消费模式，以高质量文化供给增强人们的文化获得感、幸福感①。中共广州市委十二届六次全会提出要把激活新动力、再造新优势作为突出主题，继往开来推动"二次创业"再出发，推动传统产业、新兴产业、未来产业并进。为落实中共广州市委十二届六次全会精神，需以培育新业态拓展文旅新消费为着力点，扩大高质量文化供给，释放广州文旅消费潜能，为经济社会发展提供新动能，助力开创广州文旅产业高质量发展新局面。

一 广州培育新业态拓展文旅新消费的现状分析

（一）文旅市场复苏，提振经济发展信心

近年来，广州市着力推进文旅融合发展，加快推动文旅产业转型升级，促进文旅市场实现健康有序发展。2016~2019年，广州市旅游业总收入年均增长11.6%。2019年广州市旅游业总收入为4454.58亿元，同比增长11.14%（见图1）。其中，旅游外汇收入为451.22亿元，国内旅游收入为4003.36亿元；全年接待过夜旅游人数为6773.15万人次。2020年，由于新冠疫情的冲击，广州市旅游业总收入下降至2679.07亿元。2021年广州市旅游业逐步复苏，全市旅游总收入达2885.89亿元，同比增长7.72%。2022年下半年，受不利因素影响，广州市旅游业再次陷入低谷，全年总收入为2246.03亿元，文旅产业出现回落，在探索中不断前行。2023年上半年，随着不利因素影响消退，经济形势逐渐好转，广州市文旅产业再次"触底反弹"，在此期间全市共接待游客9700.00万人次，同比增长58.2%，文旅消费总额为1357.00亿元，同比增长49%②，旅游业主要指标位居全国前列（见表1）。

---

① 《「每日一习话」推动文化产业高质量发展》，"环球网"百家号，2022年7月19日，https://baijiahao.baidu.com/s?id=1738781104629887266&wfr=spider&for=pc。
② 《1357亿！广州文旅产业高质量发展，上半年消费大增》，"南方都市报"百家号，2023年8月2日，https://baijiahao.baidu.com/s?id=1773109397758740559&wfr=spider&for=pc。

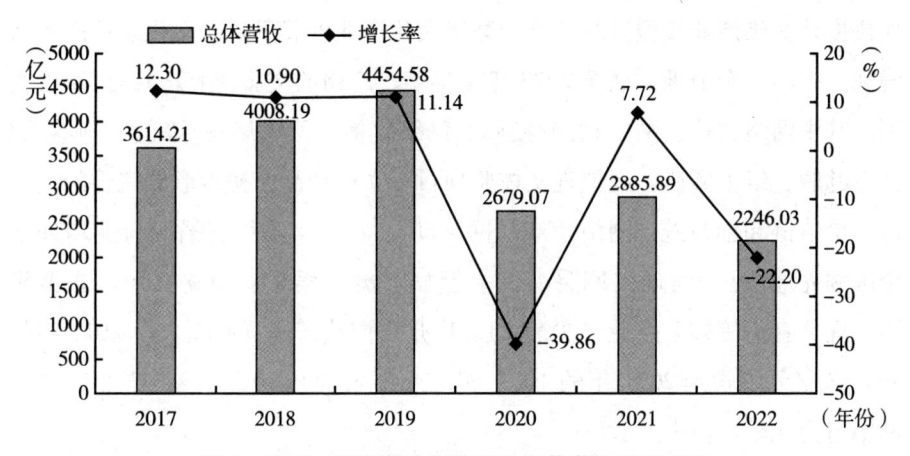

图1 2017~2022年广州旅游业总体营收及增长率

资料来源：广州市文化广电旅游局。

表1 2023年上半年国内部分城市旅游业指标比较

单位：万人次，亿元

城市	接待游客量	旅游收入
北京	15130.50	2602.60
广州	9700.00	1357.00
苏州	9107.80	1592.60
南京	8649.79	1542.16
深圳	6300.00	—
西安	5903.50	498.30
杭州	5323.30	915.00

资料来源：笔者根据网上公开资料整理。

与此同时，广州市文化广电旅游局持续推出系列举措，为文旅消费提供多方面的支持。如2023年出台的《关于推动文化旅游高质量发展"六大行动"工作方案》提出"实施文旅消费提质行动"，以激发文旅消费潜力为抓手，推动文旅产业进一步发展。

（二）抢抓发展机遇，新业态全国领先

近年来，广州抢抓数字经济发展机遇，着力以数字技术赋能文旅产业，加快推动文旅产业转型升级。其中数字文化产业发展迅猛，文化新业态不断涌现。据不完全梳理，截至2023年上半年，广州的文旅新业态共有14项类别。其中网络游戏、网络动漫/漫画、网络直播、网络影视/综艺、剧本杀/密室逃脱、线上阅读、虚拟现实体验项目和文创产品已初步形成完善的生产链、价值链和创新链；网络游戏、网络动漫/漫画、网络直播等行业均处于全国领先地位①，涌现出网易、三七互娱、奥飞娱乐、漫友文化、欢聚集团、虎牙直播等知名企业（见表2）。广州市游戏产业营业收入由2017年的595.83亿元增长到2021年的1082.00亿元，在全国约占1/4，产业影响力和辐射力比较广泛②。

表2 广州市现有文化新业态类别及代表企业/单位与产品

序号	类别	代表企业/单位	代表产品
1	网络游戏	广州网易计算机有限公司、广州极尚网络技术有限公司（三七互娱）等	网易游戏（《大话西游》系列、《梦幻西游》系列、《阴阳师》系列）；三七游戏
2	数字藏品	广州胜维科技有限公司等	七级宇宙
3	网络动漫/漫画	广州天闻角川动漫有限公司、广州漫友文化科技发展有限公司等	《全职高手》《如果历史是一群喵》
4	网络直播	广州虎牙信息科技有限公司、广州华多网络科技有限公司（欢聚集团）等	虎牙直播；YY直播
5	剧本杀/密室逃脱	"查余饭后"剧本工作室、广州乱神馆文化创意有限公司	《羊城往事》；《百匠奇案》系列
6	网络影视/综艺	广州金逸影视传媒股份有限公司、广州有好戏网络科技有限公司、珠江电影集团有限公司等	金逸影城；毒舌电影；珠江影业传媒
7	云展览	广州市三川田文化科技股份有限公司、广东省博物馆等	川云活动平台；MeCard云平台；粤博官网平台3D数字漫游
8	云演艺	广州大剧院、广州市锐丰文化传播有限公司	芭蕾舞剧《堂吉诃德》；广州国际灯光节

① 《广州：数字内容等新兴文化业态发展强劲》，"潇湘晨报"百家号，2022年9月8日，https://baijiahao.baidu.com/s?id=1743381890574971607&wfr=spider&for=pc。
② 《1082亿营收、3000家企业！广州加快建设动漫游戏之都》，网易，2023年1月17日，https://www.163.com/dy/article/HRA5OACV0552K9KL.html。

续表

序号	类别	代表企业/单位	代表产品
9	云旅游	广州塔旅游文化发展股份有限公司、广州长隆集团有限公司等	云游广州塔；云游长隆野生动物世界
10	云认养	广州赛北斗导盲犬服务中心、广药王老吉广东荔枝(茂名)产业园等	"云养"导盲犬计划；认养一棵云上荔枝树活动
11	云健身	广州市偶家科技有限公司、广州市体育局、广州市体育总会等	"Hi 运动"App；"羊城运动汇"品牌活动
12	线上阅读	广州轻阅网络科技有限公司、广州文石信息科技有限公司等	SF 互动传媒网；文石 BOOK 电子阅读器
13	虚拟现实体验项目	广州卓远虚拟现实科技有限公司等	幻影星空动感影院、港珠澳大桥 VR 项目
14	文创产品	广州哲品家居用品有限公司、那是家大潮玩(广东)文化创意有限公司等	ZENS 哲品；TOP TOY

资料来源：作者根据网上公开资料整理。

（三）消费结构多元，市民体验热情较高

当前，广州市民在众多文旅新业态的消费状况良好，呈现出多元的消费结构。2022 年 11 月至 2023 年 2 月，课题组通过调查问卷的形式开展关于广州市民文化旅游消费情况的调查①。调查结果显示，在 3149 位有效受访者中，处于 18~22 岁和 23~35 岁这两个年龄区间的受访者较多，占有效受访者总数的比重分别达到 38.01%和 43.06%（见图 2）。

从体验项目来看，绝大多数市民都体验过文旅新业态项目，仅有 3.43%的市民没体验过任何文旅新业态项目；最多市民体验过的文旅新业态项目包括网络游戏、网络影视/综艺、网络动漫/漫画、网络直播；较多市民体验过的文旅新业态项目包括数字藏品、剧本杀/密室逃脱、线上阅读、云演艺，除

---

① 此次问卷调查旨在了解市民对文旅新业态的消费情况以及消费趋势，进一步挖掘市民关于文旅新业态项目的消费需求，为出台相关支持政策提供决策参考。此次问卷调查通过问卷星进行，共回收有效问卷 3149 份，填写者主要是年轻人群体，以"90 后""00 后"为主。

```
                    45岁以上  18岁以下
      36~45岁        3.33%    4.70%
      10.89%




                                          18~22岁
                                          38.01%


     23~35岁
     43.06%
```

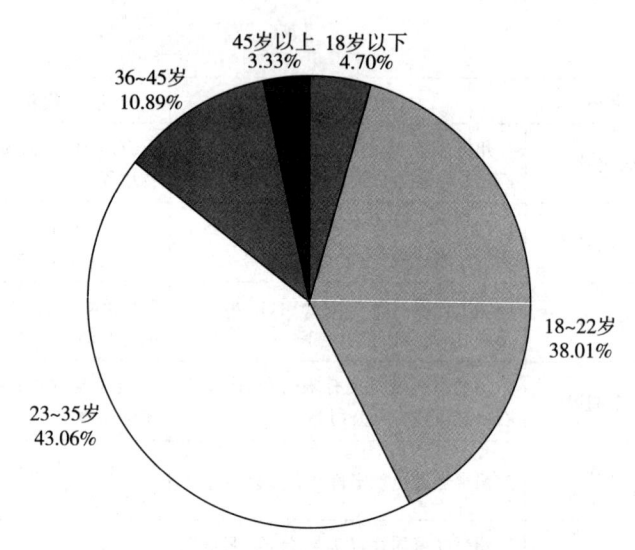

图 2　参与问卷调查的有效受访者年龄分布

资料来源：课题组关于广州市民文化旅游消费情况的调查问卷分析结果。

此之外的项目较为小众，但也有部分人乐于体验（见图3）；较多市民表示未来仍想体验的项目包括网络动漫/漫画、网络游戏与数字藏品等（见图4）。

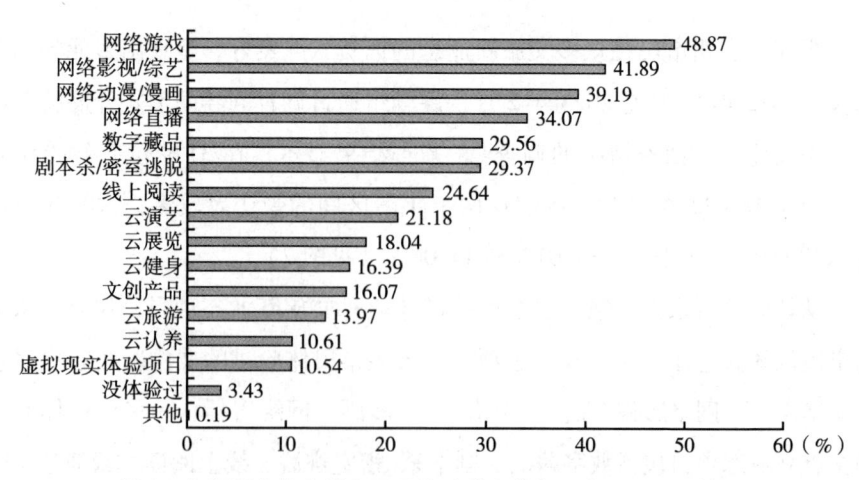

```
网络游戏          ████████████████ 48.87
网络影视/综艺      █████████████ 41.89
网络动漫/漫画      ████████████ 39.19
网络直播          ██████████ 34.07
数字藏品          █████████ 29.56
剧本杀/密室逃脱    █████████ 29.37
线上阅读          ███████ 24.64
云演艺            ██████ 21.18
云展览            █████ 18.04
云健身            █████ 16.39
文创产品          █████ 16.07
云旅游            ████ 13.97
云认养            ███ 10.61
虚拟现实体验项目   ███ 10.54
没体验过          █ 3.43
其他             | 0.19
              0   10   20   30   40   50   60（%）
```

图 3　参与调查的广州市民已体验的文旅新业态项目占比情况

说明：多选题选项百分比=该选项被选择次数÷有效答卷份数。

资料来源：课题组关于广州市民文化旅游消费情况的调查问卷分析结果。

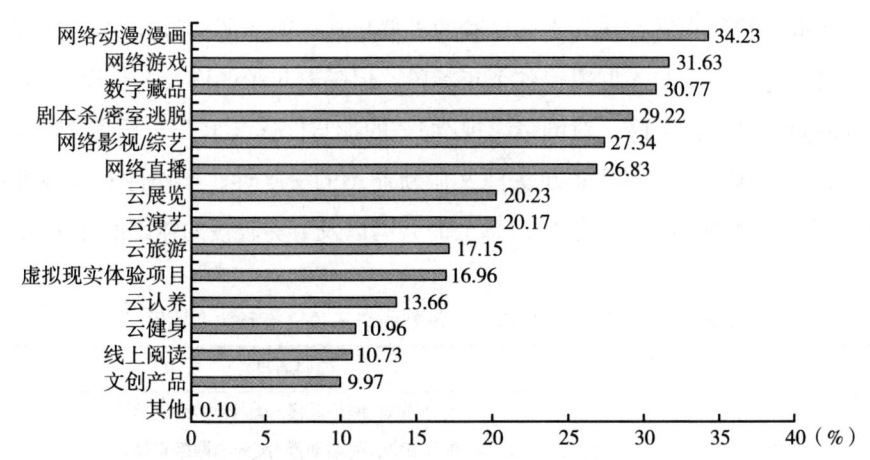

图中数据（图4 参与调查的广州市民未来仍想体验的文旅新业态项目占比情况）：

- 网络动漫/漫画 34.23
- 网络游戏 31.63
- 数字藏品 30.77
- 剧本杀/密室逃脱 29.22
- 网络影视/综艺 27.34
- 网络直播 26.83
- 云展览 20.23
- 云演艺 20.17
- 云旅游 17.15
- 虚拟现实体验项目 16.96
- 云认养 13.66
- 云健身 10.96
- 线上阅读 10.73
- 文创产品 9.97
- 其他 0.10

图4　参与调查的广州市民未来仍想体验的文旅新业态项目占比情况

说明：多选题选项百分比=该选项被选择次数÷有效答卷份数。
资料来源：课题组关于广州市民文化旅游消费情况的调查问卷分析结果。

从消费情况来看，市民的文旅新业态消费意愿较为强烈。其中消费人数较多的文旅新业态项目包括网络游戏、网络动漫/漫画、网络影视/综艺、网络直播等（见图5）。

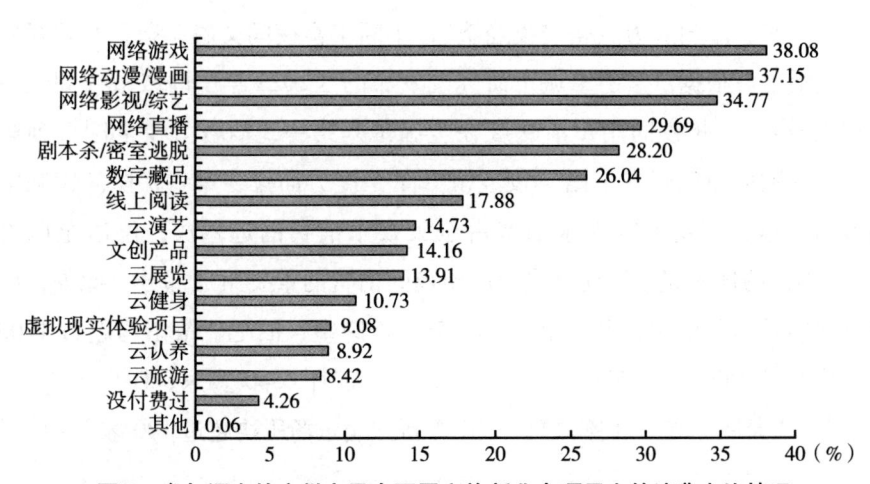

图中数据（图5）：

- 网络游戏 38.08
- 网络动漫/漫画 37.15
- 网络影视/综艺 34.77
- 网络直播 29.69
- 剧本杀/密室逃脱 28.20
- 数字藏品 26.04
- 线上阅读 17.88
- 云演艺 14.73
- 文创产品 14.16
- 云展览 13.91
- 云健身 10.73
- 虚拟现实体验项目 9.08
- 云认养 8.92
- 云旅游 8.42
- 没付费过 4.26
- 其他 0.06

图5　参与调查的广州市民在不同文旅新业态项目上的消费占比情况

说明：多选题选项百分比=该选项被选择次数÷有效答卷份数。
资料来源：课题组关于广州市民文化旅游消费情况的调查问卷分析结果。

从群体特征来看，参与文旅体验的人群呈现出明显的年龄分层现象。尽管网络游戏业态参与人群覆盖各个年龄段，但随着年龄的增长，市民对网络游戏的参与度逐渐下降，对网络影视/综艺的参与度逐渐上升（见表3）。从整体看，35岁及以下的人群更关注文旅新业态的交互性、操作性和挑战性；35岁以上的人群则更关注故事情感上的共鸣以及节奏较慢的休闲娱乐需求。

表3　不同年龄段广州市民最偏好的前三项文旅新业态项目

年龄段	偏好项目
18岁以下	网络游戏、网络动漫/漫画和网络直播
18~22岁	网络游戏、网络动漫/漫画和网络直播
23~35岁	网络游戏、网络影视/综艺和网络动漫/漫画
36~45岁	网络影视/综艺、网络直播和网络动漫/漫画
45岁以上	网络影视/综艺、线上阅读和网络游戏

资料来源：课题组关于广州市民文化旅游消费情况的调查问卷分析结果。

（四）夜间娱乐场所众多，夜间经济活力十足

近年来，广州着力点亮"夜经济"，不断丰富夜间文旅业态，有效释放文旅新活力。根据巨量引擎城市研究院发布的《2023年中国城市夜间经济发展报告》，广州夜间用户活跃度在全国位列第一，消费力在全国位列第三，这些数据使广州在中国"夜经济"繁荣度方面排在第一梯队。银联中国数据显示，广州夜间娱乐消费占全天娱乐消费的近六成，位居全国之首①。丰富的休闲娱乐活动已成为广州夜间消费的重要组成部分。此外，广州夜间娱乐场所众多，电影院有318家；棋牌室、酒吧、茶馆均超过1700家，量贩式KTV超过500家；按摩/足疗门店有6500多家；DIY手工坊、剧本杀、"轰趴"馆、密室推理、VR等新型娱乐场所均超过100家②。广州

---

① 《2023年广州夜间经济发展报告》，"赢商网"微信公众号，2023年7月13日，https://mp.weixin.qq.com/s/WhLPkvR8oiWAhmXN_eOHzQ。
② 《广州夜间消费报告》，羊城晚报网，2022年8月29日，http://ep.ycwb.com/epaper/xkb/html/2022-08/29/content_1510_520954.htm。

还拥有北京路步行街、广州塔、正佳广场、长隆旅游度假区4个国家级夜间文旅消费集聚区，数量位列全省第一。这些集聚区内的夜间文旅产品丰富，已初步形成较为完整的夜间经济产业链。

（五）线上线下融合，IP赋能实景乐园

目前，中国已成为全球最重要的主题公园市场之一。在区域分布上，中国大型主题公园主要集中珠三角、长三角、环渤海地区以及长沙、武汉、成都等中西部新一线城市，珠三角地区主题公园核心区域在广州和深圳。

《2022中国主题公园竞争力评价报告》显示，广州长隆欢乐世界和广州融创乐园两家乐园进入年游客量前20名主题乐园名单，广州上榜数量排在上海之后，位居全国第二[①]。目前广州各区正在加速IP实景乐园的建设，积极探索虚拟IP、游戏、电竞、元宇宙等领域与线下实景乐园的融合路径，致力于以IP赋能主题乐园，增强对消费者的吸引力并提高消费者的重游率，助力中国主题公园高质量发展。

（六）旧载体新内容，凸显岭南文化韵味

近年来，广州积极塑造红色文化、岭南文化、海丝文化、创新文化四大品牌，通过文化惠民提升人民群众生活品质，通过数字科技激发文化创新活力。以北京路步行街为代表的数字文旅新业态消费为市民游客提供融文化、场景、消费为一体的元宇宙沉浸式体验新模式。永庆坊利用"修旧如旧、新旧融合"的微改造理念，把老城"微改造"、商业品牌、潮流艺术等与非遗资源有机融合，促进非遗活化传承与创新发展，进而使老城市焕发新活力。以上事例说明，通过多年发展，广州非遗已实现创造性转化和创新性发展，成功探索出旧载体新内容的文化活化模式。

---

① 《2022中国主题公园竞争力评价报告》，雪球网，2022年11月19日，https://xueqiu.com/7620248551/235854384。

（七）聚焦技术投入，科技旅游融合发展

广州积极发挥作为国家中心城市的创新驱动、示范带动作用，大力推进文化科技产业高质量发展。截至2023年6月，广州拥有4家国家级文化和科技融合示范基地，文化与科技融合度较高。各文化龙头企业持续研发前瞻性技术，主要聚焦灯光秀、光影节、无人机表演、元宇宙、虚拟数字人、数字藏品等领域，涌现了一批优秀企业，积极探索科技与智慧文旅、文博等行业的深度融合，拓展行业边界。在元宇宙领域，近年来，励丰文化、康云科技、三川田等广州市代表性企业利用虚拟现实、3D、大数据等技术不断探索文旅融合的更多可能性；在无人机表演领域，亿航凭借自身优势大力开发文旅空中游览场景，以飞行科技赋能智慧文旅；在沉浸式业态领域，近年来在文旅部"发展沉浸式业态"的号召下，广州积极发展沉浸式体验新业态，沉浸式演艺、沉浸式展览、沉浸式文化旅游等得到不同程度的发展。

（八）文旅资源丰富，产业开发潜力较大

广州作为一座历史文化名城，文旅资源丰富，拥有红色文化、岭南文化、海丝文化等，以及众多名胜古迹、优美景区。其中，在红色文化方面，广州拥有中共三大会址纪念馆、广州起义纪念馆、广州农民运动讲习所旧址纪念馆、中华全国总工会旧址纪念馆等红色场馆。截至2022年，广州有非遗国家级项目21项、省级项目95项、市级项目216项[1]，均排在全省首位、全国前列。截至2023年8月，广州共有95家A级景区，包括2家5A级景区、36家4A级景区、57家3A级景区[2]；省级旅游休闲街区、省级旅游度假区分别有2家和1家；国家级、省级全域旅游示范区分

---

[1] 《珠江观潮丨活起来火起来，夯实非遗"厚家底"》，"广州日报"百家号，2023年8月25日，https://baijiahao.baidu.com/s?id=1775177736205412807&wfr=spider&for=pcl。

[2] 《广州市A级景区名录（2023年8月更新）》，广州市文化广电旅游局网，2023年8月14日，http://wglj.gz.gov.cn/ggfw/lyl/lydwcx/content/post_9158096.html。

别有1家、7家。此外，广州还拥有星级饭店123家[①]、星级旅游民宿23家[②]。

二 广州培育新业态拓展文旅新消费存在的问题与原因

（一）部分新业态布局滞后，扶持力度有待加大

在文旅新业态方面，尽管广州出台了《广州市关于推进数字文化创意产业高质量发展的实施意见》等引导性政策，并推出了广州市文化和旅游产业发展专项资金，但还不能充分发挥促进文旅新业态创新发展的激励作用。相较于北京、上海等地，广州对部分文旅新业态发展的支持和引导力度不足，在元宇宙、数字影视、云演艺等方面的布局相对滞后。如在元宇宙政策布局方面，近年来厦门、上海、武汉、成都、昆山、无锡等地均出台了市级层面的政策。而广州仅出台了区级层面的政策，对元宇宙新赛道的产业扶持力度有待加大。主要原因在于以下两点。一是认知有待深化。有的职能部门对各类文旅新业态发展意义和价值的认知还有待深化，对文旅新业态的关注度、敏感度和重视程度不够。二是缺乏精准施策。目前，广州亟须聚焦文旅新业态细分领域的发展需求，进一步完善和细化产业配套政策措施，更好促进文旅新业态的发展。

（二）部分行业盈利模式单一，发展空间受限

目前，广州"云旅游""云逛展"等部分文旅新业态项目的盈利模式较为单一且盈利额较低。比如，一些景区仅将"云旅游"作为线下旅游的补充，或仅停留在宣传上，其对旅游经济的促进价值没有得到真正挖掘；其盈

[①] 《广州市星级饭店名录123家（2022年3月更新）》，广州市文化广电旅游局网，2022年5月6日，http://www.yuexiu.gov.cn/yxdt/rdzt/zdlyxxgk/lyscjgzf/cyzl/content/post_8224608.html。
[②] 《广州新一批15家高质量旅游民宿名单出炉！总量增至23家》，"南方plus"百家号，2023年2月3日，https://baijiahao.baidu.com/s?id=1756822518757428933&wfr=spider&for=pcl。

利点局限于"观众刷礼物""带货"等,导致很多项目难以实现规模化经营,发展规模因此受限,影响行业的健康、可持续发展。主要原因在于以下两点。一是从供给端看,旅游景区、文旅企业等缺乏项目开发人才,在"云旅游"等文旅新业态项目的开发上投入不多、思路单一、市场意识不强,导致产品制作不够精良、缺乏独特优势、竞争力不强。二是从需求端看,部分文旅新业态项目未能找准用户的需求点,缺乏与时俱进的创新迭代能力,无法持续满足观众的高品质文化休闲需求,用户的"云消费"习惯有待进一步培育,市场需求有待释放。

(三)宣传推广力度不足,项目影响力亟待提升

在广州市文旅新业态发展过程中,不乏创意新颖、独有特色的优质项目,然而目前未能发展为较有影响力和知名度的文旅IP。比如,在景区剧本杀和沉浸式互动演出方面的项目有花都区推出的《龙凤绣坊》剧本杀、由广州大剧院创作的沉浸式歌剧《丽塔》等,但项目影响力不足,在网络平台、社交媒体上的话题度与热度较低。主要原因在于以下两点。一是相关职能部门和企业对宣传工作重要性的认识有待提升,在宣传投入上不愿花费过多的资源和精力。二是缺乏有效的宣传推广策略。有些文旅新业态项目的宣传渠道较为单一,宣传形式不够新颖,致使文旅新业态市场拓展较为乏力。

(四)文化场馆配套服务少,消费场景开放不足

广州博物馆、美术馆等文博场馆的市场化程度比较低,缺乏文创周边、创意餐饮、文化体验等配套服务,二次消费项目的开发和运营较为滞后。这导致的结果是:一方面,整体旅游体验不佳,难以满足人民群众日益增长的文化需求;另一方面,消费链较短,未形成有效的消费拉动作用,更多的经济价值有待挖掘。主要原因在于以下两点。一是受到体制机制限制。比如,广州文化文物单位创意产品开发缺乏激励机制,导致多数博物馆的文创衍生品开发整体水平不太高。二是合作机制不完善。文化场馆的二次消费项目开

发需要多方面的合作，包括与商业企业的合作、与其他文化场馆的合作等。然而，目前广州市在这方面的合作机制尚不完善，导致文化场馆难以充分利用外部资源进行二次消费项目的开发。

三 国内先进城市发展经验及对广州的启示

（一）元宇宙布局推动文旅产业数智化发展

一是出台政策抢占元宇宙发展先机。北京、上海、浙江等地出台相关政策，均对当地的元宇宙产业布局进行中长期的谋划。二是支持核心技术攻关及基础设施建设。加快多感官交互技术研发应用，推进脑机接口等前沿技术攻关，加快光电关键元器件及材料、高端显示芯片等核心技术研发等。三是准确把握元宇宙发展重点工作。聚焦"元宇宙+"，把握元宇宙与文旅、商业、城市服务等方向的融合应用创新，实施重点行动，强调提升元宇宙产业空间承载能力。四是通过加强资金保障为技术研发护航。如今全国多个地区在元宇宙相关发展政策中提及以资金补贴、建立相关产业基金、引导金融服务等方式为元宇宙核心技术研发提供资金保障。五是通过完善行业标准规范元宇宙产业发展。通过引育一批具有市场影响力的数据交易主体和平台，规范元宇宙产业各项标准，推进公共数据开放共享，改善数据产业生态，健全数据要素市场。

（二）沉浸式互动演出掀起戏剧体验新风潮

《2022年中国演出市场年度报告》数据显示，2022年演出市场总体规模大约为243.60亿元[1]。作为目前国际上一种新兴演艺方式的沉浸式互动演出，因将多媒体、3D、虚拟现实等高科技与传统演出相结合，展现了视

---

[1] 《2022年中国演出市场年度报告》，中国演艺设备技术协会网，2023年4月7日，https://m.ceta.com.cn/3/202304/3494.html。

听体验更震撼、观演互动更充分的效果。如今上海已成为沉浸式互动演出最活跃的内地城市之一，上海版《不眠之夜》是多方位开创沉浸式演艺商业生态场景的典型代表，孵化了许多特别活动，包括浸入式派对等；在2020年正式开启线上演艺，在线用户超过20万人；与天猫共同打造沉浸式"带货"直播间，全网曝光量超3亿次。截至2021年底，《不眠之夜》已连续上演1400多场，平均上座率达95%[1]。

（三）云旅游实现足不出户"行万里路"

近年来，"云旅游"新思路在业界兴起。西安市文化和旅游局推出线上"云"游西安活动，创新展现西安文化历史资源、讲好西安故事，成为典型案例。一是推出线上智慧导览创新服务。"西安文旅智慧导览"小程序以线上地图为主体，除常规电子地图的公共服务功能，还通过游戏化设计和AR技术将虚拟信息与真实世界融合。二是以数字资源助力"云旅游"。如陕西历史博物馆用微课堂讲解"文物里的小故事"；秦始皇帝陵博物院用微信、微博、抖音官方号在闭馆时间进行兵马俑的保护修复、考古知识直播等。三是通过"云过节"为景区"引流"。如2022年春节时期，西安市旅游信息咨询中心携手美团推出一系列春节宣传推广活动，总曝光量达到2600万次，通过平台发放文旅红包超200万元，带动交易金额达千万元[2]。

（四）着力打造夜间文旅消费新场景

2023年春节期间，成都市文旅行业推出夜间文旅消费新项目、新场景、新活动，以迎接新春为主题、以创意时尚为特色，央视等主流媒体对此进行了多次报道，使成都的城市吸引力和美誉度得到提升。以"天府文化年、

---

[1] 《沉浸式戏剧〈不眠之夜〉上海驻演五年，总收入3.8亿元》，腾讯网，2021年12月21日，https://new.qq.com/rain/a/20211221A0BUQN00。
[2] 《"云聚长安"助力本地深度游，"线上逛西安"点亮新春风景》，西部网，2022年2月19日，http://news.cnwest.com/xian/a/2022/02/19/20324708.html。

乐游在锦江"为口号的夜游锦江游览项目推出了一系列活动，吸引了大量外地游客。都江堰市的熊猫光影节展现了成都新春文旅消费复苏盛景。拥有科技光影特效的四川最高摩天轮在春节首度开放，吸引游客12.3万人次。此外，武侯祠成都大庙会、平乐光影秀、青白江区首届凤凰国际灯会等吸引众多市民游客前来观赏。

（五）"文旅通"智能中枢促进文旅数字化转型

上海数字文旅中心"文旅通"通过建立智慧决策、智慧管理与智慧服务三大体系，实现"一网通办"和"一网统管"，标志着上海加快文旅经济、生活、治理全方位数字化转型，为上海发展文旅新业态奠定坚实基础。一是建立"文旅通"智慧决策体系，基于用户消费的大数据，通过智能决策体系对全域分析、形势研判起到支撑作用；二是建立"文旅通"智慧管理体系，对事前、事中和事后进行全流程监管；三是建立"文旅通"智慧服务体系，对外接入服务统一到"随申码·文旅"公共服务平台，为行业主体提供标准化的数字基础能力，搭建文旅预约预订平台，为游客提供一站式便捷服务体验，进一步提升城市文旅服务质量和用户感受。

（六）启示

一是推动落实文旅新业态相关政策。培育发展文旅新业态离不开政策的支持。广州要继续完善文旅新业态相关政策，让扶持政策变成"真金白银"，实现精准施策，提振市场信心，助力文旅新业态相关企业发展壮大。二是产业数字化有效助推文旅新业态的发展。广州要以数字化为纽带，加强文旅数据开放共享，实现文旅数据跨地域、跨部门、跨行业整合；鼓励科技赋能旅游消费新场景。在文旅产业决策、监管、服务体系中，大力推进大数据、云计算、物联网、区块链、5G等新技术的应用，推动文旅业态向数字化、网络化和智能化发展。三是文旅新业态发展要与广州文化紧密结合。盲目照搬先进城市的文旅新业态发展模式容易造成"有其形而无其神"。发展文旅新业态应以广州特色文化为精神内核，在发展沉浸式演艺、元宇宙文旅等新业态时,要做到与本地文化特色有机结合。四是抓好文旅产品"增量"。通过推出云旅游、策划举办夜间文旅活动等,不断拓展文旅消费新场景,丰富文旅产品供给,助力文旅消费潜力释放,形成文旅经济的新增长点。五是发展文旅新业态需要多渠道宣传。当推出重点创新文旅项目或特色产品时,应加大宣传力度,打造品牌效应。比如,借助主流媒体加强广州沉浸式体验产品的宣传推广,为广州文旅"引流"。

四 广州培育新业态拓展文旅新消费的对策建议

广州培育新业态拓展文旅新消费面临难得的发展机遇,且增长潜力较大。政策层面,国家、省、市均推进实施国家文化数字化战略,不断催生文旅新业态。市场层面,文化和旅游不断融合,我国文旅消费需求升级趋势日益明显。目前数字藏品、"云旅游"等文旅市场尚未成熟,发展机会较多。因此,广州要抢抓数字经济发展、文旅消费需求升级等新机遇,充分发挥自身在粤港澳大湾区文化建设中的核心引领作用,围绕顶层设计、文旅供给、模式创新、产业融合、场景创新、营销创新、环境优化等方面,大力培育新业态,扩大文旅新消费,推动文旅经济高质量发展。

(一)注重顶层设计,部署文旅消费重点工作

加强组织领导。各级文化和旅游行政部门要充分认识推动文旅新业态、新模式发展的重要意义,把推动文旅新业态、新模式发展摆在突出位置、纳入重要日程。加快出台相关规划及配套政策,通过部门联动、市区联动,加强组织实施。推动设立文旅产业发展基金,用好地方政府债券,支持文旅新业态重点领域建设。完善文旅人才扶持政策。通过设立文旅产业创新发展专项奖励基金等方法,激励文化科技创新人才、数字文化创意创作人才、文旅经营管理人才。

创新体制机制。文旅部门要加强与发改、财政、金融、税务等相关部门的沟通协调合作,形成合力。完善文旅部门与相关部门的联席调度工作机

制，建立文旅热点信息库，随时跟踪文旅新业态、新模式的热点信息、重大问题、重大政策和重大项目。推进"放管服"改革，进一步完善审批方式，探索和创新适应新业态、新产品、新模式的监管方式。深化文化体制改革，支持文博单位不断拓展文旅消费新场景。

提升行业服务水平。探索建立文旅新消费大数据统计指标体系，着力提升统计服务水平，为促进文旅新消费的发展提供有力的统计保障。充分发挥行业组织的桥梁和纽带作用，支持龙头企业联合高校、科研院所、行业协会等建立文旅新消费相关产业联盟，推进文旅资源整合和共享，共同推动文旅新消费的发展。

（二）增强供给能力，适应文旅消费新需求

大力开发广州文旅特色商品。围绕工艺品及文创产品、广州动漫游戏衍生品、粤味食品、广州特色农副产品等，培育打造一批既有知名度又有市场竞争力的广州特色品牌，打造一批城市文化新地标、文旅特色购物街区，建成一批覆盖面广的广州文旅商品专营店或者专营区。

创新线上数字文旅产品开发模式。鼓励旅游景区、文博场馆等利用元宇宙等新兴技术，深入挖掘自身独特资源，通过视频、直播、在线互动、VR体验等多种方式，着力打造"云旅游""云逛展""云演艺"等高品质的云上数字体验产品，吸引更多观众参与，探索更多盈利模式，扩大产品的市场规模。

推动高品质酒店和旅游民宿发展。优化旅游住宿结构，着力打造一批"有感有魂"的文化主题酒店和精品文化民宿。支持酒店（宾馆）、民宿（客栈）等通过完善设施设备提升智能管理与服务水平。分别打造一批国际品牌酒店、中高端轻奢酒店、文旅民宿、露营集聚区，大力实施外国人旅居行动，加快推动国际文旅休闲综合体建设。

（三）创新消费模式，扩大文旅新消费规模

培育文旅消费新路径。利用5G等新技术，培育夜间消费、时尚消费、智能消费、网络消费、体验消费等文旅消费新模式。推进建设广州北站中旅

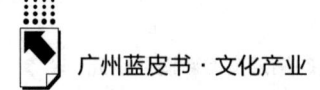

免税综合体项目，设立市内免税店离境提货点。

培育壮大直播经济。积极推进"线上引流+实体消费"新模式发展，鼓励直播电商企业强化与VR、AR技术的融合，增强消费者消费体验感。推动数字文化与短视频、网络直播、社交电商等在线新经济融合发展。

鼓励文旅市场主体让利惠民。支持景区景点定期向公众免费开放，实施淡季门票优惠以及演出机构门票打折等优惠政策。推出信用激励和积分消费措施，创新开发广州旅游年卡，纳入更多文化消费内容。

（四）推进产业融合，培育文旅消费新业态

支持运用移动互联网、云计算、大数据等现代信息技术，推进文商旅跨界融合，利用5G、人工智能、虚拟现实、增强现实等技术培育新一代沉浸式体验型文旅消费业态。加速打造世界电竞名城，支持电竞与文旅融合应用的场景建设。

培育"沉浸互动"文娱潮玩新业态。加快体感互动、数字影像、灯光设备、装置艺术等新技术应用，提升泛文娱产品的体验度。规范发展一批兼具趣味性和社交性的文旅景区主题密室、剧本杀、RPG、ARG等沉浸式娱乐业态。

培育"科技创新"元宇宙文旅演艺新业态。以高品质演艺为核心竞争力，以国际灯光音响之都建设为契机，积极推进VR、AR等前沿技术应用，增强灯光音响演艺产品、活动交互体验。加快打造一批元宇宙数字艺术馆和新潮LiveHouse。支持龙头企业发展云剧场、云演出、云节庆等，大力发展线上直播、云演唱会、数字音视频专辑等新产品。依托重要地标深挖岭南文化内涵，推出一批既有代表性又有影响力的元宇宙戏剧、音乐、旅游演艺剧目、光影秀等，打造文化、旅游与科技深度融合的旅游景区。

（五）开展场景创新，提升文旅新业态策源力

推动文博场馆植入新场景。在博物馆、艺术馆、美术馆中大力发展数字化文物修复和艺术创作体验、陈列、直播逛展、沉浸式观展等新业态。积极

在国有博物馆中推进智慧化、数字化。支持市区博物馆和社区博物馆植入沉浸式文博展陈新场景。

加快城市更新改造及特色街区建设。加强岭南文化传承与保护，融合非遗项目，促进"社区旅游"体验新业态发展，建设一批富有文化底蕴和时尚气息的沉浸式消费街区、社区美学空间和城市未来社区，打造一批城市"微旅游"目的地，讲好广州故事。

打造特色美食体验新场景。支持美食与博物馆、戏剧、演艺等跨界融合，推动创意化、个性化餐饮体验业态的发展。培育一批美食文化特色街区、"岭南味"特色小店、老字号店等。在新建社区大力发展智慧餐厅、时尚创意餐厅、全息餐厅和社区食堂等复合型餐饮业态。

丰富夜间文旅消费新场景。发挥北京路步行街、正佳广场、长隆旅游度假区、广州塔4家国家级夜间文旅消费集聚区的引领带动作用，依托广州市重点商圈，大力发展"夜食、夜游、夜购、夜娱"等夜间消费。通过推进沉浸式业态的发展，着力打造一批高品质夜间文旅消费项目。推动"羊城夜市（Young城Yeah市）"城市夜间消费品牌发展，持续激发消费新动能。

推进时尚文体消费场景建设。深度打造一批具有户外运动、体育培训、休闲度假、健身康养等功能的运动休闲小镇和体育产业示范项目。鼓励在长隆、融创等旅游景区培育一批电子竞技、极限运动、水上运动、山地运动、低空运动、汽摩运动等新潮运动消费项目。以融创文旅城等为载体，通过举办冰雪主题赛事和节庆活动，大力发展冰雪运动新消费。

（六）创新营销方式，加大文旅产品宣传力度

扩大文旅品牌影响力。设计制作城市文旅新消费宣传手册，发布城市文旅新消费地图、专题榜单。运用大数据筛选机制为市民游客提供有针对性的信息宣传，实现文旅产品的精准推介。

开展新媒体宣传。充分发挥主流媒体作用，策划制作"羊城夜市（Young城Yeah市）"等宣传专题，在抖音、微博、微信公众号上进行广

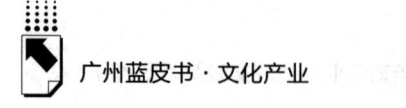

泛宣传推介，塑造全新的广州文旅城市形象。聚焦重点文旅新业态IP，邀请非遗传承人、金牌导游和网络达人等多方力量参与，开辟线上文旅宣传新渠道，提高IP的知名度和美誉度。

借助重点活动进行推广。依托广州文化产业交易会、广州国际旅游展览会、广州国际购物节、广州时尚消费节等重点平台，策划开展文旅新业态主题展览、论坛、项目路演、推介会，充分调动文化旅游企业开展宣传营销的积极性，助力培育网络直播、沉浸式业态等文旅新业态，彰显广州文旅发展新活力。

（七）优化消费环境，提升文旅新消费便捷度

打造智慧文旅系统及智慧文旅景区。合理配置新建居民小区的文化服务设施，优化群众身边的文化消费网点布局。支持对博物馆、图书馆和传统演出场所等公共文化服务场所进行改造升级。

优化全域旅游大数据平台。大力推进智慧型旅游发展，对景区内厕所、停车场等旅游公共服务设施进行智慧化改造，推动文化和旅游资源、产品、企业等全要素上线，提升旅游智慧化服务水平。积极引导景区景点、文化娱乐演出场所支持网上预约售票和二维码验票。

融合发展篇

B.12
元宇宙技术推动广州文旅新质生产力发展的对策建议

广州城市旅游问询救援服务中心（广州文化旅游产业促进中心）课题组[*]

摘　要： 2023年，广州科技创新能力实现新跃升，文化软实力进一步增强，文旅消费市场不断拓展。加快发展文旅新质生产力，是文旅高质量发展的重点任务，创新文旅产业链是培育文旅新质生产力的重要途径。本报告对元宇宙技术在广州文旅产业方面的发展和应用进行研究，发现存在缺乏推动元宇宙技术发展的全局性谋划和专项扶持、内容生产不足等问题，据此提出优化顶层设计、创新消费场景等对策建议，助力广州实现"二次创业"，积蓄文旅新动能，探索产业新模式。

关键词： 元宇宙　新质生产力　文旅产业数字化

---

[*] 课题组成员：梁卉，广州城市旅游问询救援服务中心（广州文化旅游产业促进中心）产业研究部经济师，研究方向为文旅产业经济、文旅产业统计；蔡泽斌，广州城市旅游问询救援服务中心（广州文化旅游产业促进中心）产业研究部部长，研究方向为旅游经济；曾羚静，广州城市旅游问询救援服务中心（广州文化旅游产业促进中心）产业研究部职员，研究方向为旅游经济。

党的二十大把实施国家文化数字化战略作为繁荣发展文化事业和文化产业的重要举措。广州围绕市委"1312"思路举措，全力推进文化强市建设"八大行动"，加快实施文化旅游高质量发展"六大行动"，推进国际演艺中心建设，打造世界级旅游目的地。当前，元宇宙成为未来数字化发展的一个前沿概念，元宇宙技术的迅速发展，将对文旅产业的发展模式和消费场景产生深刻而长远的影响，以元宇宙技术推动广州文旅产业的融合发展显得重要而迫切。本报告基于元宇宙技术在广州文旅产业的发展现状，分析存在的问题，提出推动广州文旅新质生产力发展的对策建议。

一　发展宏观环境分析

（一）国家高度重视新质生产力与现代产业的融合发展

一是加快发展新质生产力是实施国家文化数字化战略的必然要求。习近平总书记创造性提出新的生产力理论，强调发展新质生产力是推动高质量发展的内在要求和重要着力点，深刻指出新质生产力由技术革命性突破、生产要素创新性配置、产业深度转型升级而催生，特点是创新，关键在质优，本质是先进生产力[①]。以元宇宙技术为代表的科技创新与文旅产业的深度融合发展，正顺应了国家关于开展"人工智能+"行动的趋势和要求。

二是国家高度重视元宇宙产业的健康安全高质量发展。当前，全球元宇宙产业加速发展，为抢抓机遇引导元宇宙产业健康安全高质量发展，2023年我国制定出台了《元宇宙产业创新发展三年行动计划（2023—2025年）》（以下简称《行动计划》），《行动计划》从近期和远期两个层面做了系统谋划和战略部署，针对我国核心技术不强、产品不丰富、产业规模偏小等发展瓶颈，提出进一步强化人工智能、区块链、云计算、虚拟现实等技

---

① 《深刻把握发展新质生产力的三重维度》，网易，2024年3月11日，https：//www.163.com/dy/article/IT0BB5B90550TYQ0.html。

术在元宇宙中的融合创新，以新一代信息技术融合创新为驱动，以虚实相生的应用需求为牵引，以培育元宇宙新技术、新产品、新模式为抓手，发挥有为政府和有效市场合力。《行动计划》为元宇宙技术在文旅产业的应用明确了顶层设计，将大大开辟数字经济的新场景、新应用、新生态，培育经济新动能。2023年，国家数据局等17个部门印发的《"数据要素×"三年行动计划（2024—2026年）》提出"数据要素×文化旅游"，通过挖掘文化数据价值，贯通各类文化机构数据中心，聚焦数字文旅行业和数字消费场景，不断提升文旅数据供给水平。

三是以数字化智能化为引领，调整产业结构指导目录，培育文旅发展新业态新模式新路径。国家发展改革委修订发布的《产业结构调整指导目录（2024年本）》对鼓励类的文化产业和旅游产业相关内容进行了完善。其中，与元宇宙相关的沉浸式体验、数字音乐、可穿戴智能文化设备等文化产业新业态和科技旅游等旅游产业新业态被列入。这有利于大力发展壮大文旅战略性新兴产业，深入实施国家文化数字化战略，前瞻布局未来产业，构建文旅产业发展新引擎。

（二）粤港澳大湾区加快发展以元宇宙技术为代表的新质生产力

在元宇宙技术集聚方面，根据世界知识产权组织发布的"2023年全球创新指数"（GII）[1]，全球五大科技集群全部位于东亚地区，其中，深圳—香港—广州连续4年居全球第2位，可见粤港澳大湾区科技创新发展潜力无限。

《2023胡润中国元宇宙潜力企业榜》[2] 评选了元宇宙领域最具发展潜力的中国企业200强以及30家"未来之星"企业。广东省以46家企业位居榜首，而深圳、广州均进入全国城市排名TOP5，展示出大湾区在元宇宙领域

---

[1] 《四度蝉联！2023全球创新指数发布，大湾区集群夺全球第二》，"京报网"百家号，2023年9月28日，https://baijiahao.baidu.com/s?id=1778276722434549876&wfr=spider&for=pc。

[2] 《〈2023年胡润中国元宇宙潜力企业榜〉发布》，"中国青年报"百家号，2023年7月22日，https://baijiahao.baidu.com/s?id=1772132774079053539&wfr=spider&for=pc。

的强劲实力。入选《2023胡润中国元宇宙潜力企业榜》的15家广州企业见表1。

表1 入选《2023胡润中国元宇宙潜力企业榜》的15家广州企业

序号	在中国企业200强的排名	企业信息	元宇宙主要领域	元宇宙具体应用	行业
1	12	三七互娱	生态应用	元宇宙游戏及数字藏品	传媒和娱乐
2	31	云从科技	底层技术	3D实景VR引导技术	人工智能
3	54	奥飞数据	平台技术	数据中心	软件与数据服务
4	70	广电运通	生态应用	虚拟数字人及虚拟银行	软件与数据服务
5	83	佳都科技	底层技术	数字孪生	人工智能
6	108	广汽埃安	生态应用	产品发布应用	汽车
7	135	分众传媒	平台技术	元宇宙开放社区	广告营销
8	137	海格通信	底层技术	动感模拟系统	电信
9	142	智度股份	平台技术	区块链	软件与数据服务
10	150	欢聚	生态应用	文化传媒应用	传媒和娱乐
11	175	小马智行	底层技术	视觉计算	人工智能
12	181	视源股份	底层技术	交互智能技术	电子元件
13	193	唯品会	生态应用	虚拟试妆应用	零售
14	197	小鹏汽车	生态应用	品牌体验空间	汽车
15	200	中旭未来	生态应用	潮玩游戏平台	传媒和娱乐

资料来源：笔者根据网上资料整理。

在元宇宙应用方面，横琴粤澳深度合作区"横琴长隆元宇宙超级试验场"启动全球项目招募[①]。该试验场是横琴粤澳深度合作区发展元宇宙产业的首个示范性项目，采用政府主导、市场运营的模式，政府提供资金和政策支持，委托第三方专业机构运营管理试验场，对公众免费开放。该试验场由

---

① 《"横琴长隆元宇宙超级试验场"即将开启入场项目全球招募》，南方网，2022年9月29日，https://static.nfapp.southcn.com/content/202209/29/c6938457.html。

"一基两翼+四个空间+N 个配套活动"构成。"一基"即以长隆海洋科学乐园 3000 平方米的物理空间打造超级试验场的核心区。"两翼"即"市场测评体系"和"技术测评体系"共同支撑的元宇宙项目评价体系。横琴粤澳深度合作区将借助长隆每年上千万的游客对试验场的技术和场景直接进行检验,并建立由权威专家组成的技术测评中心,对项目和技术做出测评,帮助企业发现问题,推动技术进步。"四个空间"即企业展场、融合展场、实景展场以及虚拟展场。2023 年 12 月国家发展改革委、商务部发布的《关于支持横琴粤澳深度合作区放宽市场准入特别措施的意见》明确"支持发展创作者经济,探索建立数据元宇宙等产品确权出海中心",进一步激发元宇宙科技发展活力与动能。

在元宇宙技术人才培养方面,香港理工大学在 2023 年新增了元宇宙专业,目标是帮助学生深入理解元宇宙本质,理解构建元宇宙的基本技术,包括 VR/AR、游戏开发、机器学习、计算机视觉和人工智能物联网等,培养将各种技术集成到元宇宙应用的能力[1]。同时,香港理工大学还与商汤科技签订了合作备忘录,共同开发及拓展与元宇宙概念相关的技术,尤其是研发可用在教育、艺术与旅游等范畴的成像技术和解决方案[2]。

(三)元宇宙技术与文旅加快融合发展

在政策方面,2023 年,上海市文化和旅游局发布了《上海市打造文旅元宇宙新赛道行动方案(2023—2025 年)》(以下简称《上海行动方案》),旨在加快布局文旅元宇宙新赛道,全面增强上海数字时代核心竞争力。《上海行动方案》将在数字文化、智慧旅游、虚拟演艺、数字艺术品、内容创作等领域形成 30 个以上虚实融合的元宇宙创新示范应用,以元宇宙

---

[1] 《香港理工大学设元宇宙专业,南京信息工程大学:拟与其联合培养》,"澎湃新闻"百家号,2022 年 10 月 11 日,https://baijiahao.baidu.com/s?id=1746385179852873335&wfr=spider&for=pc。
[2] 《香港理大与商汤科技合作拓展"元宇宙"应用技术》,"中国新闻网"百家号,2022 年 11 月 4 日,https://baijiahao.baidu.com/s?id=1748569987551565988&wfr=spider&for=pc。

技术促进实体经济发展。

在融合发展应用空间方面，在文化和旅游部会同国家发改委、工信部发布的第一批全国智慧旅游沉浸式体验新空间培育试点项目名单中可以看出，元宇宙技术的应用场景已相当丰富，"元宇宙+"依托的空间包括旅游景区、度假区、休闲街区、工业遗产、文博场馆、剧院剧场等。开展智慧旅游沉浸式体验新空间培育试点工作将引导沉浸式体验场景创新发展，盘活文化和旅游场所的闲置资源资产，推动中华优秀传统文化创造性转化、创新性发展，推进数字经济与旅游经济深度融合发展，促进数字科技研发生产端和旅游应用消费端的贯通，充分发挥旅游业海量市场、庞大用户、多样场景的规模优势，提高科技成果转化和产业化水平。此外，在陕西省数字文旅发展推进交流会暨数字文旅示范展示活动上，陕西省提出将推动"MR+文化旅游"示范应用场景项目的探索与落地，打造城市级别的元宇宙文旅项目。

二 广州文旅元宇宙的发展现状

（一）广州文旅产业与科技相互促进

1. 广州科技创新能力实现新跃升

2023年11月，全球知名学术出版机构施普林格·自然发布了全球领先科研城市及都市圈名单[1]，广州排名提升至全球第8位。同时，广州集聚了全省70%的国家和省重点实验室，拥有1.3万家高新技术企业、78家新型研发机构、165万名高校学生、374万名技能人才，在全国名列前茅。广州产业门类齐全、基础雄厚，形成了6个千亿元级工业行业、10个千亿元级服务业行业，内外贸市场规模超两万亿元，产业链供应链体系强大可靠、辐射全球[2]。

---

[1] 《"2023自然指数—科研城市"发布：北京排名仍居世界第一》，"光明网"百家号，2023年11月23日，https://baijiahao.baidu.com/s?id=1783342537596739174&wfr=spider&for=pc。

[2] 《郭永航同志在广州市高质量发展大会上的讲话实录（2024）》，21经济网，2024年2月19日，https://www.21jingji.com/article/20240219/herald/d0f1bd37de03388caf2d552d5be0196c.html。

2. 广州文旅产业发展迅猛

2023年，广州接待游客2.34亿人次，同比增长51.8%；文旅消费总额为3309.49亿元，同比增长47.35%①。2023年，广州市规模以上文化及相关产业（以下简称"文化产业"）法人单位有3347家，合计实现营业收入5582.34亿元，同比增长15.9%。其中，作为主引擎的规模以上文化服务业实现营业收入3795.94亿元，同比增长22.1%，占全市规模以上文化产业营业收入的68.0%，拉动全市文化产业营业收入增长14.3个百分点②。

（二）元宇宙技术相关的数字文化新业态发展强劲

一是从营业收入看，元宇宙技术相关新业态营收占文化产业的近一半。统计数据显示，2023年，广州全市文化产业实现营业收入5582.34亿元，与元宇宙技术密切相关的全市规模以上文化新业态特征较为明显的16个行业小类③实现营业收入2541.29亿元，同比增长16.1%，占全市文化产业营收的45.5%，以占比27.7%的法人单位实现45.5%的营业收入，成为带动全市文化产业增长的新引擎。二是从产业规模看，动漫、游戏电竞、数字音乐等元宇宙技术应用较为成熟的领域规模居于全国前列。在2022年中国互联网企业100强榜单中，广州占8席。2022年，广州数字音乐总产值约占全国的1/4，动漫业总产值约占全国的1/5。广州趣丸网络科技有限公司旗下广州欢城文化传媒有限公司开发的新一代"AI+大众"应用型音乐创作平台"唱鸭App"入选文旅部文化和旅游数字化创新实践十佳案例④。2022年

---

① 《广州市文化广电旅游局大事记暨每月要情（2024年1月）》，广州市文化广电旅游局网，2024年2月23日，http://wglj.gz.gov.cn/gkmlpt/content/9/9502/post_9502260.html#913。
② 《文化娱乐休闲、创意设计、新闻信息服务领跑2023年广州文化产业》，广州市统计局网，2024年2月8日，http://tjj.gz.gov.cn/stats_newtjyw/sjfb/content/post_9495824.html。
③ 文化新业态特征明显的16个行业小类分别是广播电视集成播控，互联网搜索服务，互联网其他信息服务，数字出版，其他文化艺术业，动漫、游戏数字内容服务，互联网游戏服务，多媒体、游戏动漫和数字出版软件开发，增值电信文化服务，其他文化数字内容服务，互联网广告服务，互联网文化娱乐平台，版权和文化软件服务，娱乐用智能无人飞行器制造，可穿戴智能文化设备制造，其他智能文化消费设备制造。
④ 《2022年文化和旅游数字化创新实践案例的通知》，文化和旅游部网，2022年9月29日，https://zwgk.mct.gov.cn/zfxxgkml/kjjy/202210/t20221008_936307.html。

广州游戏产业营收约占全国的1/3；网易入选2024年全球年度发行商大奖用户支出中国企业十强（见表2）。三是从产业集聚情况看，以VR为代表的元宇宙交互技术文旅装备企业集聚发展，卓远、影擎、玖的数码等VR企业积极开展元宇宙业务。2022年，广州VR及相关企业达550家，新注册企业达196家。在国内VR主题乐园硬件销售中，广州销售额占80%，专利申请量占60%，广州已成为国内乃至国际VR制造和研发领域最重要的基地之一①。

表2 2023~2024年全球年度发行商大奖用户支出中国企业排名

单位：亿美元

厂商名称	2024年排名	2023年排名	名次上涨幅度	2023年流水
腾讯	1	1	0	86.7
字节跳动	2	2	0	50.5
米哈游	8	11	3	21.5
网易	9	5	-4	20.6
三七互娱	30	20	-10	9.9
莉莉丝	32	24	-8	8.9
世纪华通	38	48	10	8.3
阿里巴巴	39	23	-16	8.3
龙创悦动	44	43	-1	5.9
神州泰岳	46	47	1	5.6
百度	47	40	-7	5.5
悠星网络	50	—	—	4.5

资料来源：《米哈游首进Top 10，全球Top 50发行商，中国阵容有什么变化?》，微博，2023年3月8日，https：//weibo.com/ttarticle/p/show? id=2309405009589413216326。

（三）元宇宙技术的文旅空间载体加速激活

一是元宇宙虚实结合技术改造旅游休闲街区和博物馆现实场景。北京路旅游区打造全国首个元宇宙非遗街区，成为全国首条实现线上线下同步开放

---

① 杜新山主编《广州文化产业发展报告（2022）》，社会科学文献出版社，2022。

的非遗街区，该项目通过对具有代表性的非遗精品进行 3D 数字建模，结合 5G、云计算、VR、AR 等技术，高精度、全方位展示了产品细节，呈现了广府特色非遗集市，带领大众领略非遗工艺的精妙。南越王博物院（西汉南越国史研究中心）的"科技赋能王宫重现——南越王宫博物馆展示利用项目"入选"全国考古遗址保护展示十佳案例"，广州市文物考古研究院（南汉二陵博物馆）的南汉康陵遗址剧场化展览新模式入选"全国考古遗址保护展示优秀案例"，这两个案例都是运用元宇宙技术展示考古遗址发现和历史信息的生动演绎。2022 年广州乞巧文化博物馆发布元宇宙数字乞巧文化博物馆，采用了"元宇宙展馆+虚拟讲解员"的全新方式，让游客能够更加沉浸式地了解非遗民俗和民间故事，使传统乞巧文化和非遗民俗在数字科技的助力下焕发新生。二是元宇宙交互技术焕新传统演艺展示空间。2023 年首届湾区元宇宙数字艺术节让元宇宙数字艺术走出虚拟世界、商场橱窗、美术馆、博物馆，走向大众、融入城市，打造了国内首个城市级别的可即时分享、手机直达的元宇宙公共服务平台——"天河元宇宙"，其是一个集数字人、场景展示、真人导览、会议系统、市场活动、演唱直播、社交互动、游戏娱乐、数字藏品、众创工具等功能和玩法于一体的元宇宙虚拟空间，以元宇宙科技与艺术赋能生活。沉浸式元宇宙音乐会"宙响天河——海心沙元宇宙音乐会"在海心沙震撼上演，通过结合 VR、AR、裸眼 3D、数字虚拟主持人等元宇宙技术，打造灯光秀等丰富、立体的视觉艺术，裸眼 3D 更将"猪猪侠"等熟悉的 IP 形象带到观众身边。三是元宇宙人工智能技术拓展文旅市场消费边界。广州新起典文旅科技有限公司开发的"Z-BOX 智慧旅游沉浸式体验新空间项目"运用 VR、AR、人工智能等数字科技并融合文化创意等元素，让游客深度体验旅游新产品、消费新场景，该项目是广东省唯一入选第一批全国智慧旅游沉浸式体验新空间培育试点名单的项目。

（四）"元宇宙+"产学研综合体抢先落地

为推动元宇宙产业发展，南沙、黄埔、天河等区相继建设各种元宇宙产业园区、基地、集聚区等。南沙区建立广州南沙元宇宙产业集聚区，该集聚区将作为元宇宙产业发展的重要载体,通过政府引导、专业化运营的方式,打造元宇宙产业新型综合性服务平台。黄埔区建设广州黄埔元宇宙数字文化产业园,园区内有多家元宇宙数字文化产业链条上的相关企业,涵盖元宇宙IP设计、元宇宙场景打造、云计算、VR设备、线上直播及人工智能等多个重要数字文化领域。园区通过打造多个服务平台,整合多元化载体,充分融合元宇宙相关生态企业,搭建高校、企业、政府之间的良性互动平台,促进产学研及政策的合作落地。天河区建立湾区元宇宙数字艺术研究创新基地,该基地由中共广州市天河区委宣传部、广州美术学院、天和文化艺术交流促进会共同发起成立,将搭建五大平台,围绕元宇宙数字艺术作品孵化创作、专家智库体系构建、学术交流与研究、人才培养、元宇宙重大项目落地等内容重点发力。

(五)金融资本市场为元宇宙赋能文旅发展提供更丰富的机遇

在文化产业投融资方面,广州市各种金融市场主体积极参与:既有粤港澳大湾区文化产业基金等的扶持,也有以中科科创为代表的市场化资本的积极参与。此外,商业银行也通过创新信贷产品和服务模式的方式参与其中,共同推进知识产权融资模式创新,探索扩大供应链融资,完善文化与金融合作平台,构建完善的企业信用体系。

粤港澳大湾区文化产业基金由广州城投集团下属大湾区基金公司牵头组建,基金目标规模为100亿元,以"服务好人文湾区建设,支持区域文化产业协同发展"为使命,积极挖掘并投资文化产业核心领域及"文化+"科技、消费、旅游、教育、体育等生态关联的优质企业,有力推动广州乃至粤港澳大湾区文化相关产业融合发展。

中科科创作为一家扎根粤港澳大湾区的"果农型"科创精品产业赋能投资管理平台,拥有超过100人的专业队伍,累计管理基金超过50只,规模超过150亿元。重点聚焦"文创+数字经济"、生物医疗、新能源新材料三大赛道。近年来,中科科创在文化产业领域持续发力,投资了凡拓数创、广东广电网络等本地文化产业,是粤港澳大湾区文化产业投融资的重要参与者。

2019 年至 2023 年 10 月，粤港澳大湾区文化产业合计产生融资事件 527 起（见图 1），总融资金额约为 407.3 亿元。其中，与文化智造、元宇宙概念相关的投资事件高达 294 起，占总投资事件的 56%。

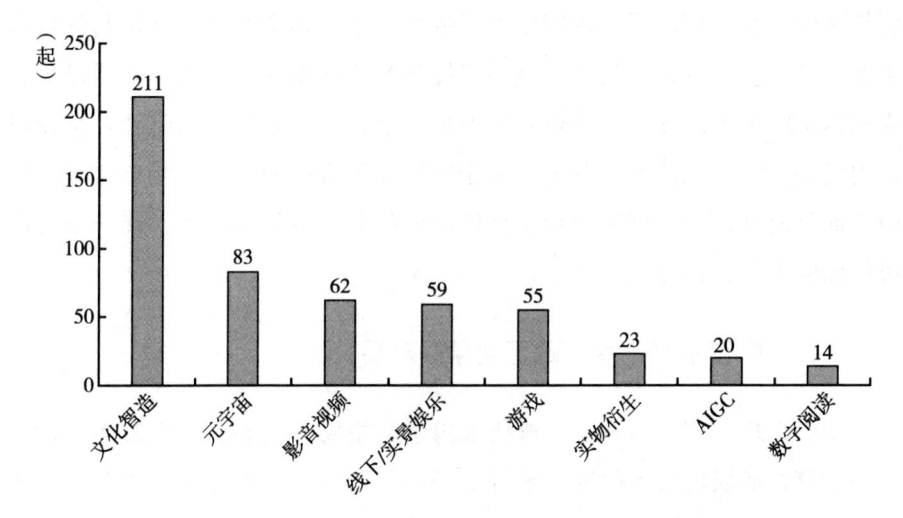

图 1　2019 年至 2023 年 10 月粤港澳大湾区文化产业投融资事件概念分布

资料来源：《2023 年粤港澳大湾区文化产业投资趋势研究》，"艾瑞数智"百家号，2023 年 12 月 21 日，https：//baijiahao.baidu.com/s?id=1785827650017318003&wfr=spider&for=pc。

三　元宇宙技术推动广州文旅产业发展存在的问题

（一）缺乏推动元宇宙技术发展的全局性谋划和专项扶持

北京、上海、重庆、郑州等城市近两年陆续出台了市级层面的扶持元宇宙技术、促进全产业链发展的相关政策，在新基建、新业态培育、新消费场景建构等方面，通过元宇宙技术助推全产业链数字化发展。北京大力推动元宇宙产业在副中心创新发展，强化元宇宙底层技术赋能，集聚一批元宇宙技术产品、解决方案、创新企业资源，促进数字技术与实体经济深度融合，打造全球数字经济标杆城市的副中心样板。上海聚焦沉浸式技术、Web3 技术两大主攻方向，在沉浸影音、沉浸计算、新型显示、感知交互与区块链等关键技术领域打造新高地。重庆提出了一系列发展目标：到2025年，全市元宇宙相关产业规模达1000亿元，培育10家行业头部企业、20家细分领域"专精特新"企业，打造3个市级以上元宇宙相关创新平台，在数据流通、内容生产、数字孪生、感知交互、网络与计算等领域突破一批关键核心技术，进一步提升产业基础支撑能力。郑州设立总规模达100亿元的元宇宙产业发展专项基金，并联合财政部门及社会投资机构设立500亿元的专项基金，用于支持元宇宙产业发展。相比之下，广州目前仅南沙区和黄埔区出台了区级层面的元宇宙相关政策，尚未出台市级层面的全局性的政策文件。

（二）内容生产不足，缺乏现象级产品

调研发现，广州通过元宇宙技术构建文旅场景所涉及的内容生产能力不强，存在底层协议不明晰、平台不开放等情况。具有元宇宙相关技术的文旅装备企业主要聚焦销售、对外出口方面，内容生产能力相比长三角地区企业偏弱。上海将交互技术、VR、3D实景等元宇宙技术与传统演出相结合，推出沉浸式剧目《不眠之夜》，平均上座率达95%，通过不断更新观剧体验，吸引大量观众。郑州应用元宇宙技术中的人工智能技术及交互技术、AR/VR技术增强实景演艺的沉浸感和互动性，打造目前国内规模最大、演出时长最长的戏剧聚落群，构建21个剧场，每天上演总时长近700分钟的剧目，高峰期日均观剧人数达12万人次。相比之下，广州缺乏能够熟练融合内容与形式、艺术与技术的"元宇宙+"内容制作团队，数字内容创作资源与要素相对分散、不够集聚，尚未打造出现象级文旅元宇宙应用场景，内容创新亟须强化。

（三）元宇宙技术所需要的数字基础设施不够完善，与全球顶尖水平差距较大

相关数据显示，2022年广州市5G基站覆盖密度为每平方公里10.28个，远低于深圳（每平方公里32.5个）。在人工智能算力方面，2022年，

在全球超级计算机 TOP500 名单中，天河二号超级计算中心算力全球排名第十，低于江苏无锡的神威·太湖之光超级计算机（第七），且运算速度（61.44 PFlops）远低于排名第一的美国橡树岭国家实验室 Frontier 系统（1102.00 PFlops）。云、网、端等数字化基础设施有待进一步完善，《2022—2023 中国人工智能计算力发展评估报告》显示，2022 年，广州的人工智能算力基础设施发展水平位列全国第五，落后于北京、杭州、深圳和上海。

四　元宇宙技术赋能广州文旅高质量发展的建议

（一）优化顶层设计，抢占国内文旅元宇宙新高地

一是制定广州元宇宙行动计划。对标国家印发的《元宇宙产业创新发展三年行动计划（2023—2025 年）》，统筹推进元宇宙产业数字化建设，建议制定市级的元宇宙产业发展规划或行动方案，围绕元宇宙关键基础设施、关键技术、核心产业以及行业应用场景，助力广州建成元宇宙产业高地和粤港澳大湾区元宇宙技术创新应用先导区。在此基础上，有针对性地出台元宇宙技术赋能文旅产业发展的相关措施，围绕打造沉浸式交互数字文旅应用，在文旅消费场景和公共服务场景方面加快文旅数字化转型和服务平台建设，拓展数字文化服务新空间。

二是完善文旅元宇宙技术标准。鼓励文旅头部企业和行业组织围绕虚拟数字人、XR 互动内容与文旅智能装备等领域，开展元宇宙技术标准化路线图研究，建设元宇宙产业标准规范体系，全面梳理元宇宙产业链标准化需求，分级分类推动标准规范制定。积极申请将广州文旅行业作为元宇宙技术标准试点，打造文旅元宇宙"广州标准"。

（二）创新消费场景，树立一批"元宇宙+文旅"场景项目标杆

一是开发元宇宙文旅"名品"。依托永庆坊、广州塔、珠江夜游沿岸、广州长隆旅游度假区、越秀公园等有代表性的主题乐园、旅游景区、旅游休

闲街区等场所，应用 VR、全息影像、数字孪生等元宇宙技术，开发全息互动投影、无人机表演、夜间光影秀等文旅产品。依托新文化馆、陈家祠、广州博物馆等文博场馆，结合广州红色文化、岭南文化、海丝文化、创新文化，聚焦广彩、广绣、粤剧、舞狮等岭南文化元素，鼓励大型文化场馆基于自身特色文化资源，大力发展线上线下一体化、在线在场相结合的数字化文旅新体验，打造集文化、场景、消费于一体的元宇宙沉浸式体验新模式。利用元宇宙技术升级广州旅游地图、数字导游系统和广州本地宝等应用工具，打造 3D 实景地图，实现沉浸式、"穿越式"导览功能。

二是打造元宇宙文旅"名人"。擦亮广州元宇宙文化 IP，基于广州非遗 IP、广州岭南十三行、海上丝绸之路、醒狮、粤剧等传统与现代元素加强与互联网企业的合作，依托头部企业的技术与项目优势，打造多元立体的网络宣传矩阵，支持设计制作代表广州气质的城市虚拟智能数字人 IP，创新互动体验式宣传模式，提升全市文旅服务知名度，在元宇宙平台打造一批具有世界影响力的广府文化 IP，讲好广州故事。

三是创建元宇宙文旅"名区"。按照展会节事、非遗保护、文创产品、在线博物馆和文旅公共服务等类别打造元宇宙文旅产品新标杆。试点打造 10 个"元宇宙+文旅"代表性应用场景项目和 100 个应用创新项目，集中力量打造 1~2 个广州现象级元宇宙文旅产品，全面提升广州文旅元宇宙的市场影响力。支持荔湾区建设岭南特色数字文旅目的地。依托荔湾区粤剧艺术博物馆、恩宁路和永庆坊等岭南文化阵地，打造一批具有岭南文化特色的数字科普馆及智慧预约预订、智慧导览讲解、智慧游客分流等智慧旅游创新应用场景。支持越秀区建设文商旅融合发展示范区，以南越王博物院、越秀公园、北京路文化旅游区等为重点，打造沉浸式体验型场馆及街区，营造融文化、商业、旅游为一体的全新消费体验。

（三）加强保障支持，构建广州文旅元宇宙新格局

一是加强文旅行业的智力支持。鼓励在穗文旅龙头企业、科技企业、高等院校及科研机构依托现有文旅重点实验室、专业技术和专利发明等，强化

文科数据技术应用，搭建元宇宙文旅数据产品和服务体系。鼓励加强行业龙头企业与高校、科研院所的协同，通过组织文旅元宇宙技术协会、联盟等产学研融合共建的形式，促进元宇宙技术科研成果与文旅产业紧密衔接，培育"元宇宙+"内容制作团队，推动元宇宙技术在文旅行业的落地应用。

二是促进产业园区数字化发展。以广州人工智能和数字经济试验区、广州高新区国家文化和科技融合示范区、国家级文旅产业园区以及产值超过百亿元的文化创意产业园为主要平台，聚焦新一代智慧园区的信息技术应用场景，扶持广州文旅龙头企业，优化文旅智慧产业园区、文旅科创空间等应用场景，整合政务、产业、社会大数据，利用数字技术提升园区运行管理、产业服务、运营决策能力，构建数字化、沉浸式新型文化旅游综合体，搭建文旅元宇宙企业孵化器、创新创业学院、数字艺术实验室、专家工作站和文旅元宇宙产业基金。

三是提供金融财税支持。设立广州文旅元宇宙专项产业基金，通过国有资本的参与带动更多社会资本进入元宇宙产业，优化产业布局。从企业税收、个人所得税、定制化税收服务等方面探索适应广州文旅元宇宙等未来产业的税收支持模式。引入新型估值数据，优化文化资产估值策略，与文化内容传播平台、文化产品交易平台深度合作，引进平台数据和经验，对数字技术赋能后的文化内容资产进行更为科学的评估和预测。

四是加强元宇宙技术相关数字基础设施建设。适度超前布局5G网络、大数据中心、人工智能、云平台等新型数字基础设施，完善算力供给体系。优化广州5G基站布局，加快5G独立组网（SA）规模化部署，优先实现中心城区、产业园区、港口、交通枢纽、高等学校、热点景区等重点区域的室外5G网络全覆盖。扩大城区室内5G网络覆盖面，重点推动交通枢纽、大型体育场馆、景点等流量密集区域的深度覆盖。建设世界一流的算力服务高地。大力推动广州人工智能公共算力中心、琶洲智算中心建设，形成规模化的先进算力供给能力，为粤港澳企业提供人工智能算力服务、数据服务和算法服务。

参考文献

杜新山主编《广州文化产业发展报告（2023）》，社会科学文献出版社，2023。

张夏恒：《元宇宙融合新质生产力的价值维度、实现困境及推进路径》，《中州学刊》2024年第2期。

梁振杰：《旅游产业发展中元宇宙应用的优化路径》，《社会科学家》2023年第12期。

石培华、王屹君、李中：《元宇宙在文旅领域的应用前景、主要场景、风险挑战、模式路径与对策措施研究》，《广西师范大学学报》（哲学社会科学版）2022年第4期。

邓玲：《习近平新质生产力重要论述的理论内蕴及时代意义》，《学术探索》2024年3月11日。

王飞、韩晓媛、陈瑞华：《新质生产力赋能现代化产业体系：内在逻辑与实现路径》，《当代经济管理》2024年第6期。

胡莹：《新质生产力的内涵、特点及路径探析》，《新疆师范大学学报》（哲学社会科学版）2024年第5期。

B.13
广州"文旅+电竞"融合发展对策研究

广州城市旅游问询救援服务中心（广州文化旅游产业促进中心）课题组*

摘　要： 广州作为国家重要中心城市、粤港澳大湾区核心引擎城市，正在加快建设科技创新强市、世界文化名城、世界级旅游目的地以及世界电竞名城的步伐。在数字科技迭代、产业结构优化、消费需求升级的驱动下，加强文旅产业与电竞产业有效融合发展，针对融合过程中遇到的IP透明化、项目同质化、融合程度不足、产业发展不平衡的问题，从技术路径开展渗透型融合、从业务路径开展重组型融合、从市场路径开展延伸型融合是基本逻辑。本报告提出依托"数字化"力量、打造赛事"强磁场"、实施"区域化"战略、加强"规范化"建设、建立"全民化"认同等方面的对策建议，助力加速广州"文旅+电竞"融合发展。

关键词： 文旅产业　电竞产业　"文旅+电竞"

一　研究背景及必要性

文化和旅游融合发展是以习近平同志为核心的党中央立足党和国家事业全局、把握文化和旅游发展规律做出的战略决策，是贯彻习近平总书记关于文化和旅游工作重要论述的重大实践。2018年3月，《国务院机构改革方案》公布，将文化部、国家旅游局的职责整合，组建文化和旅游部，标志

---

* 课题组成员：王青，广州城市旅游问询救援服务中心（广州文化旅游产业促进中心）产业研究部职员，研究方向为旅游经济；蔡泽斌，广州城市旅游问询救援服务中心（广州文化旅游产业促进中心）产业研究部部长，研究方向为旅游经济；赵一棋，广州城市旅游问询救援服务中心（广州文化旅游产业促进中心）综合部职员，研究方向为文旅统计。

着文化和旅游正式进入了融合发展新时代。党的二十大报告明确提出，坚持以文塑旅、以旅彰文，推进文化和旅游深度融合发展。以文塑旅、以旅彰文成为文旅融合的底层逻辑和推进路径。

电子竞技于20世纪90年代末在国外兴起，是以计算机软硬件设备作为竞赛器件，将电子游戏和竞技比赛有机结合的一项竞技运动，是信息技术与体育运动结合的产物。2017年，国际奥委会在第6届峰会上宣布同意将电子竞技视为一项体育活动。2018年，电子竞技作为表演项目迎来在雅加达亚运会上的首秀。经过多年的发展，电子竞技在2023年进入发展快车道，首次作为正式比赛项目在杭州亚运会上亮相，国际奥委会也宣布成立电子竞技委员会，电子竞技逐渐踏上主流舞台。

（一）"文旅+电竞"是数字科技迭代的发展导向

城市互联网、大数据、云计算、物联网、VR、AR、MR、XR、AI等新技术快速发展，文旅产业与电竞产业在数字科技的背景下具有较强的契合性、共通性。文旅产业抓住数字化、智能化机遇，将数字内容、动漫游戏等基于互联网和移动互联网的新兴文旅业态转型为文旅产业发展的新动能和新增长点。电竞产业加速推进数字化转型，依托数字信息技术拓宽业务范围，在网络、硬件、研发、运营等信息技术服务升级的同时，培育出电竞游戏分发平台、直播平台，打造虚拟主持人、虚拟演播厅等新技术、新业态，转播条件和观赛体验远远超出传统体育的发展模式。在通过数字科技拓展自身业务范围的过程中，文旅和电竞之间出现深度的交叉融合，电竞IP联动线下文旅场景，文旅要素注入电竞IP，创新拓展"在地、在场、在线"多维交叉相融的新空间、新场景，打破传统的时空场地限制，创造更为多元的产品选择和场景体验，实现线上竞技场域与线下场景场所的跨时空互联互通，加速文旅产业与电竞产业的高效融合和有效创新。

（二）"文旅+电竞"是产业结构优化的必然需要

产业融合是社会生产力水平提升与产业结构高度化的必然趋势。近年来，文旅产业数字化转型步伐不断加快，大数据、元宇宙、人工智能等新技术成为常态化技术手段，推动线上线下融合创新发展，激活文旅新业态。电子竞技作为数字时代文化传播的全新载体，通过创造多元化的"电竞+"新业态和新场景，带动直播、文化、旅游等相关产业高速融合发展，跃升为数字领域新的经济增长点。以电竞作为新赛道，发挥文旅产业资源优势，打造线上线下一体化、互联互通的"文旅+电竞"新兴文娱产业模式，创新构建新的供应链和产业生态，从而加快产业新旧动能转换、推动产业结构不断优化，为城市产业转型升级、实现高质量发展带来全新思路。

（三）"文旅+电竞"是消费需求升级的实践落点

随着居民物质生活水平的提高、消费需求的多样化，文旅需求逐渐从静态化向动态化、沉浸式转变，消费内容也由单一化逐渐向多样化、个性化、品质化转变。电竞有较强的竞技性、娱乐性以及消费变现能力，拥有规模庞大的忠实用户和源源不断的新晋用户，成为深受大众特别是年轻群体青睐的休闲娱乐方式。通过用户图像开发多元消费场景、创新设计产品服务，将城市文化元素、人文风貌融入不同情景、不同形式、不同场域，加速文旅资源与电竞资源的整合优化，实现产品融合、技术融合和市场融合，文旅产业表现形态不断多样化、应用场景不断多元化，在丰富体验感、强化竞技性的同时满足了人民群众日益增长的消费需求，加速文旅产业升级，改变传统发展模式，快速吸引客流，消费需求升级由此成为"文旅+电竞"融合发展的关键拉动力。

二 广州文旅产业和电竞产业发展现状

（一）广州文旅产业发展现状

1. 地理区位优势显著

广州是国家历史文化名城，也是岭南文化的中心、古代海上丝绸之路的发祥地、近现代民主革命的策源地和中国改革开放的前沿地,红色文化、岭南文化、海丝文化、创新文化等多种文化在这里交融。两千多年的历史积淀与现代城市的繁华面貌,孕育了开放包容的文化内核和城市精神,勾勒出一幅既古老又现代、既本土化又国际化、既开放包容又人情味十足的城市画卷。

2. 历史文化资源丰富

截至2023年底,全市共有全国重点文物保护单位33处、广东省文物保护单位63处、广州市文物保护单位362处、各区文物保护单位364处;不可移动革命文物221处,其中国家级革命文物15处、省级革命文物18处、市级革命文物73处,总数位居全省第一;国家级历史文化名镇1个、国家级历史文化名村2个、省级历史文化名村4个;备案登记博物馆73家,其中国家一级博物馆5家、二级博物馆11家、三级博物馆7家;市级非遗代表性项目216项(含扩展项目),其中人类非遗代表作2项〔粤剧和古琴艺术(岭南派)〕;市级非遗代表性传承人265名,其中国家级12名、省级72名。"广州老城新活力文化遗产深度游"入选全国非遗主题旅游线路,陂头岭遗址和南石头监狱遗址考古取得重要突破并实施原址保护。

3. 红色传统文化底蕴深厚

广州是近现代民主革命的策源地,从越秀山观音山战斗遗址,经杨匏安故居、广州起义纪念馆、广州农民运动讲习所旧址、"团一大"纪念广场,到中共三大会址纪念馆,这一条由北向南全长6.6公里的红色旅游经典线路,串联起广州人的红色记忆。一座座革命史迹展览展示场馆、一条条红色旅游经典线路成为广州文旅融合发展的生动实践,红色基因镌刻在广州城市文化的深处。

4. 文旅业态资源富集

广州现有5A级旅游景区2家、4A级旅游景区36家、3A级旅游景区68家,全国乡村旅游重点村5个,全国乡村旅游精品线路2条,广州市红棉星级旅游民宿30个。全市现有星级饭店114家,其中五星级酒店

25家（含1家白金五星）、四星级酒店29家、三星级酒店49家、二星级酒店11家。广州大力推动"文旅+"跨界融合发展，打造灰塑、砖雕、广东音乐等非遗沉浸式研学体验，做大做强锐丰音响、浩洋灯光、虎牙直播、咏声动漫产品等文化装备。现有国家级夜间文化和旅游消费集聚区4个、国家级全域旅游示范区1个、国家级旅游科技示范园区2个、国家级旅游休闲街区1个。2023年，广州凭借美好生活满意度、旅游热度高的突出表现，入选中央广播电视总台评定的"中国十大旅游向往之城"。

5. 文旅IP活力充沛

广州精心培育打造了"广州欢迎您"、"广州过年·花城看花"、"十一黄金周　快乐到广州"、"花开广州　盛放世界"、"广州文化周"、"丝路花语"、广州艺术季、湾区音乐汇、国际纪录片节等一大批有特色、有品质、有影响力的城市文旅IP，依托四大国际社会媒体及微信公众号、微信视频号、微博等国内外平台打造了"爱游广州"十大全球新媒体传播矩阵，用好全球20个广州文旅国际推广中心，全面提升广州文旅IP的国际传播力、影响力、公信力，让文旅IP不仅成为集聚流量、吸引游客、激活文旅消费的核心力量，更成为传播广州历史文化、展现广州人文魅力的关键所在。

近年来，广州文旅产业保持高速度增长、高质量发展，消费水平全国领先，文旅产业成为拉动广州城市经济发展的重要产业。本报告以广州市2017~2023年旅游业总收入、第三产业总值、GDP以及2017~2021年文化产业收入等相关数据为基础，以有效性、系统性、科学性为原则，建立科学合理的指标数据体系，对广州文旅产业发展水平进行综合分析评价。

2017~2021年，全市文化及相关产业增加值占全市第三产业总值的比重稳定在8%~10%；占全市GDP的比重稳定在6%左右；占广东省文化及相关产业增加值的比重稳定在23%~25%；占全国文化及相关产业增加值的比重稳定在3.3%~3.4%（见表1）。广州文化产业总体规模一直保持稳步增长，高质量发展态势日渐明朗。根据《广州文化产业发展报告（2023）》，2022年，广州文化及相关产业实现营业收入4815.79亿元，同比增长0.2%；全市文化及相关产业增加值约为1800亿元，同比增长2.0%，占全市GDP的比重达到6.2%，产业支柱地位保持稳定。

表1 2017~2021年广州市文化及相关产业增加值及占比情况

单位：亿元，%

年份	广州市文化及相关产业增加值	广州市第三产业总值	广州市GDP	广东省文化及相关产业增加值	全国文化及相关产业增加值	广州市文化及相关产业增加值占全市第三产业总值的比重	广州市文化及相关产业增加值占全市GDP的比重	广州市文化及相关产业增加值占广东省文化及相关产业增加值的比重	广州市文化及相关产业增加值占全国文化及相关产业增加值的比重
2017	1161.07	13750.61	19871.67	4817.17	34722	8.44	5.84	24.1	3.3
2018	1369.69	14663.32	21002.44	5787.81	41171	9.34	6.52	23.7	3.3
2019	1497.66	17088.17	23844.69	6227.18	43712	8.76	6.28	24.1	3.4
2020	1536.39	18066.32	25068.75	6210.60	44945	8.50	6.13	24.7	3.4
2021	1730.00	20189.34	28225.21	6910.00	52385	8.57	6.13	25.0	3.3

注：2017年起按《文化及相关产业分类（2018）》规定的行业范围测算；2018年根据经济普查数据测算，其他年份根据年报数据测算。

资料来源：相关年份文化和旅游发展统计公报、《广东统计年鉴》、《广州统计年鉴》、广州市文化旅游统计报表。

2017~2019年，广州市旅游业总收入呈增长趋势，占全市第三产业总值、GDP的比重呈波动态势。2018年、2019年广州市旅游业总收入均突破4000亿元大关，年均增长率达到11%。2020~2022年，广州市旅游业总收入跌破3000亿元。2023年，广州市旅游业重现生机，总收入突破3000亿元。虽然近年来广州旅游业受到新冠疫情影响，但是旅游业总收入占全市GDP的比重最低依旧超过7%，最高更是超过19%，充分彰显了广州市旅游业较强的实力（见表2）。

表 2 2017~2023 年广州市旅游业总收入及占比情况

年份	广州市旅游业总收入（亿元）	广州市第三产业总值（亿元）	广州市GDP（亿元）	广东省旅游业总收入（亿元）	全国旅游业总收入（万亿元）	广州市旅游业总收入占广州市第三产业总值的比重（%）	广州市旅游业总收入占广州市GDP的比重（%）	广州市旅游业总收入占广东省旅游业总收入的比重（%）	广州市旅游业总收入占全国旅游业总收入的比重（%）
2017	3614.21	13750.61	19871.67	11994.79	4.57	26.28	18.19	30.13	7.91
2018	4008.19	14663.32	21002.44	13610.61	5.13	27.33	19.08	29.45	7.81
2019	4454.59	17088.17	23844.69	15157.96	5.73	26.07	18.68	29.39	7.77
2020	2679.07	18066.32	25068.75	4690.59	2.23	14.83	10.69	57.12	12.01
2021	2885.89	20189.34	28225.21	5433.73	2.92	14.29	10.22	53.11	9.88
2022	2246.03	20611.40	28839.00	4213.51	2.04	10.90	7.79	53.31	11.01
2023	3309.49	22262.24	30355.73	9500.00	4.91	14.87	10.90	34.84	6.74

资料来源：相关年份文化和旅游发展统计公报、《广东统计年鉴》、《广州统计年鉴》、广州市文化旅游统计报表。

2017~2023 年，广州市旅游接待总人数呈现先上升后下降再上升的趋势。2017~2019 年，旅游接待总人数年均增长率约为 10%，但 2019 年境外过夜旅游人数增长率为-0.13%，与 2017 年相比大幅下降；境内过夜旅游人数从 2017 年的 5375.15 万人次增加到 2019 年的 5873.72 万人次，但增长速度却由 5.84%下降至 4.29%。2020 年，广州市旅游接待总人数同比大幅下降 32.99%，其中境外过夜旅游人数与境内过夜旅游人数同比分别下降 76.68%、32.36%。2021~2022 年，旅游业受疫情反弹影响，接待总人数呈现波动趋势，行业缓慢回暖后又陷入困局。2023 年，旅游接待总人数突破 2 亿人次大关，同比增长 51.80%，恢复到 2019 年的 95%（见表 3）。旅游市场重归火爆，得益于广州旅游业体量大、范围广、品质高、服务好的先天及后天优势，为行业破局开路提供了坚实基础，整体呈现良好的发展趋势。

表3　2017~2023年广州市旅游接待人数情况

单位：万人次，%

年份	总人数	同比	境外过夜旅游人数	同比	境内过夜旅游人数	同比
2017	20419.60	10.09	900.48	4.48	5375.15	5.84
2018	22304.52	9.23	900.63	0.02	5631.92	4.78
2019	24549.18	10.06	899.43	-0.13	5873.72	4.29
2020	16449.35	-32.99	209.73	-76.68	3972.86	-32.36
2021	18175.26	10.49	164.77	-21.44	4142.96	4.28
2022	15410.12	-15.21	154.12	-6.46	3670.05	-11.41
2023	23392.16	51.80	377.41	144.88	5167.55	40.8

注：2020年起，接待过夜旅游者人数统计口径调整，由联网住宿企业根据公安系统网身份证登记信息统计过夜人数。接待过夜旅游者人数、旅游收入均与2019年以前年份不可比。因统计口径不一，此处不将全国以及广东省旅游接待人数纳入。

资料来源：相关年份广州市文化旅游统计报表。

（二）广州电竞产业发展现状

经过多年发展，我国电竞产业已进入良性循环，涉及行业领域广泛，衍生关联产品众多，形成了以上游游戏研发为主、中游电竞赛事为主和下游内容制作传播为主的电竞产业链，涵盖了行政部门、行业协会、游戏研发、内容运营、赛事运营、游戏运营、电竞投资、电竞直播、电竞场馆、电竞衍生产品、电竞电商等细分产业。

广州已经构建了较为完善的电竞产业链，涵盖了游戏研发、内容运营、赛事运营、游戏运营、电竞投资、电竞直播、电竞场馆、电竞衍生产品、电竞电商等产业环节，可以有效带动城市相关产业快速发展、促进产业结构优化升级。近年来，广州出台了一系列电竞产业相关政策，包括《广州市促进电竞产业发展三年行动方案（2019—2021年）》《广州市加快数字互动娱乐产业创新规范发展工作方案》等。在政策的牵引带动下，相关城区先后出台扎实有效的政策，推动电竞产业发展。黄埔区出台《广州开发区（黄埔区）促进电竞游戏产业高质量发展的若干措施》；天河区制定《广州市天河区电竞产业发展规划（2020—2023年）》，努力建成大湾区世界级电竞中心；花都区、白云区印发数字文化产业发展扶持办法，部署成立电竞产业园区，引入相关电竞赛事，扶持电竞产业发展。广州电竞产业发展现状如下。

1. 电竞产业链上游——内容授权

主要包括游戏研发、游戏运营等。游戏研发为市场提供高质量的精品游戏，形成用户基础，进一步推动顶层电竞赛事设计，游戏研发商掌握着游戏版本的更迭与玩法的设计，并对相关的电竞赛事给予内容授权。目前腾讯游戏是国内最大的游戏研发公司，其自主研发的现象级手游《王者荣耀》推出至今仍保持高日活、高流水、高渗透率状态。广州目前拥有网易游戏、三七互娱、四三九九、星辉娱乐、多益网络、趣丸科技等一批国内知名游戏企业，以及《第五人格》《梦幻西游》《永劫无间》等多款知名自研电竞游戏。

2. 电竞产业链中游——衍生内容制作

主要包括赛事运营、电竞俱乐部运营、游戏营销、游戏平台开发、电子竞技内容制作等。赛事运营是电竞产业链的核心环节，具有较大的内容变现空间。中国主流电竞职业联赛效仿美国职业篮球联赛（NBA）采取"主客场制""工资帽""收入分享""转会制度"等创新举措，保障赛事的公平性与对抗性，体育化、职业化、地域化趋势不断深化，其中"主客场制"让电竞与城市产生情感连接，对抗时带有更多"地域符号"，从而使受众面更广、归属感更强，"粉丝"与电竞俱乐部之间的联系更紧密。国内量子体育、香蕉游戏传媒、IMBA TV 等是近年发展较快的电竞赛事运营执行公司；现有的电竞代表性赛事主要有 KPL（王者荣耀职业联赛）、LPL（英雄联盟职业联赛）、PCL（绝地求生冠军联赛）以及网易 X 系列赛等；主要电子竞技俱乐部有 EDG、IG、eStar、TTG、AG 等。

根据中国音像与数字出版协会发布的《2023 年度中国电子竞技产业报告》，截至 2023 年 12 月，中国可查询的电竞俱乐部共有 188 家，拥有 10 家以上电竞俱乐部的城市有上海、北京、广州、杭州。广州有职业战队的电竞俱乐部以广州 TTG、格斗家、广州冲锋队、广州富力、SMS 俱乐部、CC TEAM

俱乐部为主，涉及的游戏有《王者荣耀》、《英雄联盟》及其手游、《和平精英》、《FIFA-Oline4》、《永劫无间》、《守望先锋》、《绝地求生》等，覆盖了以LPL、KPL、PEL（和平精英职业联赛）、OWL（守望先锋联赛）等为代表的主流赛事。2020年，第五人格、梦幻西游两大本土职业联赛联盟落地广州。广州趣丸科技网络公司旗下TT电竞是华南地区唯一拥有四大顶级电竞职业联赛席位的俱乐部，组建的广州TTG战队是首个将主场落地广州的职业战队，在2023年为广州捧回首座KPL冠军奖杯，创造了广州电竞历史新的里程碑；包括广州TTG选手蒋涛在内的中国电竞代表团在2022年杭州亚运会上获得亚运会历史上首枚电竞项目金牌。

3. 电竞产业链下游——传播平台

主要包括电竞直播、电竞媒体及其他衍生产品的内容传播等。电竞直播打通了电竞赛事内容和用户的传播渠道，为电竞产业带来了最重要的流量来源和变现渠道，是电竞运动推广和产业运营的重要组成部分。目前国内电竞直播领域的代表性企业有虎牙直播、斗鱼直播、抖音、快手、触手、熊猫、龙珠、战旗等。广州拥有虎牙直播、网易CC直播、酷狗直播、TT语音、YY直播等一批电竞直播龙头企业，处于全国第一梯队，其中虎牙直播是国内唯一拥有英雄联盟五大赛区版权的直播平台，包括北美冠军联赛、欧洲冠军联赛、韩国冠军联赛、英雄联盟职业联赛、英雄联盟大师赛的独家直播权。

电竞产业与其他产业的融合衍生出电竞酒店、电竞教育、电竞地产等新兴产业，产业链总体上呈现延伸趋势，其中电竞酒店成为电竞产业链中成长最为迅猛的细分市场之一。电竞酒店主要包括专门电竞酒店和电竞主题房，专门电竞酒店指完全围绕电竞人群的需求来运营的酒店，电竞主题房指传统酒店与电竞平台联合开发的电竞主题客房，形成了以爱电竞、锦囊青年、拯救者、BUFF电竞、粤塔、银河、EHA等为代表的行业头部连锁品牌。其中，粤塔电竞酒店起源于广州，建立了"粤塔TOP-PLAY""粤塔H轻奢""粤塔X电竞""粤塔IP电竞"品牌矩阵，在业态创新、用户体验等方面呈现新亮点。

三 广州"文旅+电竞"融合发展面临的问题

（一）IP 透明化，"流量时代"城市形象影响力不足

广州文旅资源丰富，精心培育打造了"广州欢迎您""广州过年·花城看花"系列城市文旅品牌，更有旅游形象 IP"阿蛮"和"咩仔"，但在影响力、知名度、特色化、记忆点、吸引力等方面同迪士尼等国际知名 IP 有着较大差距。此外，广州目前流行的电竞 IP 版权大多归属国外，本土知名电竞 IP 稀缺，电竞内容、形式与城市联系不紧密，电竞赛事体系孵化程度不深，需要依靠重金引入主流赛事，没有形成以政府为主导、以电竞俱乐部为依托、以赛事为核心、硬件厂商参与的一体化发展模式。IP 作为城市的特色元素和符号，代表着城市形象，是提升城市辨识度的关键，广州在发挥 IP 宣传推介城市形象的功能方面仍有较大潜力。

（二）项目同质化，"非标时代"城市创新性意识欠缺

随着电竞的大众化进程不断加快，电竞的产业潜力、关注度、流量和影响力与日俱增，吸引城市不断"押注""加注"，但由于城市或地区缺乏清晰的定位，"文旅+电竞"融合案例虽然"遍地开花"却"千篇一律"。广州致力于打造或引进热门电竞赛事 IP，然而各区在企业引进、俱乐部扶持、场馆建设、赛事举办等方面的扶持方向"大同小异"，赛事内容、模式雷同，发展模式呈现同质化趋势，未能结合各区的区位优势、产业特点、人群年龄结构和消费习惯形成差异化竞争局面，电竞产业与区域发展关联性不强、优势特色不突出的问题日益凸显。在政策和赛事同质化的现状下，文旅内容单薄、电竞内容单一，造成"文旅+电竞"融合单一化、程度低、层次浅，融合项目内容大多流于表面，导致产业融合赋能城市发展的效果大打折扣，难以充分发挥产业融合创新的带动力和影响力。

（三）融合程度不足，"文旅+电竞"成果转化度不够

岭南传统文化底蕴深厚，需要先进、高效、适配的表达方式与传播方式作为介质进行创造性转化、创新性发展。目前，广州"文旅+电竞"的许多项目合作仅停留于 IP 联动领域，多通过从传统文化中提炼有鲜明特色的文化符号，借助 IP 固有元素如皮肤、地图、赛道、角色、武器等以及线下宣传物料、短期场景布置进行联动，持续周期较短、融合方式单一，未能充分结合广州的历史文化、人文景观等突出特点打造可持续、长期化的增量项目。此外，"文旅+电竞"带来的价值目前更多局限在赛事阶段，与"赛事"之外的产业环节联动不够，在打造新型"文旅+电竞"消费项目、消费场景上仍有较大探索空间。

结合广州市的旅游项目收入进行分析，目前"食、住、行、游、购、娱"是构成广州旅游收入的六大要素，其中，餐饮、住宿以及交通是基础层次产业，购物是中间层次产业，游览、娱乐是核心层次产业。2017~2022年，商品销售、餐饮、长途交通、住宿消费构成广州旅游业的主要收入（见表4）。

表4 2017~2022年广州市旅游业相关产业收入情况

单位：亿元

年份	商品销售	餐饮	长途交通	住宿	邮电通信	市内交通	游览	娱乐	其他	合计
2017	1002.22	556.95	584.78	693.93	9.76	79.87	264.56	166.98	255.16	3614.21
2018	945.93	666.56	717.47	841.32	12.02	93.39	313.44	261.73	156.32	4008.19
2019	1400.60	595.48	1075.64	830.27	8.62	79.94	128.46	163.08	172.50	4454.59
2020	540.10	590.47	465.36	585.91	5.36	50.02	190.48	172.50	129.74	2679.07
2021	639.14	674.14	503.42	544.69	3.65	122.22	208.83	81.63	107.88	2885.89
2022	410.35	442.47	465.83	471.22	2.47	75.02	174.07	92.31	112.30	2246.03

资料来源：相关年份《广州统计年鉴》。

以上数据表明，广州在"游、娱"等领域仍具有较大的消费潜力，通过"电竞+文旅"构建涵盖游玩、购物、住宿等多个消费环节的产业链条，将进一步助力经济高质量发展，进一步挖掘文旅市场消费潜力。

（四）产业发展不平衡，"文旅""电竞"产业契合度不高

依托2000多年的历史文化积淀，加之都市的不断发展，广州文旅产业已构建起成熟有序、综合性强、关联度高、拉动性强的产业发展生态。然而本土电竞产业还面临赛事体系不完备、赛事场馆稀缺、政策指引不清晰、新技术探索力度不足等问题，用户参与度不足，难以形成产业闭环，文旅产业和电竞产业在发展集聚度、规范性、规模性、一体化等方面均有较大差距，发展不对称、不平衡造成广州文旅产业与电竞产业在融合发展上面临节点对接困难、内容融合不足、联动程度不深的困境，需要持续发力，进一步完善产业融合发展条件和生态环境。

四　广州"文旅+电竞"融合发展的基本逻辑

马健认为，发生在产业边界和交叉处的技术融合改变了原有产业产品的特征和市场需求，导致企业之间原本的竞合关系发生改变，从而导致产业界限的模糊化甚至重划产业界限。新技术、新产品、新工艺的研发，推动科研成果的转化，投入市场进行试用推广，借此充分发挥市场的需求导向作用和资源配置优势，带动产业结构的转型升级。在广州文旅产业和电竞产业的融合发展过程中，数字科技的渗透带来了产业的双向交叉融合，市场扩张的需求驱动了产业的优化发展，赋予原有产业全新的功能和领先的优势，促进广州"文旅+电竞"高质量融合发展。本报告基于广州文旅产业和电竞产业的核心内容、发展现状和价值特征，探索建立广州"文旅+电竞"融合发展的三种基本逻辑：基于技术路径的渗透型融合模式、基于业务路径的重组型融合模式、基于市场路径的延伸型融合模式。

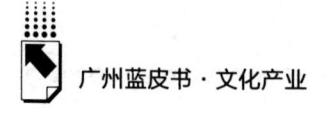

（一）基于技术路径的渗透型融合模式

1. 行为逻辑

该模式主要借助创新手段或技术，将产业可利用的资源以及替代性、关联性强的技术、工艺和产品融入其他产业，由此改变原有产业产品或服务的生产模式，使不同产业的价值链环节或产业经济活动之间相互交融。联系广州"文旅+电竞"具体实践，以数字技术作为支撑，将文旅产业的文化元素和旅游资源与电竞产业的 IP 内容和赛事活动通过数字化、多样化手段进行全新阐释，创造线上与线下、无形与有形的交叉互联，在共同的技术基础上模糊原本清晰的产业边界，实现不同产业链的融合发展。

2. 具体案例

案例一：《明日之后》作为网易金牌研发团队历时 3 年打造的手游，联动长隆欢乐世界在真实的地域空间里再现虚拟的电竞世界——"明日之地"，既突出了长隆欢乐世界的文旅功能，又重现了虚拟终端之上真实的末日求生之旅。

案例二：《原神》是米哈游的一款原创游戏产品，其应用动画渲染、游戏 AI、动作捕捉等技术，打造了一座包含中国传统文化元素的城邦——"璃月"，从张家界、桂林、黄龙等地取景，融入民乐、茶道、棋戏、中药等传统文化，结合元宵节、中秋节推出海灯节、逐月节等活动，让参与者在游玩中感受中华传统文化的魅力，该项目成功入选文化和旅游数字化创新示范十佳案例。

案例三：腾讯游戏《QQ 飞车》融入"中国天眼"、北盘江第一桥等建筑元素，打造"一路向黔"赛道，展现贵州科技风貌；其四川特色主题赛道"梦回古蜀""云游天府"完美融合蜀绣、麻将、三星堆等地方特色元素；2023 年，《QQ 飞车》推出"飞跃黄河"新版本，定制游戏主题赛道，数字化展现黄河流域的人文风貌。

（二）基于业务路径的重组型融合模式

1. 行为逻辑

该模式通常发生在具有紧密联系的产业或同一产业内部不同行业之间，通过打破原有的产业价值链，提取其中的核心价值环节，将原本各自独立的产品或服务通过资源整合和产业重组融为一体，产生区别于以往的新型产品或服务。在这一模式下，文旅产业和电竞产业以节庆、盛典、赛事和会展为纽带，经过资源整合和产业重组，打造兼具文旅产业和电竞产业特征元素的产品或服务，既可以突出展示广州的文化内涵和城市旅游风貌，又可以有效宣传电竞 IP 及产品。

2. 具体案例

案例一：腾讯游戏《王者荣耀》广佛线武术主题专列合作项目以佛山武术文化推广大使"裴擒虎"（游戏角色）的佛山武术梦为切入点，深度融合数字娱乐、传统武术文化以及佛山文旅资源，串联千灯湖、西樵山风景名胜区、飞鸿馆、南海影视城等多个文旅景点，定制裴擒虎 CV 配音导览全程，打造国内首条"电竞+武术"旅游路线，让游戏玩家在游览路线时对中华传统武术文化以及佛山文化产生更强的认同感。

案例二：腾讯《地下城与勇士》武汉电竞旅游嘉年华活动探索"电竞+旅游"新模式，推出电竞旅游文创周暨《地下城与勇士》阿拉德市集活动、电竞旅游主题灯彩展、国际 F1 天王赛以及电竞文化数字艺术秀等活动，将武汉美景地标、荆楚文化与电竞内容体验相结合，以电竞 IP 为切入点，重组文化旅游资源，打造线上线下互联互通的"电竞+旅游"新模式，为电竞爱好者与广大市民游客献上了一场精彩纷呈的电竞文创之旅。

（三）基于市场路径的延伸型融合模式

1. 行为逻辑

该模式通过产业间的互补和延伸实现融合，往往发生在产业链自然延伸的部分，通过产业边界的交叉融合激发市场潜力，创造更多的市场需求，从而赋予原有产业新的附加功能和价值，驱动产业融合，形成产业新体系。技术和业务的融合为广州文旅产业与电竞产业的融合提供了最基本的手段和内容支撑，是融合的先决条件，但是产业融合得以实现的必要条件是市场融合，必须创造符合市场需求的新型产品、场景、业态。只有经过市场的检验，才能建立可持续的产业生态体系。

2. 具体案例

案例一：福建永定土楼《天涯明月刀》项目是文旅部对口支援永定引入的第一个国风电竞文旅项目，围绕"振成楼""环兴楼""振福楼"3座客家土楼，借助数字IP与数字化技术，重点突出客家文化和土楼建筑特色，为永定土楼文旅项目及客家文化发声，实现数字IP正向价值的传播。结合游戏元素开发沉浸式互动演出、剧本杀游戏、古书展览馆、非遗体验区、电竞主题酒店等业态，打造全新的国风文化体验，助力当地文旅产业发展。

案例二："和平精英电竞岛项目"是《和平精英》IP的实景化项目，该项目在广州大学城内广泛植入《和平精英》IP，提取各类地标特色，设计"网红打卡点"，既能满足电竞赛事的场馆需求，又能发挥强大的IP引流能力，打造以广州大学城为核心的《和平精英》主题岛区。通过品牌跨界、业态跨界、文化跨界等，成功落地三大《和平精英》电竞赛事，打通岛内品牌门店，借助乐园式的空间载体使游戏世界真实化，搭建了一个线上线下相结合的"高校电竞社交空间"，促进商圈发展和消费，帮助城市形成新的城市名片与"网红"地标。

五 广州"文旅+电竞"融合发展的对策建议

（一）依托"数字化"力量，创新塑造广州城市IP

作为数字化、信息化技术应用的新"蓝海"，电竞全民化已是大势所趋，通过人工智能、云计算、5G、区块链、AR、VR、XR等先进技术，使广州红色文化、岭南文化、海丝文化等文旅资源与电竞项目的剧情设计、英雄塑造、人物服饰、场景构建等相互渗透，推动城市特色文化形象电竞化，同步联动广州众多城市地标、历史文化遗迹、文博场所、潮流文化聚集地、本土品牌企业等线下空间载体，实现线上竞技体验和线下互动渠道的互联互通，立体化、具象化城市形象。借助数字化科技升级广州原有城市IP，创新塑造"文旅+电竞"融合IP，充分发挥电竞的载体功能，凸显IP的故事内容价值，打造以文旅IP、电竞IP、"文旅+电竞"IP及衍生产品为核心的IP产业链，让更多国内外玩家体验广州IP、了解岭南文化，进一步推动广州城市形象的创新性传播和立体化建构。

（二）打造赛事"强磁场"，构建产业融合平台

文旅产业和电竞产业囊括了文化、旅游、科技、社交、娱乐等多重要素，以电竞产业的核心内容电竞赛事为切入点、融合点，推动构建广州电竞赛事体系，建设专业电竞场馆，积极引进主流电竞职业赛事，参考国际传统体育赛事体系孵化本土电竞赛事如"广州电竞公开赛""广州电竞锦标赛"等，打造广州电竞文化赛事符号，催生新业态、新潮流，带动赛事落地、电竞教育普及和产业园区兴起，进一步完善电竞产业生态。辐射湾区，联动举办湾区电竞职业联赛、明星赛、电竞产业交流峰会等活动，加强广州与湾区城市之间的文旅电竞产业交流，推动各类资源要素集聚，助力湾区文旅电竞产业协同发展。支持赛事活动与本土文化、城市景观、本地品牌、商旅消费相结合，发展电竞周、电竞展、电竞嘉年华、电竞文化季，打造"观赛+体验+旅游"的电竞文旅新消费场景，形成虹吸效应，大力激发市场消费潜力，在创新电竞赛事体验中助力城市文化实现传承发展。在场景传播层面，应完善电竞文化元素布局，优化城市电竞空间，充分发挥电竞赛事和俱乐部方面的全球领先优势。

（三）实施"区域化"战略，打造多样融合生态

广州打造"世界文化名城""世界级旅游目的地""世界电竞名城"，不仅要加强对各区域间协同发展和整体战略的规划，也要结合各区域在区位

优势、资源配置、产业结构以及民俗风情等方面的差异和特征，打造可持续、特色化的"文旅+电竞"融合发展生态。天河区继续发挥在游戏研发、电竞俱乐部运营、电竞直播、电竞教育等方面的优势，在体育场馆、中心商圈、空置场地等推动建设专业型电竞赛事场馆，进一步放大原有发展优势。黄埔区规划建设专业型电竞赛事场馆，联动共建湾区国际电竞创新中心，加快建设鱼珠中国游戏软件谷"产业地标"。番禺区充分发挥大学城人才科技创新优势，依托大学城打造电竞技术创新示范园区，升级电竞岛项目，促进电竞产学研一体化发展。越秀区、荔湾区依托北京路、海珠广场等传统商业文化街区和永庆坊等历史文化街区，基于数字化技术开展对电竞文创、电竞非遗等的"微改造"。白云区发挥土地、电商集聚优势，依托电竞学院，营造电竞氛围，建设电竞综合人才培养基地。海珠区结合本地主营业态发展电竞展业、创意园区、电竞媒体，进一步完善游戏电竞、影视制作、虚拟引擎、电商直播、电子商务等细分产业。从化区将营地、山地马拉松、特色民宿等乡村特色资源与电竞相结合，打造乡村电竞，带动乡村消费。

（四）加强"规范化"建设，丰富产业融合接口

广州电竞产业相较文旅产业在产业链完整性、产业成熟度上具有一定的弱势，应通过开展文旅电竞跨界学术交流活动，加强对文旅和电竞融合发展的系统性、科学性、可行性研究；加强电竞人才队伍建设，探索产学研用多方联动人才培养新模式；完善电竞俱乐部管理运营机制，重点引入培养赛事IP运营人才、"文旅+电竞"复合创新型人才，研发具有自主知识产权的电竞项目和硬件外设装备；丰富电竞商业化手段，打造城市电竞新场景，支持"电竞小镇""电竞创意街区""电竞文化展览馆""电竞技术体验馆"等的建设，提供丰富的文化、创意、生活体验空间，逐步建立统筹电竞赛事举办、电竞项目立项、电竞选手管理以及电竞宣传推广的电竞产业规范化发展体系，推动电竞产业实现系统化、专业化、标准化、高质量发展，在产业均衡发展的基础上探索文旅与电竞相互作用的主要切入点和商业转化点，打造产业间系统性、网络性的强链接，营造开放、共享的融合生态。

（五）建立"全民化"认同，打造本土传播矩阵

电竞与城市文化旅游形象有效契合的关键之一在于打造统一的城市认知图式，不断强化受众的关联记忆，建立深度的情感认同。通过构建涵盖网站、微信、微博、抖音、小红书、今日头条、视频号等主流社交平台的传播矩阵，大力拓宽宣传渠道，强化城市立体化传播能力，构筑城市形象全球识别系统。鼓励本土影视内容制作、综艺策划行业与电竞研发企业开展合作，立足真实的历史文化和独特的城市魅力，创造有广州特色的电竞音乐、影视作品，推动电竞与优秀传统文化深度互联互通，利用新媒体、智能媒体的传播优势，放大电竞对城市文化传承的积极效应，全方位提升城市的电竞文化叙事效果，使电竞更好融入城市文化生活。

参考文献

杨越：《新时代电子竞技和电子竞技产业研究》，《体育科学》2018年第4期。

何威、曹书乐：《从"电子海洛因"到"中国创造"：〈人民日报〉游戏报道（1981—2017）的话语变迁》，《国际新闻界》2018年第5期。

马健：《产业融合理论研究评述》，《经济学动态》2002年第5期。

胡汉辉、邢华：《产业融合理论以及对我国发展信息产业的启示》，《中国工业经济》2003年第2期。

陈柳钦：《产业融合的发展动因、演进方式及其效应分析》，《西华大学学报》（哲学社会科学版）2007年第4期。

薛金霞、曹冲：《国内外关于产业融合理论的研究综述》，《新西部》2019年第10期。

谭映映：《广州市政府发展电子竞技产业的困境研究》，硕士学位论文，华南理工大学，2021。

宁传林、徐剑：《全球电竞之都评价分析》，《城市问题》2022年第11期。

案例篇

B.14
钛动科技：数字化赋能中国文化和品牌高质量"出海"

程晓娜 蔡淑慧 宿慧娴 王 欢[*]

摘 要： 钛动科技是一家企业全球增长数字化服务商，凭借自主研发的全球数字媒体SaaS管理工具、商业智能技术和人工智能技术，形成一套"云+智能"的全链路解决方案，为中国企业"出海"提供一站式服务，助力其拓展海外市场、高质量发展。目前，公司业务范围遍及全球200多个国家和地区，成功服务超过30000家中国企业。未来，钛动科技将进一步发挥技术和资源优势，积极探索通过数字化、品牌化赋能中国企业"出海"发展，持续为推进对外贸易高质量发展和提升中华文化国际影响力贡献力量。

---

[*] 程晓娜，钛动科技副总裁兼董事会秘书，研究方向为公司治理、投融资、战略管理；蔡淑慧，钛动科技公共事务总监，研究方向为公共政策；宿慧娴，钛动科技品牌文案策划，研究方向为品牌传播；王欢，钛动科技公共事务经理，研究方向为公共政策。

钛动科技：数字化赋能中国文化和品牌高质量"出海"

关键词： 数字化赋能　中国文化和品牌"出海"　高质量发展

一　企业基本情况

广州钛动科技股份有限公司（以下简称"钛动科技"）成立于2017年，总部位于广州市天河区，在马来西亚、印度尼西亚和美国均设立分支机构，是全球三大主流数字媒体平台TikTok、Google和Meta的官方合作伙伴。公司业务范围遍及全球200多个国家和地区，通过技术能力汇聚全球超200万数字媒体和服务资源，帮助超过30000家中国企业成功"出海"，包括字节跳动、阿里巴巴、米哈游、拼多多、SHEIN、TCL等知名企业，涵盖科技、文娱、电商、品牌等领域。

在高质量发展的进程中，钛动科技持续优化产品和服务，通过一站式数字化增长运营工具覆盖"出海"运营链路各关键环节，让科技促进全球商业增长。与此同时，钛动科技在BI端内嵌底层云原生架构，构建统一数据资产池，帮助企业解决数据融合难题，并盘活海量"出海"数据资产，打造AI引擎，提升企业内容运营效率，全面提高企业数字化"出海"能力，为中国企业"出海"提供了全新的触达方式，向海外群体展示真实、立体的中国文化和品牌。钛动科技还聚焦网络文学、影视节目、饮食文化等板块，服务阅文集团、Bilibili、芒果TV、米哈游、三七互娱、海底捞等知名企业，为打造中国文化传播"新名片"贡献力量。

钛动科技坚持技术创新与运用、助力企业数字化转型，凭借卓越的技术创新能力及优秀的业务增长成绩，获得政府部门和行业的广泛认可。近年来，钛动科技相继获得国家高新技术企业、广东省"专精特新"企业、中国国际服务贸易交易会全球服务实践案例、广东省服务贸易优秀案例、广州"未来独角兽"创新企业、广州最具发展潜力人工智能企业、广州市最具成长性文化企业等荣誉。

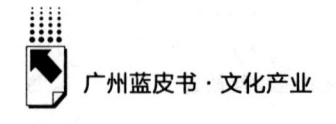

二 企业发展历程

（一）钛动科技1.0：扬帆起航，创造无限可能

钛动科技于2017年9月在广州成立，致力于成为全球最好的增长赋能BI公司，确立商业智能的服务逻辑和平台产品的整体规划，通过技术帮助中国企业拓展海外市场。

2018年，钛动科技针对"出海"企业所面临的品牌传播与营销效果不佳等难题，成立全球大媒体全栈代理投放品牌UniAgency，帮助企业解决海外广告管理过程中的痛点与难点，满足用户在多平台高效建立广告账户进行推广并能对账户预算及广告策略进行动态监测与调整的需求，提高营销效率。凭借大数据底座和行业领先的商业智能技术能力，钛动科技先后成为Google Ads、TikTok for Business的官方代理商，荣获第七届中国创新创业大赛全国总决赛第二名，刷新了"以赛代评"以来广州企业在国赛中的最好成绩。

2019年，钛动科技独立研发的官方商城一站式建设平台meetMyShop正式亮相，旨在助力用户便捷地搭建商城，进而实现流量与电商市场的无缝衔接。钛动科技产品营销云SaaS荣获中国创新创业成果交易会颁发的"最具投资价值科技成果奖"，获得市场与行业的认可。

2020年，凭借过硬的技术能力，钛动科技被认定为国家高新技术企业。在资源方面，钛动科技成为Meta在中国华南地区唯一的授权代理商，进一步提升了钛动科技在全球社交媒体平台的影响力。在产品方面，钛动科技在"出海"营销领域进行全面布局和深度整合，发布Tec-Retail等多个一站式服务工具。

（二）钛动科技2.0：品牌全面升级，以科技创新助力中国企业"出海"

钛动科技坚持用数据突破边界、用技术连接世界，以大数据为基、以商业智能为翼，深度整合全球数字媒体资源，以商业智能技术赋能"出海"营销全场景。

2021年，钛动科技实施全新战略Tec-Do 2.0，正式启用新品牌标识，对外发布全新品牌体系，"出海"服务能力全面提升。

2022年，钛动科技为构建完善的"出海"服务生态启动"春笋计划"，集聚"出海"领域的专业人才与有志之士，共筑更加完善高效的"出海"营销服务体系。凭借杰出的技术能力与出色的市场表现，钛动科技荣获广东省"专精特新"中小企业、广州市"未来独角兽"创新企业等荣誉。

随着全球数字化进程的加速，以大数据、物联网、人工智能等为代表的新一代信息技术迭起，正深刻影响国际社会经济发展格局，产业创新发展需要多方主体的紧密配合与高效协作。钛动科技一直秉持着创新理论与实践范式并重的原则，不断寻求突破和进步。2023年，公司与广东省琶洲实验室、华南理工大学达成了产学研三方战略合作，共同探索AI应用的前沿领域，推动钛动科技产品的迭代升级，为中国文化和中国品牌的全球化发展注入了新的动力。同年，钛动科技成为百度文心一言的首批生态合作伙伴，通过引入对话式语言模型技术，加速打造"出海"营销人工智能全系产品及服务，实现了该技术在国内"出海"营销场景的首次应用，为行业的创新发展树立了新的标杆。

在行业赋能方面，钛动科技倾力打造的一站式海外知识学习平台"钛动出海学院"于2023年正式获授牌为"天河区国家文化出口基地、天河中央商务区国家数字服务基地出海学院"，致力于为全球"出海"从业者提供专业化的交流学习平台、资源共享渠道，助力中国企业更好地拓展海外市场，实现全球化发展。同年，在广州市天河区政府的指导下，钛动科技携手网易、酷狗等企业发起并成立了"天河出海联盟"。联盟聚焦国际市场开拓，通过整合天河区优质服务资源，搭建全方位的公共服务平台，面向"出海"企业提供全链路的公共服务和解决方案，助力中国企业更好地"扬帆出海"。

从"努力走出去"到"生而全球化"，中国力量在世界舞台上逐步崭露头角，中国企业的国际市场拓展已由原先以中低端生产制造和出口贸易为主导的阶段进入了以技术创新和品牌塑造为引领的新时期。数字技术正通过前沿的理念、新兴的业务形态和创新高效的模式全面融入社会，成为推动中国企业国际化进程的重要引擎。与此同时，中国品牌迈入了以"产业智能化升级、数字化变革提效、全链路数字营销、品牌价值提升"为鲜明特征的数字化新阶段。钛动科技创始人兼CEO李述昊表示，Tec-Do2.0将持续迭代升级。他指出，目前中国企业已经具备强大的生产与制造能力，希望通过钛动科技的力量，中国企业能更加专注于生产更优质的内容与产品，从而进一步提升其在全球市场的竞争力。

三 通过领先的商业智能技术、完善的服务体系，助力中国文化和中国品牌"出海"

近年来，我国积极培育外贸新动能，加大对中国企业"出海"的支持力度。在国家政策鼓励和海外市场空间扩大的背景下，越来越多的企业开始尝试走出国门。但在实践中，中国企业"出海"仍面临一系列挑战，包括文化差异、各国政策监管及法规复杂多样、品牌意识不足等。因此，钛动科技在构建和完善"出海"生态上持续发力，基于领先的技术优势和完善的服务体系，为中国"出海"企业提供了高效、便捷的数字化营销解决方案，帮助中国企业拓展国际市场、塑造国际化品牌；同时，钛动科技通过智能商业策略和数据驱动技术，帮助"出海"企业在多个维度全面提升目标群体触达效果，助力中国文化的国际传播、中国品牌的全球增长。

（一）领先的技术优势，打造中国企业"出海"数字化工具

钛动科技以技术驱动业务发展，自主研发了 MarTech 技术产品矩阵，在行业内首创了聚合全球媒体的一站式智能营销 SaaS 平台——营销云，帮助中国企业触达全球数十亿名用户。营销云产品覆盖全球主流社交媒体，具备

海外市场洞察、广告创意自动化生成、创意资产自动化管理、广告自动化投放等功能，并依托大数据和算法技术，实时进行广告效果分析；针对不同国家、不同区域进行跨账户素材分析，通过数据分析赋能素材的深度优化，结合海外受众偏好和文化特色，以当地受众感兴趣的形式和内容进行传播，最大限度地减少跨文化传播的障碍，打通营销全链路上的各个环节。

钛动科技基于大数据底座和行业领先的技术能力，结合服务企业"出海"的经验，在简化营销流程和用户触达流程的同时，帮助企业精准洞察海外市场，营销效率提升10倍以上，日用户触达频次达50亿次，日新增数据量达8.2T。

截至2024年上半年，钛动科技技术人员在全公司的占比超过30%，每年研发投入占营业收入的比重超15%，拥有近200项发明专利和软件著作权，知识产权数量位居行业前列。

通过技术创新与运用，钛动科技帮助中国企业布局海外市场，在高效实现全球增长的同时，助力中国企业实现数字化转型，从而帮助中国文化"出海"、品牌"出海"提质增效。

（二）完善的服务体系，助力"出海"企业品牌化转型升级

从更好地服务中国文化、中国品牌"走出去"的视角出发，钛动科技秉承以服务客户为中心的核心价值观，搭建了以营销云为核心的全链路"出海"解决方案，包含创意服务、直播服务、品牌营销、数字营销、效果营销、达人营销和咨询服务，为企业"出海"提供定制化服务，帮助企业塑造品牌、传播品牌、运营品牌，致力于打造享誉全球的中国品牌。

为适配不同地区的市场需求，钛动科技搭建了遍布全球的专业团队，在全球超过40个国家拥有本地执行合作团队。钛动科技在东南亚、北美自建直播基地，已成功帮助多个品牌搭建海外直播销售体系，通过直播电商在海外市场直接触达消费者，增强海外市场对中国品牌的认知和好感度，帮助中国企业获得海外业务增长。

品牌打造是一项复杂工程，打造全球化品牌则更为艰难。尤其是在内容

社交和兴趣电商时代，生产打动消费者的内容成为关键，而全球化势必将面对跨语言、跨文化等本土难题。AI 技术的进步带来了解题思路，钛动科技在 AI 技术的加持下，大幅提升品牌策略和创意素材的生产效率，促进营销场景全链路的数字化和智能化，解决过往创意素材制作周期漫长、成本高昂的问题，帮助中国企业在创意素材生产方面降本增效，让更多中国品牌实现全球化。

四 服务案例：数字化赋能中国企业全球增长

（一）一站式数字媒体 SaaS 管理数据，钛动科技助力 Bilibili "破圈"东南亚

总部位于上海的 Bilibili，以其高质量 UGC（用户原创内容）生态不断打破"次元壁"，在国内打出一片天地。2020 年前后，Bilibili 正式走向海外，首站冲向东南亚，但融入异域文化业态、挖掘本土 UGC 和观众并非易事。在生态"破圈"的关键阶段，钛动科技与 Bilibili 开展合作，通过高质量创意内容策略迭代、数据驱动渠道触达用户，助力 Bilibili 打入东南亚市场。

作为行业领先的企业全球增长数字化服务商，钛动科技运用自主研发的全球数字媒体 SaaS 管理工具，帮助 Bilibili 量身定制其在东南亚各国的渠道增长策略，优化 TikTok、Google 和 Kwai 三大平台数据增长曲线。其中，Bilibili 在 TikTok 平台上的数据增长大部分来自钛动科技的平台赋能，用户触达效果明显。

在高质量创意内容策略迭代上，Bilibili 初期仍延续国内策略，依靠最具优势的动画、漫画、游戏内容吸引用户加入，增强用户黏性。基于东南亚本土业态的全自动数据洞察，钛动科技为 Bilibili 制定了三个阶段的策略，在不同阶段实时监测人群覆盖数据并调整策略，以实现最优增长，逐步产生 UGC 观看用户和制作人黏性。随着策略的实施，越来越多优质 UGC 涌现，Bilibili 在东南亚地区的创作者生态雏形初显。

（二）"出海"增长 SaaS 平台接轨华为生态，助力中国游戏走向全球

游戏一直是文化传播"润物细无声"的关键载体。2023 年，中国自主研发游戏的海外市场销售额达 163.33 亿美元，规模连续 4 年超千亿元。《原神》《王者荣耀》等中国游戏创造了现象级增长，全球各主要国家和地区都能看见中国游戏的身影。其中，俄罗斯一直是高潜力手机游戏市场之一，也是绝大多数游戏厂商的重点涉足地。近年来，华为生态在俄罗斯市场逐渐铺开，不少游戏企业找到钛动科技，帮助其平稳对接华为生态。

经过详尽的市场调研与策略分析，钛动科技于 2022 年下半年为两款中国自研的 SLG（策略类游戏）量身定制了华为渠道增长方案。基于深入的数据洞察，钛动科技不断调整优化华为应用商店的关键词搜索排名和热门榜单，确保游戏在华为平台上的市场影响力。同时，钛动科技与第三方媒体建立了稳固的战略合作关系，通过多渠道协同推广，共同推动游戏利润率的稳步增长，一年时间整体投入产出率约为 200%。

自 2020 年起，钛动科技开始服务游戏客户探索俄罗斯手游市场，熟悉俄罗斯游戏用户画像和投放素材取向。钛动科技深耕华为渠道"出海"服务多年，服务大批华为 IAP（内购广告客户），积累了丰富经验。2021 年初，钛动科技加入华为 HMS 出海生态联盟，并于 2021 年底与鲸鸿动能正式达成合作，成为其官方认证服务商。多款优质游戏在钛动科技的助力下打通华为 IAP 渠道，深入布局东欧市场。在欧洲、中东和拉丁美洲的多个国家，钛动科技的整体增长效果领跑于行业，受到华为官方和客户的高度认可。

目前，钛动科技推动游戏"出海"的足迹已遍布全球各个角落。作为一家在游戏全球化领域拥有丰富资源与经验的"出海"服务提供商，钛动科技借助其遍布全球的媒体资源网络和前沿的商业智能与人工智能技术，为网易游戏、腾讯游戏、雷霆游戏、米哈游、莉莉丝、四三九九等业内顶尖游戏公司提供了有力的"出海"支持，同时帮助众多中型及小型游戏公司成

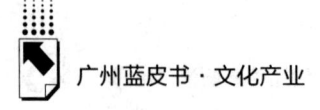

功跻身国际市场并取得亮眼的成绩，为中国游戏在全球的发展注入了新的活力。

五 企业未来发展规划

随着我国对外开放水平的不断提高，在全球化的大潮中，中国企业正积极拥抱变革，以开放的心态和创新的实践探索走向世界的道路。钛动科技未来将持续抓住人工智能、大数据、云计算等技术迅猛发展的机遇，基于目前完善的一站式"出海"服务产品矩阵，通过AI技术、营销科技等技术创新开启营销新纪元，积极探索数字化赋能中国企业"出海"的新路径，持续为推进对外贸易高质量发展和提升中华文化国际影响力贡献力量。

（一）加快数字技术研究与应用，推动中华文化高质量"走出去"

随着技术不断进步，营销科技正在打破传统营销模式，借助商业智能和人工智能等数字技术，实现智能策划、创意自动化生产和实时数据分析跟踪等功能，有效降低人力和时间成本，提高流量和商机转化率。伴随AIGC技术近年来的加速迭代，技术已实现从感知理解到内容创造的进步。"AI+营销"也是钛动科技在行业应用上重点突破的方向之一。

作为国内首批全面拥抱并接入AI技术的企业全球增长数字化服务商，钛动科技目前已取得丰硕成果。公司在数据AI化、流程AI化、场景AI化以及多语言文案素材生成、AI优化投放效果、AI换装、AI数字人等方面均已取得显著化商业成果，大大助力"出海"客户降本增效。

数字技术成为推动文化贸易发展的关键引擎，把中国丰富的文化资源优势转化为产业优势和发展优势。《中国数字文化出海年度研究报告（2022年）》指出，以在线影视剧、网络游戏、短视频等六大业态为代表的数字文化产品已经成为中华文化对外传播的重要载体。融合了数字技术的文化形态不仅突破了传统文化传播边界，也显著提升了海外民众对中国文化元素的认知与接受度。

钛动科技将继续深入研究商业智能技术与人工智能技术，加速落地更多"出海"营销场景和应用，以数字技术赋能中国企业实现全球化增长，打造更多具有世界影响力的中国文化标识。

（二）紧跟国家文化数字化战略，帮助文化产业提升品牌力和国际竞争力

随着我国数字化建设的深入推进，文化产业正在经历一系列新的发展变革，呈现众多新的趋势与特征。其中，数字化转型是打造品牌的重要途径。借助先进的数字化技术，企业可以精确地洞察不同消费者的需求与偏好，从而实施个性化的营销策略。这种方式不仅有助于提升消费者对品牌的认同感和忠诚度，还能显著缩短品牌塑造和沉淀的时间周期，帮助企业更为迅速地建立鲜明的品牌形象和认知。随着新时代的到来，品牌已逐渐成为推动经济持续高质量发展、提升国际市场竞争力的关键要素之一。

2022年，商务部等27部门发布的《关于推进对外文化贸易高质量发展的意见》指出，加强国际化品牌建设，引导和推动企业加大创意开发和品牌培育力度，提升品牌产品和服务出口附加值。下一步，钛动科技将持续强化自身服务能力，更好地帮助客户打造享誉全球的中国品牌，促进中华文化在全球的传播。钛动科技将以"科技+文化"为手段，推动文化产品、业态与模式的创新，提升文化数字化生产能力，创作丰富、多元、个性的优质文化内容。运用数字化技术激发传统文化的创新潜力，推动文化与科技的深度融合，为市场创造更多优质的精神文化产品。通过多元化的平台和渠道，赋能文化产品的国际贸易，助力优质文化产品的塑造，拓展文化价值空间，进而提升中国文化产品的国际竞争力和影响力。

B.15
萤火虫动漫文化：中国动漫文化产业开拓者

李洪波　何昊华*

摘　要： 萤火虫是中国知名的动漫文化创新企业，孵化有全国规模最大的巡回式动漫游戏展会品牌——萤火虫动漫游戏嘉年华。作为国内最早的商业漫展主办方之一，萤火虫通过更有趣的内容策划、更专业的展会服务以及更深厚的品牌沉淀，逐渐成长为中国漫展行业的"风向标"。同时，萤火虫是国内最早一批布局动漫文旅、衍生品研发与"二次元"营销的企业。未来，萤火虫将以推动中国动漫文化产业发展为己任，致力于创新商业模式，整合优势资源，通过动漫文化赋能各行各业，构建动漫文化生活新方式，打造动漫文商旅融合发展的新业态、新模式，推动中国动漫产业高质量发展。

关键词： 动漫产业　动漫展会　动漫文旅　文化赋能

一　企业基本情况

广州萤火虫动漫文化发展有限公司（以下简称"萤火虫"）成立于2010年，主营动漫游戏展、动漫文旅、动漫衍生品及品牌营销四大核心业务，是中国知名的动漫文化创新企业，孵化有"萤火虫动漫游戏嘉年华"（FireFly ACG EXPO）漫展品牌。自2011年7月在广州落地至今，萤火虫漫

---

* 李洪波，萤火虫动漫文化董事长兼CEO，研究方向为文化产业；何昊华，萤火虫动漫文化品牌负责人，研究方向为亚文化、粉丝经济。

展已成功举办42届，并推广至上海、北京、成都、武汉、杭州、太原等全国主流城市，每年定档元旦、劳动节、暑期、国庆节等假期，累计服务全国游客逾1930万人次，全网话题传播近200亿次，展出内容覆盖动漫、游戏、电竞、音乐、模型、潮玩、插画、虚拟偶像、文创等领域，是全国规模最大的巡回式动漫游戏展会品牌。

萤火虫公司总部位于广州市海珠区，并在上海浦东新区设立分公司——上海萤动动漫文化传播有限公司（以下简称"上海萤动"）。上海萤动主要承办动漫、游戏、潮玩类展演活动项目，服务客户包括Bilibili、米哈游、鹰角网络、上海托木文化等。

萤火虫成立14年以来，曾担任广东省动漫行业协会理事单位、粤港澳大湾区经济文化促进会·港澳青年创业与实践基地湾区名企联盟理事单位、广州·粤港澳大湾区经济文化促进会企业会员单位、广州动漫行业协会理事单位、广州会展行业协会理事单位、广州市海珠区文化产业发展促进会理事单位等，荣获"2018年广东省高新技术企业""2022年湾商本土知名品牌""2022缤纷海珠文化季文旅活动宣传大使""GICEA2023年度优秀展览项目奖""广州市海珠区文化产业发展促进会2023年度重要贡献奖"等荣誉。

萤火虫致力于创新商业模式，整合优势资源，围绕年轻人的圈层文化，打造"强内容策划、重场景运营、高价值用户"的动漫文化生态，构建动漫文化生活新方式，推动中国动漫产业高质量发展。

二 企业发展历程

（一）十年磨一剑，成为中国动漫展会风向标

2010年11月，萤火虫在广州正式成立。经过长达8个月的筹备，2011年7月15~17日，首届萤火虫漫展在白云国际会议展览中心成功举办，展览规模近10000平方米，参展展位数量超500个，3天展期共吸引2.7万名游客入场，展出内容涵盖动画、漫画、同人、电玩、角色扮演、模型、创意

市集等不同领域。首届萤火虫漫展邀请了国内多家主流媒体及专业动漫媒体宣传推广，线下更是进行了长达半年的重磅广告资源投放，大规模覆盖广州公交、地铁、核心商圈、动漫书籍及周边门店。萤火虫漫展第一次亮相即"引爆"动漫"粉丝"群体，吸引广州各大电视台、报社关注报道，同时在网络媒体和社交平台引发热议。此外，萤火虫在首届漫展中打造了虚拟形象"小萤"。"小萤"是中国文化企业中最早的品牌虚拟形象之一，一经亮相便迅速赢得"粉丝"的喜爱，因其独特的萤火虫触角与绿发，被"粉丝"亲切地称为"虫娘"。

2012~2013年，萤火虫漫展创造了多项全国第一：全国首款立体AR漫展门票、全国首次在漫展中利用全息技术落地虚拟偶像演出、全国首次将大型电竞赛事引入漫展等。2013年，萤火虫全面升级漫展专区运营，推出了动漫主题餐饮专区品牌——萤火食肆，并与各大高校动漫社团深度合作推出游乐互动专区——萤光高校区。

2014年，萤火虫漫展正式升级为"萤火虫动漫游戏嘉年华"，并首次将手游作为与动画、漫画相同量级的核心内容引入漫展。同年，萤火虫推出了"一五七"漫展年度计划，即每年元旦、"五一"、暑期举办漫展，成为中国首个"一年多开"的大型商业漫展品牌。

2015年，萤火虫在原有漫展业务的基础上，开创了"漫展+动漫娱乐演出"的创新商业模式。通过整合国内外动漫嘉宾资源，策划重量级声优演唱会、嘉宾签售会、插画师展览等动漫娱乐演出活动，并以"内场活动"的方式落地萤火虫漫展。内场活动是指在漫展中为特定嘉宾设置的演出或活动专场，以会场限定的方式策划内容，对"粉丝"限时限量销售门票。在内场活动中，"粉丝"可以与嘉宾近距离交流互动，获得嘉宾现场亲笔签名、专场限定纪念品等。这一独特的限定活动在很大程度上满足了"粉丝"的需求。"漫展+动漫娱乐演出"突破了传统商业漫展以产品展销为主的单一内容模式，扩大了受众范围，丰富了漫展的内容和体验，成为全国各地漫展主办方策展的"标配"。

2016年，萤火虫漫展首次走出广州，在国庆节落地上海新国际展览中心，并将"一五七"漫展年度计划升级为"一五七十"全国漫展巡回计划，实现了对全年黄金档期的覆盖。萤火虫漫展继续深化专区品牌升级计划，开启了三坑服饰（汉服、JK、洛丽塔）专区品牌——少女庄园，以及模型雕像特展品牌——模魂纪（现为Wonder Hobby）。此外，萤火虫开始布局动漫文旅业务，探索利用动漫文化赋能综合商业载体的新模式。2016年5~7月，萤火虫与广州地王广场深度合作，策划落地了中长期动漫IP主题展览——伊藤润二经典美学AR体验大展，现场展示了多张漫画原稿，还通过AR显示技术将漫画经典角色和场景以更沉浸的方式呈现给游客，吸引了大量年轻人到场体验。

2017年，萤火虫敏锐地察觉到漫展作为动漫"粉丝"的集聚地，除了在动漫产业链中发挥着重要的宣推平台作用，还具有很强的"消费终端"属性，所以萤火虫启动了"IP委员会"计划，正式进入"二次元"衍生品研发设计领域，自主研发的衍生品覆盖手办、雕像、礼盒、徽章、生活用品、文具等不同品类。通过发挥萤火虫强大专业的主题策划、周边设计、线上线下宣传推广能力，整合产业链优质画师、建模、生产、销售渠道资源，为各大IP版权方提供动漫衍生品"策划—设计—生产—宣传—销售"全链路运营服务。在动漫文旅板块，萤火虫与长隆水上乐园深度合作，推出全国首个水上"二次元"活动——长隆水上夏日大作战，策划落地了"嘉宾队伍水上游戏PK大对决""动漫女团快闪""Cosplay互动大巡游"等多项活动，线上直播累计观看人数超过120万人次，全网传播超过5000万次，成功打造了"长隆二次元水上狂欢节"活动IP。

2018年，萤火虫加快了漫展业务的全国开拓步伐，萤火虫漫展分别在广州、上海、杭州、武汉成功落地，并明确了以动漫IP为核心，打通品牌推广服务、嘉宾演出活动以及限定周边衍生品的策展模式。萤火虫漫展每到一个城市都与当地政府、场馆运营方、龙头企业深度合作，同时在城市交通、商户门店、高校社团大规模投放展会广告，让展会宣传与售票渠道迅速在本土渗透。在商业化发展的另一端，萤火虫大力扶持国内相对小众的圈层文化。萤火虫在全国首创"Cosplay年度盛典"，为国内角色扮演者、摄影师、道具师、化妆师提供了一个展示自我、相互学习交流的平台。此外，萤火虫还设立了圈层文化赛事IP——萤光奖，策划了燃歌、宅舞、偶像、Cosplay舞台剧与WOTA艺（荧光棒应援舞蹈）五大草根赛事，发展至今孵化了大量的年轻选手，扶持他们从爱好者走向职业选手。萤火虫持续深耕圈层文化，在相关领域设立了子品牌，与年轻受众共同创建属于小众圈层的内容生产、消费、体验平台，让他们找到属于自己的身份认同。在动漫文旅方面，2018年8月，萤火虫与珍宝邮轮开展深度战略合作，举办了全国首场"邮轮上的漫展"——歌诗达赛琳娜号·夏日海上动漫邮轮之旅。这艘动漫邮轮从上海往返日本福冈，持续5天4夜，期间举办了燃歌宅舞、Cosplay摄影会、IP画展、游园会等多场主题活动。活动一经宣发即引起全网热议，船票一售而空，开创了"动漫+邮轮"跨界文旅新模式。

2019年，为更好地开拓全国动漫展演活动市场，萤火虫与酷狗音乐达成战略合作，通过动漫游戏展会与线下音乐演出两大元素的深度融合，联手推出"萤火虫动漫音乐嘉年华"，打造了针对全国"Z世代"[①]的文化社交新场景。同年11月，萤火虫成立子公司上海萤动。上海萤动成立1年即签约10场展演活动，营收规模超过1000万元。

（二）特殊困难时期绝境求生

新冠疫情发生后，线下人流聚集的会展行业、旅游行业受到冲击。萤火虫不得不面对全国线下活动受限、项目成本增加、收入大幅度减少等种种困难，但萤火虫迎难而上，积极探索动漫文化发展新模式。2020年3月，萤火虫与淘宝开展深度合作，推出线上萤火虫云漫展。活动在淘宝开设专属话题页，召集了数十个知名IP线上开售周边，还策划了多场"萤火之光"线上动漫义卖活动，并将活动销售所得全额捐赠给慈善机构，为全国"抗疫"贡献力量。2020年6月，国内线下活动有限恢复，萤火虫在广州富力海珠城举办了"2020萤火虫感谢趴"漫展活动，受到"粉丝"的热烈追捧。

---

① 指1995~2009年出生的人群。

2020年8月,在萤火虫成立十周年之际,第24届广州萤火虫动漫游戏嘉年华历经多次延期后开幕,尽管入场人流受限,企业、嘉宾、游客难以跨省参展,但参展商、合作方、"粉丝"的热情依旧,纷纷在线上线下以不同的方式参展。随着国内疫情防控取得阶段性胜利,全国各地展会陆续恢复,2020年国庆节期间,萤火虫分别在北京举办"动漫北京·萤火虫漫都游园会"、在上海举办"酷狗蘑菇×萤火虫动漫音乐嘉年华"、在成都举办"IGS×萤火虫动漫游戏嘉年华"。其中北京站落地在北京石景山游乐园,是全国首个落地在主题乐园的大型动漫展会。展会活动面积超过35万平方米,展期长达8天,共接待全国游客35.8万人次。在上海站,萤火虫与酷狗音乐深度合作,以"动漫+音乐+潮流"为主题打造沉浸式动漫娱乐展演活动体验。在成都站,萤火虫推出"国风文化自信计划",展会以国风服饰、国风音乐、国风动漫、国风游戏四大内容为核心,探索国风与动漫、传统文化与新生文化有机融合发展的新模式。

2021~2022年,受疫情防控政策调整的影响,线下展演活动存在较大的不确定性。萤火虫漫展遭遇了多次延期,公司的展会业务甚至经历了一段停滞期。即便如此,在这两年间,萤火虫仍然在确保安全的前提下,在广州成功落地4场大型漫展活动。其间,萤火虫还积极开发线上漫展项目,成功在VR Chat平台上线了虫娘虚拟俱乐部(HOTARU VIRTUAL CLUB),在试运营阶段就有全球数千名玩家游玩虚拟漫展。

(三)下一个十年,推动中国动漫文化产业发展

2023年,萤火虫迎来了全国消费热潮。萤火虫漫展在一年内连开5场,分别落地广州、上海、太原,年累计展览面积突破21.8万平方米,入场人数超过83万人次,全网传播接近80亿次,参展品牌/IP达到1106个,各项数据位列全国漫展第一。

在动漫文旅板块,萤火虫与广州正佳广场、上海百联ZX创趣场等综合商业体,以及正佳文旅、广之旅、东方宾馆、广交会威斯汀酒店、敏华冰厅、中国邮政咖啡邮局等旅游、餐饮、酒店品牌深度合作,联手推出一系列

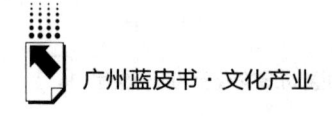

动漫主题文旅活动，吸引了全国大量游客。

在动漫衍生品板块，萤火虫自营IP形象小萤开始独立运营，通过对小萤IP的重新定位与规划，小萤的周边销售额大幅提升，形象授权业务也取得重大突破，授权客户包括中国邮政、匹克体育、极氪汽车、钱江摩托、敏华冰厅、Rio薄荷糖等知名品牌。同时，萤火虫IP委员会为多家国内头部动漫游戏IP提供衍生品开发运营服务，服务IP包括《将进酒》、《阴阳师》、《盗墓笔记》、虚拟女团A-SOUL等。

在品牌营销板块，萤火虫突破展会局限，整合线上线下行业资源，为各大品牌广告主策划"二次元"营销推广全案。服务对象不仅覆盖阅文集团、腾讯游戏、酷狗音乐、快看漫画、米哈游、网易游戏等知名企业，以及《原神》《王者荣耀》《蛋仔派对》《剑侠情缘叁》《伍六七》《画江湖之不良人》等国产头部动漫游戏IP，更有统一、麦当劳、美年达、比亚迪、佳能、华硕等知名品牌。

三 企业产品介绍及案例

（一）品牌驱动发展：品牌化运营突破漫展"红海"

漫展是一种以动画、漫画、游戏及其相关文化为主题的综合性展览活动，属于文化类展会范畴，是随着动漫产业与动漫文化的发展而逐渐兴起的一种新文化经济形态。漫展一般可分为爱好者集会、动漫游戏产业博览会、综合动漫游戏展会等。中国漫展起源于20世纪90年代末至21世纪初在上海、广州、福建等地举办的动漫爱好者集会，后出现由政府主导的动漫博览会与动漫节，到2010年后开始出现以萤火虫动漫游戏嘉年华为代表、由商业公司主导的综合动漫游戏展会。随着漫展市场的发展，全国各地涌现大量漫展运营机构，不同规模、不同类型的漫展活动开始进入主流大众的视野。然而，在漫展数量飙升的背后，是各主办方在政策、场地、商家、嘉宾、宣传、游客等资源上愈演愈烈的争夺，呈现给游客的是越来越同质化的漫展内容以及越来越"模板化"的漫展形态。

萤火虫动漫文化：中国动漫文化产业开拓者

面对漫展行业激烈的市场竞争，萤火虫格外注重漫展核心内容的运营与品牌资产的积累。作为萤火虫的"拳头产品"，萤火虫动漫游戏嘉年华是一个十足的"重策划、重运营"项目。每一届萤火虫漫展均设有四大舞台，包括活动舞台、UPW电竞舞台、萤光大触阁（签售舞台）、互动舞台；十大专区，包括特装企业、萤之町商业街、UPW游戏电竞专区、Wonder Hobby模型交流专区、少女庄园三坑美妆专区、萤光宇宙虚拟偶像专区、TW创作专区、萤光快闪店（虫娘官方专区）、Cosplay摄影区、萤火食肆（餐饮、游乐、高校社联专区）；数十项演出、赛事、展览、活动，包括Anisong二次元Live、萤光奖、声优学院、国创放映会、画展鉴赏、游园会、场刊活动、漫展征集活动、Cosplay自由行等（见图1）。萤火虫漫展的每一个舞台、专区、活动均采用品牌化运营模式开展，包括设置品牌标识、项目化运营、垂直内容策划、建立圈层社群等。通过深耕圈层文化，吸引来自不同圈层的受众在线上线下深度参与，共创共建属于自己圈层的文化内容，共同打造萤火虫多元包容的品牌标签与"有趣对味"的逛展体验。

图1　萤火虫动漫游戏嘉年华内容矩阵

资料来源：萤火虫动漫文化公司提供。

以萤光宇宙虚拟偶像专区为例，2020年被称为"虚拟偶像元年"，2020年中国虚拟偶像核心市场规模达34.6亿元，带动周边市场规模达

241

645.6亿元[1]。2020年底，萤火虫全国首创虚拟偶像专区——萤光宇宙。专区设置了虚拟偶像舞台与互动区域，召集了全国超过120位虚拟偶像参展互动。2021年，萤光宇宙专区与全国人气最高的虚拟偶像女团A-SOUL深度合作，落地A-SOUL全球首场线下虚拟偶像直播演出。活动直播吸引了漫展现场超过5000名"粉丝"、全网超过1000万名用户观看。2022年，萤光宇宙虚拟偶像专区与多位头部虚拟偶像合作落地IP衍生品，并推出"粉丝"绿幕合照服务。2023年，萤光虚拟偶像宇宙专区为数十位虚拟偶像策划了漫展现场直播互动活动。萤火虫通过在每一个圈层的深耕，不断为合作方提供更优质、用户黏性更强的展示平台，为"粉丝"提供更有趣、更"对味"的逛展体验，从而在激烈的漫展竞争中脱颖而出，保持领先。

（二）内容赋能文旅：动漫文化赋能旅游业态

随着国民生活水平的不断提升，游客越来越注重精神文化层面的消费，文化和旅游之间的联系也愈加密切。全国各地积极坚持以文塑旅、以旅彰文，推进文化和旅游深度融合发展，以文化赋能旅游产业转型升级，以旅游带动文化产业新业态发展。

随着互联网的普及与动漫产业的迅速增长，"二次元"文化逐渐走向大众视野。越来越多的年轻人对"二次元"产生浓厚兴趣，形成了一个庞大的消费群体。据统计，中国"泛二次元"用户规模已突破5亿人，其中Z世代年轻群体占比超过60%[2]。他们普遍对"二次元"内容和周边衍生品具有较高的消费意愿和能力，追求个性化、时尚化和体验式的消费方式，正在推动全社会文娱体验与社交场景的演变。同时，"二次元"圈层文化多元融合的特点，可以与时下流行的国潮、文创、零售、旅游、跨界品牌等多个领域进行有机结合，形成文商旅融合发展的新业态，为传统旅游、消费商圈、商业体注入新活力。

---

[1] 艾媒咨询：《2021中国虚拟偶像行业发展及网民调查研究报告》，2021年7月6日。
[2] 艾瑞咨询：《2021年中国二次元产业研究报告》，2021年10月18日。

萤火虫早在2016年就开始布局动漫文旅业务，目前规划有赋能动漫游戏IP的展演活动、赋能商业体的商场活动、赋能主题乐园的品牌活动、赋能旅游景点的文旅活动以及赋能交通餐饮住宿的跨界营销活动五大板块。依托动漫游戏IP，通过策划线上线下的"二次元"文化展演活动，打造动漫娱乐商业新场景，刺激年轻人消费，为动漫产业提供新增长动力。以2023年12月萤火虫携手岭南控股打造的"广州二次元之旅"为例，萤火虫与岭南控股旗下的广之旅联手推出了3日2夜动漫旅行团，策划了以"漫展+五星级餐厅+五星级酒店+CITY WALK"为特色的出行模式，受到了年轻人的热捧。同时，萤火虫还与东方宾馆联手推出了全国首个"虫娘"巨型充气趴趴公仔、"虫娘"主题客房、"虫娘"主题餐食等。"广州二次元之旅"结合了时下年轻人喜爱的"集章打卡、限定周边、痛车出行"等方式，发布了全国首份广州"二次元"导览图，团友们"打卡"知名漫展、入住五星级酒店、漫步广州新老城区、体验独特岭南风情。萤火虫通过"动漫文化+旅游"的跨界融合，助力广州老字号品牌突破"次元壁"，引领动漫文旅新风潮。

（三）"粉丝"更懂"粉丝"：懂内容才能做好IP衍生品

近年来，中国动漫衍生品市场高速发展。据统计，2020年中国"二次元"周边衍生品市场规模达350亿元[①]，潮玩、盲盒、"谷子"、动漫服饰等成为社会消费的一股新潮流，"吃谷"也成为当下年轻人的一种表达个性的文化生活方式[②]。在日益高涨的市场需求推动下，动漫衍生品成为动漫产业链上IP内容变现的重要一环。萤火虫从2017年开始布局动漫衍生品业务，通过整合行业资源，发挥萤火虫漫展的"流量平台"作用，与各大头部IP版权方深度合作，联手打造了多个"爆款衍生品+热点事件"案例，实现IP变现与口碑传播的"双赢"。

---

① 艾瑞咨询：《2021年中国二次元产业研究报告》，2021年11月3日。
② 谷子，英文"goods"（商品）的谐音，即漫画、动画、游戏、偶像、特摄等版权作品衍生的周边产品，属于"二次元"相关产品，包括海报、徽章、卡片、挂件、立牌、手办、娃娃等。"吃谷"即购买周边产品。资料来源于百度。

萤火虫在动漫衍生品领域的核心竞争力可以总结为"懂内容、近粉丝、强统筹"。萤火虫有10年以上的动漫衍生品运营开发经验，有覆盖线上主流平台与线下全国漫展、"谷子"门店的产品宣传、推广、销售渠道，同时有最懂"二次元"的内容策划团队全程统筹项目落地。"粉丝"是IP内容运营中最直接、最活跃的参与者，他们对IP的认同感与归属感以及对内容的偏好与需求是决定IP运营及变现的关键所在，所以萤火虫团队在与每一个IP合作的前期，都花大量的时间精力深入了解"粉丝"的情感诉求，把握IP内容中最能与"粉丝"产生情感共鸣的元素进行策划运营。

以萤火虫与网易游戏《阴阳师》的联动衍生品为例，萤火虫全程策划《阴阳师》盛宴主题系列衍生品，项目前期，团队成员对《阴阳师》的玩家内容偏好进行深入调研，同时根据IP在社交媒体、玩家社群、线下活动的真实反馈进行主题策划、原画绘制、衍生品设计与产品打磨。最终《阴阳师》盛宴主题系列衍生品合计推出42款周边产品及8款特典赠品。联动衍生品一经推出即大卖，并火遍"谷子圈"，周边产品与运营方式也得到"粉丝"的一致好评。

（四）效果留住客户：品牌营销"效果胜于雄辩"

2023年初，湖南卫视一档综艺节目使"二次元"在全网又一次成功"出圈"，"打破次元壁"成了众多品牌广告主与公关公司开展年轻化营销的口号。"二次元"营销的背后是针对年轻人群的品牌渗透。萤火虫作为国内最大的动漫文化展演活动营销推广平台之一，除了服务垂直的动漫、游戏及相关文化企业，还为各大主流品牌提供"二次元"跨界营销策划服务，服务行业包括快消品、餐饮、3C、汽车、网服、美妆个护、商业地产、酒店、交通出行等。

以萤火虫与统一集团旗下小茗同学冷泡茶品牌的合作为例，萤火虫根据小茗同学冷泡茶的产品定位与品牌调性，策划了"茗星学院"营销策略，包括冠名萤火虫漫展的"萤光高校区"、设置"茗星考场"专区与游客深度互动、搭建"小茗同学元宇宙体验馆"专属展位、邀请数十位KOL角色扮演者到展位"打卡"、在漫展现场开展试饮活动、深入广东省内数十所高校进行地推等。该项目为小茗同学冷泡茶品牌在"二次元"领域带来了近5000万次曝光，获得了统一集团的高度认可，随后萤火虫又与统一集团旗下多个品牌达成了多笔百万元级的战略合作。

四　行业发展形势研判及对企业的影响

（一）数字技术应用对动漫文化产业的影响

近年来，互联网、大数据、云计算、人工智能、区块链等技术加速创新，日益融入经济社会发展各个领域，成为重组要素资源、改变竞争格局、发展新质生产力的关键力量。数字技术在漫展行业的应用也日益广泛，从数字化会展服务到数字互动体验的普及，数字技术为漫展行业带来了前所未有的机遇与挑战。

数字技术可以赋能漫展，提高展会服务水平。在展会筹备阶段，大数据技术可以追踪媒体矩阵数据与网络舆情，主办方可以根据市场反馈及时调整内容策划方向与宣传策略；通过在线协作SaaS平台，主办方可以提高项目统筹、智能招商、客户管理、场馆搭建效率；通过区块链技术，主办方可以打造数字会员平台，将游客转化为用户长期运营，提高用户留存度。在开展期间，主办方可以通过数字化身份识别技术快速核销门票；通过数字展会、智能机械狗等技术实现智慧巡检；通过线表单工具收集游客反馈。在展后，主办方可以通过大数据技术追踪PGC及UGC，赋能展会品牌长尾传播。

数字互动技术可以丰富漫展内容的呈现方式。虚拟现实技术可以将虚构的场景以更加沉浸式的方式展现给游客；实时渲染技术可以让"粉丝"与虚拟偶像在线下"跨次元"互动；云计算与直播技术可以让漫展在全网辐射更大规模的受众；数字化互动娱乐装置可以增强游客线下逛展的参与感和体验感。

如今，数字技术应用已经成为漫展行业竞争的焦点之一，要求漫展企业在会展服务、运营管理、内容呈现等方面不断创新。数字技术能为漫展的发展带来无限可能，萤火虫也十分注重新技术的应用，与技术供应商共同探索创新，努力提高会展服务效率，增强游客沉浸互动体验。

（二）AIGC对动漫文化产业的影响

AIGC是如今全球备受关注的热门概念，涵盖由人工智能算法生成的文字、图像、音频、歌曲、视频、动画、模型等内容，展现了强大的应用潜力和广阔的发展前景。然而，当前AIGC在创意与质量上仍然存在不稳定性，在内容版权及用户接受程度等方面仍然面临较大的舆论风险，特别是在对内容创意要求较高的动漫、游戏领域，AIGC的应用更是引发了广泛的讨论。

萤火虫从2022年开始积极探索AIGC技术对产业发展的影响，与一般行业应用AIGC技术辅助动漫角色设计、场景构建从而提高创作效率不同，萤火虫更关注AIGC技术在降低动漫创作门槛方面的作用。在可预见的未来，AIGC技术将更加成熟，内容生成质量进一步提升，用户使用门槛进一步降低。届时动漫内容的生产力将得到较大提升，动漫产业链上游的创作格局将迎来重大改变，市场上将涌现大量优质的用户生产内容。萤火虫作为产业链中下游内容宣发与内容消费平台，面对即将到来的AIGC时代，需要谨慎处理由AIGC引发的舆论问题，保持动漫内容的独特性与创新性，妥善平衡AIGC与原创内容的内在关系，推动行业的持续健康发展。

（三）"二次元"文化"出圈"对动漫文化产业的影响

近年来，随着社会大众对"二次元"文化的接受度与喜爱度不断提升，"二次元"内容频频"出圈"，不断触及更广泛的用户群体。"二次元"文化有大步迈向主流文化圈的趋势，为动漫文化产业的发展与升级带来了巨大的机遇。

首先，"二次元"的受众规模扩大。随着"二次元"文化的普及，越来越多的受众开始追"新番"、玩游戏、买周边、穿动漫服饰、逛漫展等，动漫娱乐已经成为社会大众的一种生活方式。"二次元"受众的泛化与人数的提升为中国动漫文化产业的持续发展注入了活力。

其次,"二次元"的文化效益提升。"二次元"从一种相对小众的内容载体发展至今,已经成为主流社会中的一种亚文化审美意识,并逐渐成为中国"Z世代"的一种特殊文化符号。通过"二次元"形式传递的价值观不仅局限在动画、漫画、游戏等垂直行业,还辐射音乐、影视、演艺、文创、文旅等诸多领域。"二次元"不仅丰富了人们的精神生活,还促进了新生文化与传统文化之间的交流与融合。

最后,"二次元"的商业价值提升。"二次元"的主流化为动漫作品的IP授权联名、影视改编、衍生品开发、线下活动等方面提供了巨大的商业价值。越来越多的企业开始关注动漫文化领域,投入更多资源,针对"二次元"内容与"二次元"人群进行品牌营销以及产品推广。萤火虫也将抓住"二次元"主流化的发展红利,持续扩大业务规模,为更广泛的受众带来更多优质、多元、有趣的动漫文化内容与体验。

五 企业发展愿景

2024年,萤火虫将以推动中国动漫文化产业发展为己任,整合动漫游戏展、动漫文旅、动漫衍生品及品牌营销四大核心业务板块,打造中国动漫文商旅融合发展的新业态。通过动漫文化赋能综合商业载体,以动漫文化展演活动为核心,线上聚集流量、线下拉动人流,发挥动漫游戏IP的内容优势,整合国民动漫文化娱乐及品牌营销推广需求,培育动漫文商旅消费新业态,打造集展演活动、音乐演出、娱乐消费、餐饮住宿于一体的动漫文化综合商业体。在"萤火虫2.0"时代,包括萤火虫漫展在内的各类动漫展演活动将作为萤火虫动漫文化生态的流量入口,为萤火虫动漫文化综合商业体带来年轻"流量",从而拉动周边娱乐、零售、餐饮、住宿消费。萤火虫计划在下一个10年,在全国一线、新一线城市建成多个动漫文化综合商业体,覆盖全国超3亿名游客,助力中国文化产业创新融合发展,打造动漫产业新业态、新模式,推动中国动漫产业高质量发展。

后　记

《广州文化产业发展报告（2024）》在广州市文化体制改革和文化产业发展领导小组、中共广州市委宣传部的指导下，由广州市社会科学院牵头，广州市文化创意行业协会协助，广州市文化广电旅游局、广州市统计局等政府职能部门，各区相关部门，科研院校和重点企业积极参与和支持，历时半年多，共同完成。

《广州文化产业发展报告》编辑部由广州市社会科学院广州文化产业研究中心和广州市文化创意行业协会组成，负责本书的编辑出版工作。《广州文化产业发展报告（2024）》的编撰工作从2023年9月开始，总报告由广州市社会科学院课题组完成；分报告通过发征稿函、约稿等方式向市区有关部门、协会、高校、科研机构以及国内城市专家征集文章，于2024年4月完成本书的组稿工作。4月底通过专家评审，5月中旬提交社会科学文献出版社编辑出版。

《广州文化产业发展报告》自2008年编辑出版以来，以翔实的数据、深入的调研和严谨的分析，全面总结广州市文化产业发展状况，预测广州文化产业发展走势，已成为研究广州文化产业的重要文献资料，受到社会各界的高度评价。秉承"立足广州、交流互鉴"研究宗旨，我们将持之以恒地做好报告的编辑出版工作，并期待业界人士和广大读者对报告提出宝贵意见，以帮助我们不断改进。

《广州文化产业发展报告（2024）》顺利出版得益于多方力量的支持，在此对广州市文化体制改革和文化产业发展领导小组、广州市委宣传部、广州市文化广电旅游局提供的切实指导表示衷心的感谢。对本书各位作者、有关部门以及社会科学文献出版社的编辑谨表感谢！

本书编辑部
2024 年 4 月

社会科学文献出版社

皮 书
智库成果出版与传播平台

❖ 皮书定义 ❖

皮书是对中国与世界发展状况和热点问题进行年度监测，以专业的角度、专家的视野和实证研究方法，针对某一领域或区域现状与发展态势展开分析和预测，具备前沿性、原创性、实证性、连续性、时效性等特点的公开出版物，由一系列权威研究报告组成。

❖ 皮书作者 ❖

皮书系列报告作者以国内外一流研究机构、知名高校等重点智库的研究人员为主，多为相关领域一流专家学者，他们的观点代表了当下学界对中国与世界的现实和未来最高水平的解读与分析。

❖ 皮书荣誉 ❖

皮书作为中国社会科学院基础理论研究与应用对策研究融合发展的代表性成果，不仅是哲学社会科学工作者服务中国特色社会主义现代化建设的重要成果，更是助力中国特色新型智库建设、构建中国特色哲学社会科学"三大体系"的重要平台。皮书系列先后被列入"十二五""十三五""十四五"时期国家重点出版物出版专项规划项目；自2013年起，重点皮书被列入中国社会科学院国家哲学社会科学创新工程项目。

皮书网

（网址：www.pishu.cn）

发布皮书研创资讯，传播皮书精彩内容
引领皮书出版潮流，打造皮书服务平台

栏目设置

◆ **关于皮书**
何谓皮书、皮书分类、皮书大事记、
皮书荣誉、皮书出版第一人、皮书编辑部

◆ **最新资讯**
通知公告、新闻动态、媒体聚焦、
网站专题、视频直播、下载专区

◆ **皮书研创**
皮书规范、皮书出版、
皮书研究、研创团队

◆ **皮书评奖评价**
指标体系、皮书评价、皮书评奖

所获荣誉

◆ 2008年、2011年、2014年，皮书网均在全国新闻出版业网站荣誉评选中获得"最具商业价值网站"称号；

◆ 2012年，获得"出版业网站百强"称号。

网库合一

2014年，皮书网与皮书数据库端口合一，实现资源共享，搭建智库成果融合创新平台。

皮书网　　　　　　　　　"皮书说"微信公众号

权威报告·连续出版·独家资源

皮书数据库
ANNUAL REPORT(YEARBOOK) DATABASE

分析解读当下中国发展变迁的高端智库平台

所获荣誉

- 2022年，入选技术赋能"新闻+"推荐案例
- 2020年，入选全国新闻出版深度融合发展创新案例
- 2019年，入选国家新闻出版署数字出版精品遴选推荐计划
- 2016年，入选"十三五"国家重点电子出版物出版规划骨干工程
- 2013年，荣获"中国出版政府奖·网络出版物奖"提名奖

皮书数据库　　"社科数托邦"微信公众号

成为用户

登录网址www.pishu.com.cn访问皮书数据库网站或下载皮书数据库APP，通过手机号码验证或邮箱验证即可成为皮书数据库用户。

用户福利

- 已注册用户购书后可免费获赠100元皮书数据库充值卡。刮开充值卡涂层获取充值密码，登录并进入"会员中心"—"在线充值"—"充值卡充值"，充值成功即可购买和查看数据库内容。
- 用户福利最终解释权归社会科学文献出版社所有。

社会科学文献出版社　皮书系列

卡号：235414987684
密码：

数据库服务热线：010-59367265
数据库服务QQ：2475522410
数据库服务邮箱：database@ssap.cn
图书销售热线：010-59367070/7028
图书服务QQ：1265056568
图书服务邮箱：duzhe@ssap.cn

S 基本子库
SUB DATABASE

中国社会发展数据库（下设12个专题子库）

紧扣人口、政治、外交、法律、教育、医疗卫生、资源环境等12个社会发展领域的前沿和热点，全面整合专业著作、智库报告、学术资讯、调研数据等类型资源，帮助用户追踪中国社会发展动态、研究社会发展战略与政策、了解社会热点问题、分析社会发展趋势。

中国经济发展数据库（下设12专题子库）

内容涵盖宏观经济、产业经济、工业经济、农业经济、财政金融、房地产经济、城市经济、商业贸易等12个重点经济领域，为把握经济运行态势、洞察经济发展规律、研判经济发展趋势、进行经济调控决策提供参考和依据。

中国行业发展数据库（下设17个专题子库）

以中国国民经济行业分类为依据，覆盖金融业、旅游业、交通运输业、能源矿产业、制造业等100多个行业，跟踪分析国民经济相关行业市场运行状况和政策导向，汇集行业发展前沿资讯，为投资、从业及各种经济决策提供理论支撑和实践指导。

中国区域发展数据库（下设4个专题子库）

对中国特定区域内的经济、社会、文化等领域现状与发展情况进行深度分析和预测，涉及省级行政区、城市群、城市、农村等不同维度，研究层级至县及县以下行政区，为学者研究地方经济社会宏观态势、经验模式、发展案例提供支撑，为地方政府决策提供参考。

中国文化传媒数据库（下设18个专题子库）

内容覆盖文化产业、新闻传播、电影娱乐、文学艺术、群众文化、图书情报等18个重点研究领域，聚焦文化传媒领域发展前沿、热点话题、行业实践，服务用户的教学科研、文化投资、企业规划等需要。

世界经济与国际关系数据库（下设6个专题子库）

整合世界经济、国际政治、世界文化与科技、全球性问题、国际组织与国际法、区域研究6大领域研究成果，对世界经济形势、国际形势进行连续性深度分析，对年度热点问题进行专题解读，为研判全球发展趋势提供事实和数据支持。

法律声明

"皮书系列"（含蓝皮书、绿皮书、黄皮书）之品牌由社会科学文献出版社最早使用并持续至今，现已被中国图书行业所熟知。"皮书系列"的相关商标已在国家商标管理部门商标局注册，包括但不限于LOGO（ ）、皮书、Pishu、经济蓝皮书、社会蓝皮书等。"皮书系列"图书的注册商标专用权及封面设计、版式设计的著作权均为社会科学文献出版社所有。未经社会科学文献出版社书面授权许可，任何使用与"皮书系列"图书注册商标、封面设计、版式设计相同或者近似的文字、图形或其组合的行为均系侵权行为。

经作者授权，本书的专有出版权及信息网络传播权等为社会科学文献出版社享有。未经社会科学文献出版社书面授权许可，任何就本书内容的复制、发行或以数字形式进行网络传播的行为均系侵权行为。

社会科学文献出版社将通过法律途径追究上述侵权行为的法律责任，维护自身合法权益。

欢迎社会各界人士对侵犯社会科学文献出版社上述权利的侵权行为进行举报。电话：010-59367121，电子邮箱：fawubu@ssap.cn。

社会科学文献出版社